# MÉMOIRES

ET CORRESPONDANCE

## POLITIQUE ET MILITAIRE

DU

# PRINCE EUGÈNE

PUBLIÉS, ANNOTÉS ET MIS EN ORDRE

PAR

## A. DU CASSE

AUTEUR DES MÉMOIRES DU ROI JOSEPH

TOME SIXIÈME

PARIS

MICHEL LÉVY FRÈRES, LIBRAIRES-ÉDITEURS

RUE VIVIENNE, 2 BIS

1859

# MÉMOIRES
## DU
# PRINCE EUGÈNE

## OUVRAGES DU MÊME AUTEUR

#### FORMAT IN-8°.

Mémoires du Roi Joseph, 10 vol.
Suite des Mémoires du Roi Joseph, 3 vol.
Album des Mémoires du Roi Joseph.

---

PARIS. — IMP. SIMON RAÇON ET COMP., RUE D'ERFURTH, 1.

# MÉMOIRES
## ET CORRESPONDANCE
## POLITIQUE ET MILITAIRE
### DU
# PRINCE EUGÈNE

PUBLIÉS, ANNOTÉS ET MIS EN ORDRE

PAR

## A. DU CASSE
AUTEUR DES MÉMOIRES DU ROI JOSEPH

« Eugène ne m'a jamais causé aucun chagrin. »
*Paroles de* NAPOLÉON *à Sainte-Hélène.*

TOME SIXIÈME

PARIS
MICHEL LÉVY FRÈRES, LIBRAIRES-ÉDITEURS
2 BIS, RUE VIVIENNE.
—
1859

Reproduction et traduction réservées.

# MÉMOIRES
## ET CORRESPONDANCE
## POLITIQUE ET MILITAIRE
### DU
# PRINCE EUGÈNE

## LIVRE XV
### DU 1ᵉʳ JUILLET AU 14 NOVEMBRE 1809

§ I. — Position de l'armée d'Italie dans les premiers jours de juillet 1809. — Mouvement sur Schwalchat. — Rôle de l'armée d'Italie à Wagram, les 5 et 6 juillet. — Réflexions. — L'Empereur place les Saxons et les Wurtemburgeois sous les ordres du prince Eugène. — Le vice-roi, envoyé en Moravie, est chargé de couvrir Vienne (10 juillet). — Reconnaissance sur Marcheg. — Positions occupées par l'armée d'Italie après l'armistice de Znaïm. — Résultats obtenus par cette armée pendant la campagne de 1809.

§ II. — Le quartier général du prince Eugène transporté d'abord à Eisenstadt, puis à Vienne. — Occupations du vice-roi jusqu'à la conclusion de la paix. — Il se rend à Klagenfurth, puis à Villach, à la fin d'octobre 1809, et y établit son quartier général. — Son départ pour Milan, le 12 octobre 1809.

### I

Au commencement de juillet 1809, la position de l'armée d'Italie aux ordres du vice-roi était la suivante :

1° Le général Baraguey-d'Hilliers devant Presbourg, avec un corps de 3,000 fantassins, 8 bouches à feu, pour remplacer, devant cette ville, le maréchal Davout rappelé à la grande armée. Baraguey-d'Hilliers disposait, en outre, d'un millier de chevaux alors à Bruck, sous le général Thiry; il avait pour instruction d'empêcher l'archiduc Jean de déboucher par Presbourg. Dans le cas où il serait forcé de se replier, il ne devait le faire que peu à peu, et en conservant toujours ses communications avec Ebersdorf. La division Séveroli et le 25° de chasseurs furent mis sous ses ordres pour remplir ce but.

2° La division Pacthod, détachée de l'aile gauche, à Enesé, ayant deux bataillons pour défendre la tête de pont de Babot, et se liant avec la division Sahuc, qui avait des partis sur toutes les routes du sud pour éclairer la contrée au-dessous de Raab et du Danube, et avertir de la marche de Chasteler.

3° Le général Macdonald, en marche sur Papa et sur l'île de Lobau avec ses deux divisions et les dragons de Pully.

4° Le général Broussier, en mouvement de Gratz sur l'île de Lobau, à marches forcées, devant être rendu sur le Danube le 5 au matin.

5° Les autres corps de l'armée d'Italie, en marche (le 2 juillet), de Raab sur Schwachat, où tous devaient se trouver réunis le 4 au matin, même les divisions Pacthod et Sahuc, qui avaient ordre de quitter le 2 leurs positions sur la Raab et sur la Marczal.

Dans le but de cacher le plus longtemps possible à l'ennemi la marche rétrograde et le mouvement de concentration de son armée, le prince Eugène prescrivit à Montbrun de n'évacuer ses positions à l'extrême avant-garde que dans la nuit du 2 au 3; au général Grenier, de suivre la route qui l'éloignait un peu du Danube.

Le 4, toutes les troupes du vice-roi, à l'exception de la division Sévéroli et le grand parc, étaient rendus à Schwachat [1].

En vertu des instructions qu'il reçut du major général, le prince Eugène fit passer l'armée d'Italie dans l'île Lobau, dans la nuit du 4 au 5 juillet. Le 5, au matin, elle franchit le dernier bras du Danube, pour suivre le mouvement du maréchal Davout, derrière lequel elle devait marcher en seconde ligne.

Le 5, la grande armée, dans laquelle se trouvait alors enclavée l'armée d'Italie, s'avança sur deux lignes et dans l'ordre suivant, dans la plaine d'Enzersdorf :

1° Première ligne : droite, corps de Davout; centre, corps d'Oudinot; gauche, corps de Masséna; ce dernier s'appuyant au Danube.

2° Deuxième ligne : droite, armée d'Italie, en arrière du corps de Davout; Bernadotte (avec les Saxons), à gauche derrière Masséna.

Entre Bernadotte et le prince Eugène devait venir s'encadrer le corps de Dalmatie de Marmont, qui

---

[1] L'Empereur envoya à Raab, pour en prendre le commandement ainsi que le gouvernement de toute la partie de la Hongrie conquise par le prince Eugène, le général de division Narbonne, dans lequel il avait la plus haute confiance.

n'était pas encore arrivé; Marmont devait suivre les mouvements d'Oudinot.

3° Troisième ligne : la garde impériale et une grande partie de la cavalerie formant la réserve.

L'armée d'Italie conserva son ordre de bataille primitif jusqu'à deux heures et demie ; mais alors Davout, s'étant porté vers la droite, et l'Empereur ayant prescrit à Oudinot d'appuyer également à droite, à Masséna de conserver toujours sa gauche au Danube, il se fit au centre de la première ligne de l'ordre de bataille un grand vide que le prince Eugène ainsi que Bernadotte furent chargés de combler.

Ainsi, à la suite de ce mouvement, l'armée d'Italie se trouva former le centre de toute l'armée française et opposée au centre de l'armée autrichienne, établie sur les hauteurs qui couronnent le ruisseau du Russbach[1], au-dessus des villages de Wagram, de Baumersdorf et Neusiedel.

Vers six heures du soir, l'armée française étant formée et en ligne, Napoléon envoya l'ordre au vice-roi d'attaquer la position des Autrichiens, au centre, en face de lui, tandis que Bernadotte et Oudinot l'attaqueraient par la gauche et par la droite. Le prince Eugène avait sous la main les divisions Lamarque, Séras, Durutte et Sahuc. Les divisions Pacthod et Broussier n'avaient point encore rejoint. Il fit sur-le-champ ses dispositions pour exécuter l'ordre qu'il venait de recevoir.

---

[1] Le Russbach est un ruisseau qui coule lentement dans un lit escarpé, profond, large de douze pieds, et baigne les villages de Neusiedel, Baumersdorf et Wagram.

1° Macdonald dut franchir le ruisseau et marcher à l'ennemi avec la division Lamarque déployée.

2° Grenier dut suivre le mouvement de Lamarque, avec trois des brigades de ses deux divisions en colonne; la quatrième restant en réserve au bord du ruisseau, avec le général Roussel.

3° La division de cavalerie Sahuc dut appuyer par la droite cette marche offensive.

4° Une grande partie de l'artillerie de la garde impériale fut placée entre Bernadotte et le vice-roi, pour seconder l'attaque par la gauche.

Ces dispositions faites, le prince Eugène lance ses braves troupes. Le Russbach est franchi, malgré les difficultés qu'il présente, sous le feu le plus vif des Autrichiens; les divisions Lamarque, Séras, Durutte, gravissent la position, s'élancent sur la ligne ennemie, la rompent, l'enfoncent, mettent en déroute les corps qui la forment. Pendant que cette brillante affaire a lieu au centre, à droite Oudinot, à gauche les Saxons de Bernadotte, s'emparent du village de Baumersdorf et des premières maisons de celui de Wagram.

Tout allait bien, et l'armée d'Italie poursuivait les fuyards, lorsque l'archiduc Charles, voyant le danger qui le menace, concentre tout ce dont il peut disposer, et, à la tête de ces masses, se porte au-devant des divisions du vice-roi, qu'il parvient à arrêter d'abord, à refouler bientôt après, en lui opposant des forces beaucoup trop considérables. En vain, la cavalerie du général Sahuc fournit quelques charges vigoureuses et meurtrières, et pénètre jusque dans le camp autrichien, en vain le vice-roi essaye de tenir sur les hauteurs, le prince Charles, secondé par les renforts qui lui arrivent, par l'obscurité de la nuit, par une méprise fatale, le prince Charles, à la tête de ses troupes, donnant à tous l'exemple de l'intrépidité en se faisant blesser à la tête de ses soldats, parvient à repousser l'attaque française, et force les divisions du vice-roi et les Saxons à repasser le Russbach.

L'armée d'Italie se reforma auprès du ruisseau, ainsi que les corps de Bernadotte et d'Oudinot, rejetés avant elle des villages de Wagram et de Baumersdorf[1].

Les divisions Pacthod et Broussier ne purent prendre part aux affaires du 5. La première ne passa le pont du Danube qu'à onze heures du soir ; elle rallia l'armée pendant la nuit. La seconde, arrêtée sur le dernier bras du Danube par les cuirassiers et l'artillerie, bivaqua dans l'île Lobau. Elle avait fait 50 lieues en trois jours. Le 6ᵉ de hussards ne fut pas présent non plus à ces combats ; il avait été retenu à Neustadt pour y attendre un convoi considérable de munitions de guerre, et surveiller les routes de Hongrie. La division Montbrun était rentrée, dès le 4, au corps de Davout dont elle faisait partie ; les dragons de Grouchy (deux divisions) avaient été mis éga-

---

[1] Cet engagement meurtrier pour les Autrichiens coûta plusieurs officiers généraux et supérieurs mis hors de combat, dans l'armée d'Italie. Le colonel Huin du 13ᵉ de ligne, l'adjudant commandant Ducommet, furent tués. Les généraux Grenier, Séras, Sahuc, Vignolle, furent blessés ; ce dernier très-grièvement. Les colonels des 6ᵉ et 9ᵉ chasseurs furent mis hors de combat. Deux drapeaux furent enlevés à l'ennemi, mais on en perdit un.

lement à la disposition de Davout, pour lier les troupes marchant entre Enzersdorf et Pysdorf. En vain l'ennemi tenta de déboucher, il n'y put parvenir, et, le soir, après la prise de Pysdorf, Grouchy reçut l'ordre de l'Empereur de manœuvrer à l'extrême droite de l'armée, de concert avec la division Montbrun, pour occuper la nombreuse cavalerie autrichienne, tandis que Davout s'emparait de Glinzendorf, à quelques pas de la ligne du Russbach.

La nuit étant venue, les troupes du prince Eugène, morcelées comme nous venons de l'indiquer, bivaquèrent dans les positions qu'elles occupaient, c'est-à-dire les divisions Lamarque (corps de Macdonald), Durutte et Séras (corps de Grenier), Sahuc, sur le Russbach, les divisions Grouchy et Pully (détachées au corps de Davout), au-dessous de Neusiedel.

Le 6 juillet, à la pointe du jour, les Autrichiens, campés à demi-portée de canon de l'armée d'Italie, commencèrent le feu et firent éprouver quelque perte dans les rangs de l'armée d'Italie. Comme le prince avait reçu l'ordre formel (ordre arrivé par un aide de camp de l'Empereur) de ne rien engager jusqu'à nouvelles instructions, comme il ne se souciait pas non plus de laisser ses braves soldats exposés inutilement aux projectiles de l'ennemi, il forma sa ligne un peu en arrière, et bientôt il eut la joie de se voir rejoint par les divisions Pacthod et Broussier.

Napoléon cependant, se portant au corps de Davout, ne tarda pas à faire attaquer l'extrême gauche du prince Charles. Ce dernier, dans le but de se placer entre l'armée française et le Danube, et de s'emparer des ponts, principale ligne de retraite de Napoléon, avait concentré sur sa droite, du côté de Kagaran, une grande partie de ses forces.

Le vice-roi s'aperçut de ce mouvement offensif de l'archiduc, et de ce qui allait se passer à la gauche de la ligne française. Il se hâta d'en prévenir l'Empereur, en lui envoyant un de ses aides de camp[1]. En effet, l'ennemi attaqua bientôt les corps de Bernadotte et de Masséna, avec une telle supériorité de forces, que les Saxons ne tardèrent pas à lâcher pied. Le flanc gauche de l'armée d'Italie se trouva ainsi à découvert ; il ne restait plus de ce côté que quelques régiments de cavalerie saxonne, qui continuèrent à manœuvrer avec une grande audace et une véritable habileté, malgré le feu violent auquel ces braves gens se trouvaient exposés, et malgré leurs nombreux adversaires.

Voyant le danger qui menaçait ses troupes, le prince Eugène fit faire un oblique à gauche au corps de Macdonald, de façon à présenter un front à l'ennemi qui s'avançait avec rapidité. En outre, le vice-roi prescrivit à une partie de son artillerie de se porter en avant des deux divisions de Macdonald, pour tâcher d'arrêter les mouvements des Autrichiens.

Ces dispositions étaient à peine achevées, que l'Empereur arriva lui-même au centre de l'armée

---

[1] Cet aide de camp était le comte Tascher, alors chef d'escadron. L'Empereur, après l'avoir écouté, répondit : « Tascher, va dire à Eugène qu'il ne s'inquiète pas de sa gauche, mais qu'il ait toujours les yeux sur la droite. C'est là, ajouta-t-il, en montrant Neusiedel, que doit se gagner la bataille. »

d'Italie. Il approuva les sages dispositions de son fils adoptif, renforça les divisions Lamarque et Broussier de la division Séras, et prescrivit à Macdonald un mouvement offensif sur Süssenbrunn, pour percer le centre des Autrichiens.

Macdonald forma aussitôt cette fameuse colonne dont le mouvement contribua si puissamment au gain de la bataille. Ses trois divisions, sur deux lignes, avec une réserve, ayant en avant d'elles l'artillerie de la garde et celle des Bavarois, en arrière, une partie de la cavalerie de la garde impériale, s'avancent audacieusement dans la plaine, guidées par lui. En vain l'ennemi essaye d'arrêter cette masse couverte sur son front par une pluie de projectiles, il n'y peut parvenir. Tout vient se briser contre cette colonne infernale : infanterie et cavalerie, rien ne résiste, rien ne peut ralentir la marche victorieuse de Macdonald qui, cependant, jonche la terre, non-seulement des morts de l'ennemi, mais aussi des siens [1].

Le vice-roi avait reçu ordre de l'Empereur de rester en position avec les divisions Pacthod et Durutte, d'observer les mouvements de Davout à droite, et ceux de Macdonald, et de se porter sur le plateau qu'il avait enlevé la veille, dès qu'il croirait pouvoir le faire avec chance de succès, sous la protection des deux attaques dont nous venons de parler.

Davout ne tarda pas à s'emparer de Neusiedel, à

---

[1] On sait que les 100 bouches à feu qui précédaient cette colonne, et garnissaient son front avaient été mises sous les ordres de Lauriston, un des aides de camp de l'Empereur.

gravir les hauteurs qui s'élèvent en arrière de ce village, et à poursuivre l'ennemi en pleine retraite pour gagner le plateau du Russbach. Le général Oudinot commençait également à s'ébranler pour appuyer le mouvement offensif du duc d'Auerstaedt, lorsque le prince Eugène, voyant sur sa gauche la colonne Macdonald faisant rétrograder le centre de l'archiduc Charles, crut que le moment indiqué par l'Empereur était venu. Il prescrivit, en conséquence, à la division Pacthod de se porter droit sur le plateau, à la division Durutte de soutenir par la gauche la division Pacthod, en se tenant prête aussi à renforcer Macdonald. Le vice-roi, mettant ces braves troupes en marche, se porta lui-même sur le plateau et fit exécuter plusieurs belles charges par les gardes d'honneur et les dragons de la garde royale d'Italie.

La division Pacthod enleva le village de Wagram, le dépassa et se porta sur Gerusdorf, en suivant l'ennemi pas à pas. Elle opéra alors sa réunion avec les trois divisions de Macdonald et avec celle de Durutte, et les troupes, secondées par les Bavarois du général de Wrède, s'emparèrent du village de Süssenbrunn.

Le prince Eugène fit poursuivre les corps autrichiens qui lui étaient opposés jusqu'aux villages de Gerusdorf et de Sedlersdorf. Arrivé là, la nuit étant venue, la canonnade cessa, et le vice-roi se rendit de sa personne à la tente de l'Empereur, qui lui fit de grands compliments sur sa conduite pendant cette belle journée.

L'armée d'Italie fit 2,500 prisonniers, enleva 8 pièces de canon à l'ennemi. Elle eut 350 officiers et

6,000 sous-officiers et soldats hors de combat. Les colonels Thierry du 25ᵉ d'infanterie légère et Gasset, du 9ᵉ de ligne, furent tués. Les généraux Moreau et Garreau furent blessés. Le général Sorbier, commandant l'artillerie, se distingua d'une façon toute particulière : il eut quatre chevaux tués sous lui pendant les journées du 5 et du 6.

Le lendemain, 7 juillet, l'Empereur, traversant les bivacs de l'armée d'Italie, à huit heures du matin, s'arrêta devant les divisions, et dit aux soldats : « Vous êtes de braves gens ; vous vous êtes tous couverts de gloire. »

N'est-il pas singulier, d'après cela, de ne pas trouver dans l'ouvrage de M. Thiers un seul mot sur la conduite du prince Eugène à la bataille de Wagram? Comme le dit, à propos de l'ouvrage du général Pelet, dans une note que nous reproduisons plus bas, le général de Vaudoncourt, il semble que, du moment où Macdonald arrive, il ne doit plus être question du prince Eugène ni du reste de l'armée d'Italie[1] ; c'est

---

[1] Voici cette note curieuse et très-vraie du général de Vaudoncourt :

« Quand même la part qu'a prise l'armée d'Italie n'appartiendrait pas à l'histoire du prince Eugène, l'auteur aurait été forcé de s'en occuper, ne fût-ce que pour rétablir la vérité blessée par des faits faux ou dénaturés. Le général Pelet, qui n'était point à l'armée d'Italie, n'a pu écrire que sur des matériaux qui lui ont été fournis. Le prince Eugène était mort alors, et il n'est pas étonnant que bien des personnes aient cru pouvoir le dépouiller de ce qui lui appartenait, et se revêtir elles-mêmes de sa dépouille. C'est l'esprit du temps actuel. Mais le premier devoir d'un écrivain militaire est de raisonner juste et de respecter les convenances. Dans l'ouvrage du général Pelet, dès l'instant où le général Macdonald se mit en mouvement, il n'est plus question que de lui ; les autres divisions de l'armée d'Italie, qui formaient la lieu-

une singulière façon, à notre avis, de rendre à chacun la justice historique qui lui est due. Le maréchal Marmont, lui, dans ses *Mémoires,* écrits avec une verve attrayante, mais avec un sentiment de jalousie qui perce à chaque ligne, se contente de critiquer. C'est tout simple, son corps d'armée n'a pas été engagé. Le duc de Raguse a du blâme pour tout le monde, excepté pour lui-même : ainsi, l'Empereur, le 5 au soir, suppose à tort que l'ennemi n'est pas formé et a le tort plus grand de faire attaquer le centre par Macdonald. Macdonald comprend le danger, en prévient Eugène, qui n'ose le faire observer à Napoléon. Les généraux Walter et Nansouty, la cavalerie de la garde, reçoivent une espèce de blâme détourné; puis il ajoute : « Assurément, la bataille a été gagnée, et l'ennemi ne l'a pas contesté. Nous l'avons forcé à se retirer; ses attaques ont été infructueuses; nous nous sommes emparés de tout le terrain sur lequel il a combattu. Ainsi, ce qui constitue une victoire, nous l'avons obtenu, et, cependant, chose bizarre! *nous n'avons pas fait un prisonnier*[1],

---

tenance du général Grenier, ne sont plus appelées que les ailes de l'armée de Macdonald : il n'est pas plus question du prince Eugène que s'il n'eût jamais été à l'armée. Qui était cependant le général en chef? Sous les ordres de qui servait Macdonald? Veut-on faire croire, par une réticence peu décente, que Napoléon avait ôté le commandement à celui qui avait délivré l'Italie et détruit une armée autrichienne dans une campagne courte et brillante, pour le donner à son subordonné? Le général Pelet montre, dans son ouvrage, beaucoup d'aversion pour le prince Eugène; mais, quand l'aversion ou l'affection étouffent la vérité, on écrit des pamphlets et non pas une histoire.

[1] L'armée d'Italie en fit 2,500, et M. Thiers donne le chiffre total de 12,000 (page 474).

excepté des blessés abandonnés sur le champ de bataille. Nous n'avions pris que *sept* canons à l'ennemi, *pas un drapeau!* et lui, au contraire, battu, nous a pris neuf bouches à feu ! » L'armée d'Italie, seule, prit deux drapeaux et *huit* pièces de canon.—D'après Marmont encore, Wagram fut une victoire sans résultat. Et la paix de Vienne, et les 85 millions de contributions imposés à l'Autriche, et les provinces illyriennes, qu'il gouverna, lui Marmont ! C'est une chose bizarre (selon l'expression du duc de Raguse), de voir l'esprit de jalousie et de dénigrement emporter aussi loin un homme d'un mérite réel. Mais non, partout où cet homme n'est pas, il ne peut admettre qu'on ait fait quelque chose de bien. Marmont est, sans contredit, l'homme des temps modernes le mieux partagé en amour-propre et en vanité.

Le rôle des autres troupes de l'armée d'Italie avait été moins important ; néanmoins toutes avaient été engagées, à l'exception d'une partie de la garde royale, restée en réserve avec la garde impériale.

Les dragons de Grouchy, opérant avec la cavalerie de Montbrun sur Gleizendorf, forcèrent la cavalerie autrichienne à regagner la crête du plateau du Russbach. Ces trois divisions françaises furent de la plus grande utilité pour les mouvements de Davout à l'extrême droite. Le général Grouchy dégagea la brigade Jacquinot, vivement ramenée par les Autrichiens. Le 7ᵉ de dragons et les dragons italiens de la reine firent une charge des plus brillantes. Ils tuèrent ou prirent plus de 400 cuirassiers, dragons d'Orelli et hussards de Blankenstein.

A la suite de la bataille de Wagram, les deux divisions du corps de Macdonald reçurent ordre de se porter sur la route de Brunn. Elles s'avancèrent le 7 par le plateau dit *Rendez-vous*, jusqu'à Stamersdorf. Les divisions Pacthod et Durutte chassèrent l'ennemi de Hagenbrunn et s'établirent sur ce point, ayant en arrière d'elles, à *Rendez-vous*, le quartier général du vice-roi, et à Wolkersdorf la garde royale.

La division de chasseurs aux ordres du général Gérard, mise à la disposition du général Nansouty, forma l'avant-garde des troupes poursuivant l'ennemi sur la route de Bohême, vers Kornenburg.

Les divisions Pully et Grouchy bivaquèrent à Wolkersdorf. La division Séras fut dissoute; elle avait tellement souffert, que les régiments qui en faisaient partie furent versés dans les divisions Lamarque et Pacthod.

L'armée d'Italie, qui, depuis trois grands mois, n'avait pas cessé d'être en opérations et presque toujours en marche, ne fut pas chargée par l'Empereur de poursuivre les débris des armées autrichiennes. Seuls, les dragons de Grouchy, maintenus à la disposition de Davout, eurent à combattre de nouveau à Nicolsburg et au passage de la Taya.

Le 10 juillet, l'Empereur plaça sous les ordres du prince Eugène le corps des Saxons, commandé par le général Reynier, et les Wurtemburgeois, commandés par Vandamme. Napoléon prescrivit au vice-roi de manœuvrer sur les deux rives du Danube avec les troupes mises à sa disposition, pour poursuivre l'archiduc Jean sur la rive gauche du fleuve, tout en couvrant Vienne des corps de Giulay et de Chasteler, alors en force sur la rive droite et déjà à la hauteur de Neustadt.

Le prince posta le général Vandamme à Fischammer (rive droite), pour observer les environs de Vienne et mettre cette ville à l'abri de toute insulte. Il fit passer Baraguey-d'Hilliers également sur la rive droite, avec la division Séveroli, en face de Presbourg, et il s'éleva avec ses autres troupes (les corps de Reynier, du maréchal Macdonald et de Grenier) vers le nord, sur la March, établissant son quartier général à Ober-Siebenbrunn.

Macdonald, avec les divisions Broussier et Lamarque ( cette dernière ayant laissé 6 bataillons et 6 pièces à la tête de pont), vint camper sur la March. Les divisions Durutte, Pacthod et les Saxons prirent position à Uterlienbrunn.

Le même jour, 10 juillet, le prince Eugène, avec toute la cavalerie qui lui restait, poussa une reconnaissance sur Marcheg. L'ennemi déploya quelques forces pour maintenir la tête de pont et fit un feu très-violent. Toutefois, le lendemain, cette position était évacuée, en sorte que le général Reynier, qui avait ordre de s'en emparer de vive force, y pénétra sans coup férir.

Pendant les trois jours qui précédèrent la publication de l'armistice, les divisions de l'armée d'Italie, aux ordres directs du vice-roi, ne firent aucun mouvement.

Après la publication de cet armistice, les troupes du prince Eugène furent chargées de garder la Styrie, la Carniole, la Carinthie, une partie de la Hongrie et la ligne de la Raab, jusqu'au confluent de la grande et de la petite Raab.

Macdonald prit possession le 16 du château de Gratz. Le général Baraguey-d'Hilliers partit de Presbourg avec la division italienne pour s'établir dans la Carniole et dans la Carinthie. Vers la fin d'octobre, il se rendit sur les frontières du Tyrol (après la paix de Vienne ou de Schœnbrunn), afin de faire évacuer la province par les troupes autrichiennes [1].

L'armée d'Italie, dans cette courte et glorieuse campagne commencée sous les fâcheux auspices de la défaite de Sacile, avait exécuté un grand nombre de passages de rivières de vive force, livré plusieurs combats, deux batailles rangées, pris d'assaut deux forts, détruit le corps d'armée de Jellachich, fait prisonniers 56,700 hommes, dont 5 généraux, 4 colonels, 6 lieutenant-colonels, 11 majors et 552 officiers de différents grades. Elle s'était emparée de 12 drapeaux, de 198 bouches à feu, dont 117 de siége et 79 de campagne, de 93,000 boulets, de 4,430 bombes, de 4,697 obus, de 44,408 fusils et de magasins considérables.

---

[1] Comme nous consacrons un livre spécial au précis de la campagne du Tyrol, nous croyons inutile de parler ici des troupes aux ordres du général Rusca. Nous ne donnerons pas non plus l'analyse des opérations contre les insurgés, depuis l'armistice jusqu'à la paix. *On trouvera cet historique* au livre suivant.

## II

Le prince Eugène établit le 7, ainsi que nous l'avons dit, son quartier général à Stammersdorf, et y resta jusqu'au 10, pour observer ce qui se passait aux environs de Vienne et dans la direction de Presbourg, pendant que l'armée d'Allemagne marchait à la poursuite de la grande armée autrichienne. L'Empereur mit sous les ordres du vice-roi le corps du général Reynier et celui du général Vandamme. Il prescrivit au prince de manœuvrer avec ces forces sur les deux rives du Danube, de manière à garantir Vienne des tentatives que pourraient faire Giulay et Chasteler, qui s'étaient avancés jusqu'à Neustadt, tout en poursuivant l'archiduc Jean, qui s'était établi sur la March, depuis Hochstelten jusqu'au confluent de cette rivière avec le Danube.

Le vice-roi prescrivit, en conséquence de ces instructions, au général Vandamme, de passer sur la rive droite du Danube et de couvrir Vienne contre toute insulte. Il laissa également sur la rive droite, en face de Presbourg, le général Baraguey-d'Hilliers avec la division Sévéroli, et se dirigea lui-même sur la March avec le général Reynier, le maréchal Macdonald et les autres troupes de l'armée d'Italie. Le 10, dès neuf heures du matin, le prince poussa une reconnaissance sur Marcheg avec les chasseurs du général Gérard, les dragons du général Pully et la cavalerie saxonne. L'ennemi, qui occupait en force la tête de pont qu'il avait construite en avant de cette ville, fit un feu très-vif de tous ses ouvrages. Cependant une autre reconnaissance, exécutée le lendemain avec de l'infanterie et de la cavalerie, le détermina à abandonner entièrement ce poste. Le prince employa les deux jours suivants à établir ses troupes sur la droite de la March et à rétablir sur cette rivière, qu'il s'apprêtait à passer, les ponts détruits par les Autrichiens. Mais, le 14, l'armistice conclu le 12 à Znaïm vint permettre à l'armée d'Italie de prendre un repos qui lui était bien nécessaire. Outre les succès qu'elle avait obtenus, l'armée du vice-roi avait encore acquis à l'estime générale un autre titre plus rare pour des soldats que celui qu'ils tiennent de leur bravoure : c'est celui que donne le maintien d'une exacte discipline, et celui-là, les troupes le devaient à la fermeté de leur jeune général en chef et à la modération dont il était lui-même le plus parfait modèle. Un bien petit nombre d'hommes dans les rangs subalternes, et quelques-uns seulement dans des rangs plus élevés, ne suivirent pas ce noble exemple; ils en furent punis rigoureusement.

Souffrant de tout le mal que la guerre entraîne nécessairement pour les pays qui en sont le théâtre, le vice-roi voulait du moins leur épargner celui plus insupportable encore qu'y ajoute trop souvent l'avidité ou quelquefois même l'insouciance. Pendant sa vie entière, il s'est montré constamment fidèle à ces sentiments d'humanité et de justice. Toutes les contrées où le sort des armes lui a fait déployer son autorité lui rendent à cet égard une justice unanime, et pendant le séjour qu'il fit à Vienne à l'époque du Congrès, après les désastres de l'Empire, il en recueillit des témoignages bien flatteurs dans les remercîments qui lui ont été adressés par plusieurs grands propriétaires des provinces où il avait été appelé à commander en 1809.

Aussitôt après la publication de l'armistice, le prince transféra son quartier général à Presbourg. Il prit toutes les dispositions nécessaires pour établir le mieux possible ses troupes sur la ligne et dans les pays qu'elles devaient occuper. Il alla ensuite visiter le champ de bataille d'Austerlitz, puis il se rendit à Vienne, où, d'après les ordres de l'Empereur, il demeura presque continuellement pendant l'armistice, quoique son quartier général eût été fixé à Eisenstadt.

Les opérations incessantes de cette campagne si active, les fatigues, les soins si nombreux qui incombent à un général en chef, la direction des troupes, les combats, sa correspondance active avec l'Empereur, tout cela n'avait pas seul occupé le jeune prince [1]. Il n'avait pas négligé un seul jour l'administration du royaume dont chaque victoire l'éloignait davantage. Aussi la tranquillité publique n'avait-elle, pour ainsi dire, pas été altérée dans un État composé d'éléments peu homogènes, et dont l'amalgame était bien difficile à obtenir à travers des

[1] Ce fait résulte pour nous de la très-volumineuse et journalière correspondance de Caffarelli avec le prince Eugène, correspondance qui se trouve au Dépôt de la guerre, et que nous avons cru ne devoir qu'indiquer ici. Toutes les affaires étaient soumises au prince, qui décidait ou prenait les ordres de l'Empereur, mais jamais rien ne languissait, tout était expédié comme si on était à Milan en pleine paix.

secousses continuelles ébranlant le système politique auquel ils se trouvaient successivement agrégés. La paix intérieure avait été maintenue, quoique l'occupation momentanée par l'ennemi d'une partie de l'ancien pays vénitien eût paru encourager quelques agitateurs et réveiller les espérances de plusieurs hommes qui regrettaient le passé, parce que les nouvelles institutions blessaient leurs intérêts de fortune ou de vanité. Les phases que le royaume d'Italie venait de traverser avaient donné aux partisans de l'Empereur et roi l'occasion de prouver leurs sentiments et de développer leurs talents, tandis que d'autres, en petit nombre, s'étaient montrés faibles, malintentionnés ou même ingrats. Le vice-roi dut en conséquence récompenser et punir. Il s'agissait aussi de réparer les dommages causés aux habitants et de solder les pertes qu'avait eues à subir l'administration pour le séjour de deux armées nombreuses sur une partie du territoire italien. Le prince profita du loisir que lui laissait la diminution de ses occupations militaires pour donner des soins particuliers à ces objets d'un grand intérêt pour le royaume d'Italie. Les punitions furent douces, les avertissements sévères et les récompenses honorables. Des mesures furent prescrites pour indemniser ceux qui avaient souffert, pour faire reconstruire tout ce que la guerre avait renversé, pour mettre le Trésor à même de subvenir à de nouvelles dépenses, si la campagne venait à se rouvrir, et pour faire continuer les travaux des fortifications dans les places du royaume. En même temps, on mit dans le meilleur état possible toutes celles qui se trouvaient dans le pays ennemi occupé par l'armée d'Italie.

L'Empereur disposait aussi souvent des instants du vice-roi, soit en l'envoyant passer l'inspection de troupes, principalement de troupes de cavalerie, soit en l'emmenant avec lui et en lui donnant des commandements dans les évolutions qu'il faisait exécuter. Pendant une grande manœuvre qui eut lieu près de Schœnbrunn, il lui fit commander toute la cavalerie de la garde impériale.

Cependant les négociations pour le rétablissement de la paix se suivaient, en apparence, près de Vienne, entre le comte de Champagny et M. de Metternich, réunis pour en traiter; mais, en réalité, à Schœnbrunn même, entre Bubna et le prince Lichtenstein, d'une part, et de l'autre, l'Empereur lui-même. Elles se terminèrent par la paix de Vienne, qui fut signée le 14 octobre. Les négociations avaient été plusieurs fois sur le point d'être rompues, et le vice-roi, qui y restait toujours étranger, avait dû, à diverses reprises, se tenir prêt à partir pour se mettre à la tête de ses troupes. Les projets que l'Empereur avait manifestés sur le prince, dans le cas de la reprise des hostilités, prouvent la confiance de Napoléon dans les talents que son fils adoptif venait de déployer. En effet, en cas de guerre, le prince Eugène devait avoir le commandement de plusieurs corps et manœuvrer avec toutes ses troupes réunies sur la rive droite du Danube, tandis que l'Empereur aurait manœuvré sur la rive gauche du même fleuve avec le reste de la grande armée.

Il se passa alors un événement qu'à cette époque on chercha, mais inutilement, à tenir secret, car il ne put être dérobé à la connaissance du public, ayant eu lieu en présence de beaucoup des chefs de l'armée. C'est la tentative d'assassinat faite contre Napoléon pendant son séjour à Schœnbrunn, par un étudiant d'Iéna. Le vice-roi fut vivement affecté du danger qui avait menacé une existence aussi précieuse, et pour laquelle lui-même eût donné la sienne. Le péril étant passé, le prince put au moins trouver une douce consolation dans les témoignages spontanés d'estime et de confiance qu'il obtint dans cette occasion de plusieurs des principaux personnages de l'armée auxquels cette tentative avait inspiré des alarmes, et qui avaient naturellement reporté leurs pensées avec effroi sur les suites incalculables qu'elle aurait eues si elle eût réussi.

Le Tyrol, dont la pacification n'avait pas suivi l'armistice de Znaïm, préoccupait également le prince Eugène et assombrissait son propre horizon. Il ne se voyait pas sans chagrin obligé peut-être de se porter dans le pays insurgé au moment où la paix allait être signée, au moment où sa tendre affection pour la princesse Auguste et pour ses enfants lui faisaient désirer son retour à Milan. Son union si heureuse avec une femme comme la princesse Auguste, femme accomplie, le bonheur de vivre avec elle et avec des enfants qu'il adorait, avaient modifié ses idées de gloire. Il était encore le soldat ardent au combat, le général mettant toutes ses facultés à servir son ancienne et sa nouvelle patrie;

mais la guerre comme celle du Tyrol contre des paysans égarés, souvent plus malheureux que coupables, ayant obéi en mainte occasion à la loi de la nécessité en prenant les armes plutôt qu'à leur conviction, cette guerre cruelle contre des bandes insurgées et non contre les troupes organisées d'une armée régulière ne lui convenait pas. Il ne se voyait pas avec plaisir sur le point d'être obligé de la faire. C'est qu'en effet il n'y avait là rien d'attrayant pour un homme qui venait de gagner deux belles victoires et de contribuer au gain de la plus grande bataille qui ait encore été livrée par des armées modernes.

C'est ainsi que le vice-roi passa à Vienne le temps qui s'écoula entre l'armistice de Znaïm et la signature de la paix.

Après la conclusion de ce grand acte politique, l'Empereur prit immédiatement le chemin de Paris, laissant au prince Eugène le soin de pacifier le Tyrol. Dans ce but, le vice-roi se rendit d'abord à Klagenfurth à la fin d'octobre. De ce point il dirigea sur les contrées encore en insurrection une partie des troupes de l'armée qui avait combattu avec lui à Wagram. Il ne resta que deux jours à Klagenfurth, et gagna Villach. Il séjourna dans cette ville deux semaines. Les nouvelles que pendant ce séjour il reçut de l'intérieur du Tyrol lui ayant donné la conviction que le pays ne tarderait pas à être pacifié, et l'Empereur lui ayant écrit qu'il le verrait avec plaisir retourner à Milan, il partit le 12 novembre pour se rendre auprès de la princesse

Auguste et de ses enfants, bien éloigné de se douter à cette époque, ainsi que l'ont dit quelques historiens, du malheur qui allait frapper sa famille dans la personne de l'impératrice Joséphine sa mère.

Nous terminerons le récit succinct que nous avons fait des événements qui, de juillet à novembre 1809, concernent le prince Eugène, en donnant quelques ordres du jour peu connus, ordres de la grande armée dont plusieurs concernent particulièrement les troupes du vice-roi.

« *Ordre du 16 juin* 1809. — L'aile droite de l'armée commandée par le vice-roi a célébré le 14 juin l'anniversaire de Marengo par une victoire éclatante remportée sur les armées réunies de l'archiduc Jean et de l'archiduc palatin près la ville de Raab en Hongrie. Ces deux armées, qui occupaient la belle position près Raab, y ont été attaquées au pas de charge et mises en déroute.

« L'ennemi a laissé en notre pouvoir 4 drapeaux, 6 canons et 4,000 prisonniers, parmi lesquels se trouve un général-major. L'ennemi, après avoir abandonné le champ de bataille couvert de ses morts, s'est retiré dans le plus grand désordre sur Comorn, où il a été poursuivi l'épée dans les reins. Nous avons perdu 5 à 600 hommes, parmi lesquels nous avons à regretter le brave colonel Thierry du 25ᵉ d'infanterie légère.

« A la suite de cette victoire, la ville de Raab a été investie, et on a commencé le bombardement.

« Sa Majesté ordonne qu'une salve d'artillerie sera tirée des batteries de l'armée. »

« *Ordre du 19 juin*. — Le général de division Vignolle, sous-chef de l'état-major général, a été nommé chef d'état-major général de l'armée aux ordres de Son Altesse Impériale le vice-roi d'Italie; il est remplacé près le major général par le général de division Mathieu Dumas.

« Le général de brigade Lecamus est chargé en chef du détail des prisonniers de guerre, ayant sous ses ordres l'adjudant commandant Dentzel.

« Le lieutenant de gendarmerie Saal est chargé au quartier général de recevoir les déserteurs.

« MM. les chefs d'état-major, indépendamment du compte qu'ils rendront au major général relativement aux prisonniers, préviendront en outre le général Lecamus de la marche des colonnes des prisonniers, et ils adresseront au lieutenant de gendarmerie Saal les déserteurs. »

« *Ordre du 9 juillet*. — La journée d'Entzersdorf et la bataille décisive de Wagram ont complété la grande opération préparée et commencée par les travaux et les combats qui ont précédé ces deux journées si glorieuses pour nos armes : les ennemis y ont perdu plusieurs drapeaux et 60 pièces de canon; nous leur avons fait environ 25,000 prisonniers; le champ de bataille était couvert de leurs morts, et les villages que nous leur avons enlevés autour et au delà du champ de bataille sont remplis de leurs blessés. Sa Majesté témoigne sa satisfaction à l'armée.

« Le corps de l'artillerie, par la vigueur de ses attaques, celui du génie, les pontonniers et les marins, soit par la rapidité avec laquelle les différents ponts ont été jetés sous le feu de l'ennemi, soit par les travaux immenses qui, en peu de jours, ont été exécutés pour assurer le passage sur les bras du Danube et sur les îles par des ponts de pilotis, des digues et des chaussées, ont puissamment contribué au succès des journées d'Entzersdorf et de Wagram. L'Empereur leur en témoigne en particulier sa satisfaction. »

« *Ordre du 15 août.* — Napoléon, empereur des Français, roi d'Italie, protecteur de la Confédération du Rhin, etc., etc., etc.

« Voulant donner à notre grande armée une preuve toute particulière de notre satisfaction, nous avons résolu de créer, comme nous créons par les présentes lettres patentes, un ordre qui portera le nom d'ordre des trois Toisons d'or.

« L'ordre des trois Toisons d'or sera composé, au maximum, de cent grands chevaliers, de quatre cents commandeurs et de mille chevaliers. En aucun temps ce nombre ne pourra être dépassé.

« Il ne sera fait aucune nomination en temps de paix jusqu'à ce que le nombre fixé par le présent article, soit pour les grands chevaliers, soit pour les commandeurs, soit pour les chevaliers, se trouve réduit à la moitié.

« Les grands chevaliers seuls porteront la décoration de l'ordre en sautoir; les commandeurs et les chevaliers la porteront à la boutonnière, les uns et les autres, conformément au modèle ci-joint.

« L'Empereur est grand maître de l'ordre des trois Toisons d'or.

« Le Prince impérial seul a, de droit, la décoration de l'ordre en naissant.

« Les princes du sang ne peuvent la recevoir qu'après avoir fait une campagne de guerre, ou avoir servi pendant deux ans, soit dans nos camps, soit dans nos garnisons.

« Les grands dignitaires peuvent en être décorés.

« Peuvent également être admis dans l'ordre des trois Toisons d'or :

« Nos ministres ayant département, lorsqu'ils ont le portefeuille pendant dix ans sans interruption ;

« Nos ministres d'État, après vingt ans d'exercice, si pendant cet espace de temps ils ont été appelés au moins une fois chaque année au conseil privé ;

« Les présidents du Sénat, lorsqu'ils ont présidé le Sénat pendant trois années ;

« Les descendants directs des maréchaux qui ont commandé les corps de la grande armée dans ces dernières campagnes, lorsqu'ils auront atteint leur majorité et qu'ils se seront distingués dans la carrière qu'ils auront embrassée.

« Aucune autre personne que celles ci-dessus désignées ne peut être admise dans l'ordre des trois Toisons d'or, si elle n'a fait la guerre et reçu trois blessures dans des actions différentes.

« Nous nous réservons toutefois d'admettre dans l'ordre des trois Toisons d'or des militaires qui, n'ayant pas reçu trois blessures, se seraient distingués, soit en défendant leur aigle, soit en arrivant des premiers sur la brèche, soit en passant les premiers sur un pont, ou qui auraient fait toute autre action d'éclat constatée.

« Pour être grand chevalier, il faut avoir commandé en chef, soit dans une bataille rangée, soit dans un siége, soit un corps d'armée dans une armée impériale, dite grande armée.

« Les aigles des régiments dont l'état est ci-joint, et qui ont assisté aux grandes batailles de la grande armée, seront décorées de l'ordre des trois Toisons d'or.

« Chacun de ces régiments aura le droit, qui se transmettra jusqu'à la postérité la plus reculée, d'avoir un capitaine, lieutenant ou sous-lieutenant, commandeur, et dans chacun de ses bataillons qui étaient à l'armée, un sous-officier ou soldat, chevalier.

« La décoration de commandeur sera donnée à celui des capitaine, lieutenant ou sous-lieutenant, qui nous sera désigné comme le plus brave de tous les officiers desdits grades, dans le régiment.

« La décoration de chevalier sera donnée au sous-officier ou soldat qui nous sera désigné comme le plus brave de tout le bataillon pour l'infanterie, ou de tout le régiment pour la cavalerie.

« La nomination des commandeurs ou chevaliers des régiments sera faite par l'Empereur, sur la présentation secrète qui sera adressée cachetée par le colonel, et, concurremment, par chacun des chefs de bataillon pour les régiments d'infanterie, au grand chancelier de l'ordre.

« La réunion générale des grands chevaliers aura

lieu, chaque année, le 15 août, jour où toutes les promotions de l'ordre seront publiées.

« Les commandeurs et chevaliers des régiments continueront leur avancement dans leur régiment et ne pourront plus le quitter, devant mourir sous les drapeaux.

« La pension de commandeur des régiments sera de quatre mille francs, et celle des chevaliers des régiments de mille francs, à prendre sur les revenus de l'ordre.

« Nous nous réservons de pourvoir d'ici au 15 août prochain à l'organisation de l'ordre par des statuts particuliers »

« *Ordre du 26 août.* — Plusieurs officiers et soldats qui arrivent à l'armée ignorent les fonctions attribuées au corps de la gendarmerie, et le respect qu'on doit porter à ce corps de la force publique. MM. les chefs de corps feront connaître l'importance des fonctions de la gendarmerie ; ils feront connaître que les officiers, sous-officiers et gendarmes sont constamment de service dans l'exercice de leurs fonctions, et qu'ils portent avec eux le respect que l'on doit à une sentinelle. »

« *Ordre du 14 octobre.* — La paix a été signée aujourd'hui, 14 octobre, à neuf heures du matin, entre M. le comte de Champagny, ministre des relations extérieures de Sa Majesté l'Empereur des Français, roi d'Italie, et M. le prince de Lichtenstein, plénipotentiaire de Sa Majesté l'empereur d'Autriche.

« MM. les maréchaux feront annoncer cette nouvelle par une salve d'artillerie. »

# CORRESPONDANCE

### RELATIVE AU LIVRE XV

#### DU 1ᵉʳ JUILLET AU 14 NOVEMBRE 1809.

---

« Mon fils, je reçois vos trois lettres du 30, à midi : Chasteler fait le partisan, se dissémine en un grand nombre de colonnes et s'annonce partout. Je vois avec plaisir que, le 4, vous serez arrivé. Marmont et Broussier le seront aussi. Notre seule crainte est que l'ennemi ne tienne point. Je vous ai mandé hier que j'avais fait jeter l'ancien pont dans l'île. Au premier coup de canon, l'ennemi a disparu et s'est retiré dans ses redoutes d'Essling. Ce pont a été jeté à cinq heures du soir, et trois heures après l'ennemi n'avait pas montré plus de 12,000 hommes d'infanterie et 3,000 hommes de cavalerie. Il paraît que c'est le corps d'Hiller. Des bruits disaient que le prince Charles s'était porté ailleurs. Probablement, ce matin, nous saurons à quoi nous en tenir. Pour Metternich, les Autrichiens se moquent de nous; il

<small>Nap. à Eug. Schœnbrunn, 1ᵉʳ juillet 1809.</small>

y a un moyen bien simple, c'est de le renvoyer à Vienne. Je suppose que vous l'aurez fait. En abandonnant Raab, convenez d'un chiffre avec le général Narbonne, que vous remettrez à l'état-major ici. Je crois vous avoir mandé que le général Rusca venait sur Bruck avec 3,000 hommes, et que j'avais ordonné qu'on ne communicât plus avec l'Italie que par des convois de 2 ou 3,000 hommes. Je vous avais mandé hier que les Polonais croyaient devoir être attaqués à Benberg; ils me mandent d'hier soir que l'ennemi a rétrogradé, et qu'il n'est même plus à Güntz ni à Steinamanger. Il est vrai que Marmont a dû coucher le 29 à Gleisdorf, et le 30, probablement, entre Gleisdorf et Güntz.

« *P. S.* Avant de sortir de Raab, je vous recommande plusieurs choses : 1° de vous assurer qu'il y a tout ce qui est nécessaire pour tirer 6,000 coups de canon et 2,000 obus; 2° qu'il y a des vivres pour plusieurs mois; 3° qu'on a détruit tous les ouvrages de fortifications des camps retranchés; 4° de le bien reconnaître, afin que, si vous deviez remarcher de Vienne sur Raab, et que l'ennemi occupât ce camp retranché, vous ayez des facilités pour manœuvrer. »

<small>Eug. à Nap.
Raab,
1<sup>er</sup> juillet
1809,
8 heures
du matin.</small>

« Sire, j'ai l'honneur d'adresser à Votre Majesté les deux rapports que j'ai reçus cette nuit : les rapports sembleraient être à l'appui de l'idée dont Votre Majesté me fait part dans sa lettre du 30 au matin, que je reçois à l'instant. J'ai recommandé au général Montbrun d'être bien attentif, bien sur ses gardes, et m'informant de tout ce qu'il verrait. Il y a deux heures qu'il m'a envoyé une lettre du général Davidowitz, qui annonçait l'arrivée de M. Dodun aux avant-postes pour dix heures du matin. J'ai cru bien faire, d'après cela, de faire partir M. de Metternich, d'autant plus qu'il ne pourra rien annoncer de nos mouvements rétrogrades, et qu'il ne pourra, au contraire, qu'annoncer la présence de notre armée à Raab.

« Je questionnerai un seul instant M. Dodun, et, dans le cas où il me confirmerait la présence à Comorn d'un aussi grand nombre de troupes que paraît le supposer le rapport des prisonniers, j'arrêterais définitivement, jusqu'à de nouveaux ordres de Votre Majesté, un mouvement rétrograde.

« J'ai cependant fait partir cette nuit le général Baraguey-d'Hilliers et la division Sévéroli, puisqu'il devait relever le 2, devant Presbourg, le maréchal Davout. Voici quelle sera, au soir, la position de mes troupes : les divisions Montbrun, dans la plaine entre Raab et Comorn; le général Macdonald et la division Pacthod, à Raab; le corps du général Grenier, à Alasik; les dragons, à Hochtrass; la cavalerie du général Sahuc à Raboth, couvrant et éclairant ma droite. J'informerai exactement Votre Majesté de tout ce que j'apprendrai sur l'ennemi. »

*Eug. à Nap. Raab, 1ᵉʳ juillet 1809, au soir.*

« Sire, je reçois à l'instant la lettre de Votre Majesté datée d'hier soir, 30 juin. Je remercie beaucoup Sa Majesté de la bonté qu'elle a de m'informer de son pont jeté sur le Danube. J'attends avec impatience que Votre Majesté me mande si elle n'a point changé d'intention à l'égard de mon mouvement rétrograde ; si je n'ai point de nouvelles extraordinaires de l'ennemi, et que Votre Majesté ne me donne point d'ordres contraires, je continuerai demain mon mouvement ainsi qu'il a été commencé. J'ai été hier parfaitement éclairé, et rien n'annonce, jusqu'à ce moment, que Chasteler dût s'approcher de Comorn. J'ai reçu ce matin des rapports de Wesprim, de Palota, de Vasarhely et de Sarvar ; ils sont datés d'hier, 30, et hier, 30, il n'y avait pas d'ennemis à Sarvar ni à Wesprim ; on avait rencontré à Palota 60 dragons ennemis qui appartenaient, d'après le dire des paysans, à un corps de troupes qui est à Weissemburg. Ce corps est, assure-t-on, composé de quelques milliers d'hommes d'insurrection, ayant très-peu de troupes de ligne. A Vasarhely, on a eu connaissance que l'ennemi était en force aux environs, et le général n'a évacué, dans la nuit, que parce que l'ennemi semblait manœuvrer sur ses flancs, particulièrement vers son flanc droit, dans la direction de Janoshaza : voilà l'état des choses dans cette partie. Du côté de Comorn, rien de nouveau, car Montbrun ne m'a rien mandé ; c'était à deux heures que devait se faire l'échange des ambassadeurs, ainsi tout aura dû être calme dans cette partie. J'ai envoyé deux officiers intelligents au général Montbrun, qui ont ordre de bien observer les mouvements de l'ennemi, et il me tarde de voir M. Dodun pour le questionner sur ce qu'il a vu à Comorn ; je calcule que l'ennemi lui aura montré beaucoup de monde, s'il n'a aucun projet offensif, et on aura caché même la garnison ordinaire, s'il a des projets sur nous. Enfin, le troisième point d'où j'attends des renseignements était du général Marulaz. Le général Lasalle m'a envoyé, ce matin, copie d'un rapport d'hier soir, qui annonçait que l'ennemi était à Güns. Votre Majesté aura sûrement des nouvelles positives d'Œdenburg, car j'ai peine à croire que 3,000 chevaux et autant d'infanterie soient venus s'enfourner là. J'ai cependant ordonné de suite les reconnaissances sur Csahany, je ne pourrai en recevoir que cette nuit.

« J'ai l'honneur de joindre à la présente deux lettres du ministre de la guerre de son royaume d'Italie, et une lettre de la princesse qui est touchée des marques d'attention et de bonté que vient de lui donner Votre Majesté. »

« Mon fils, je reçois vos deux lettres du 1ᵉʳ juillet, à une heure du matin. Les renseignements qu'on vous a donnés sont inexacts : l'armée du prince Charles est toute ici en bataille. J'espère que vous aurez commencé votre mouvement, et que vous serez ici le 4, car le 4 au soir je passe. Vous pourrez, selon les circonstances, laisser à Baraguey-d'Hilliers plus ou moins de troupes. Dirigez le sieur Dodun par Ébersdorf, dans l'île, afin qu'il me donne tous les renseignements qu'il aura ; je suppose que vous aurez fait culbuter cette cavalerie qui aura débouché par Comorn, et préparé par là votre mouvement sur Vienne.

<small>Nap. à Eug.
De l'Ile,
2 juillet
1809.</small>

« *P. S.* Je suppose toujours que Raab a ses 6,000 coups de canon, et que vous compléterez les cartouches à 300,000. »

<small>Eug. à Nap.
2 juillet,
2 heures
du matin.</small>

« Sire, j'ai eu l'honneur de rendre compte hier à Votre Majesté que le général Davidowitz, commandant à Comorn, avait annoncé l'échange des ambassadeurs pour hier, 1$^{er}$ juillet.

« M. de Metternich arriva à mes avant-postes à deux heures après-midi, et le général Montbrun envoya de suite un officier à Comorn pour prévenir de l'arrivée de M. de Metternich. On garda cet officier plusieurs heures, et on ne le renvoya qu'à la nuit close, en prétextant l'ordre et la dernière instruction du prince Jean qu'on attendait. Le général Montbrun m'a envoyé aussitôt un officier qui est arrivé auprès de moi ce matin. J'ai, de suite, ordonné au général Montbrun de faire partir sans délai pour Vienne M. de Metternich, si, deux heures après la réception de mes ordres, l'échange n'avait pas lieu. Je compte faire marcher M. de Metternich jour et nuit jusqu'à Vienne, et il est lui-même au désespoir de la conduite des siens. »

<small>Nap. à Eug.
Ebersdorf,
3 juillet
1809.</small>

« Mon fils, je reçois votre lettre du 2, avec celle du général Montbrun; je vous attends de votre personne, le 4 à midi, et votre corps avant onze heures du soir, vu que le 5, à deux heures du matin, j'attaque. (De l'île Napoléon, 3 juin 1809, à trois heures après-midi.)

« *P. S.* Le général Baraguey-d'Hilliers doit avoir

été renforcé de la brigade Thiry de 1,000 hommes, composée d'un régiment provisoire de chasseurs et d'un régiment de Wurtemberg, ce qui, avec un de vos régiments de chasseurs, le porte à 1,200 chevaux. Vous êtes le maître de lui laisser 1,000 hommes d'infanterie de plus. »

Eugène à la vice-reine. Ebersdorf, 4 juillet 1809.

« Ma chère Auguste...., je suis bien pressé, je suis arrivé ce matin de la Hongrie avec tout mon corps d'armée, et je crois que l'Empereur prépare aux Autrichiens un tour de sa façon. Adieu, sois tranquille, je me porte bien. »

Nap. à Eug. A mon camp impérial de Volkersdorf, 7 juillet 1809.

« Mon fils, le maréchal duc de Rivoli s'est porté sur Kornenburg. On a entendu ici une canonnade depuis six heures; j'en ignore l'issue. Faites-moi connaître ce que vous en savez. Votre cavalerie légère s'est mise à la poursuite de l'ennemi du côté de Hackereau. J'ai ordonné à Nansouty de l'appuyer, et j'ai ordonné à Marmont de pousser jusqu'à Nicolsburg. J'ai ordonné à Grouchy et à Pully de rester où ils sont et de vous envoyer leur situation. Vous aurez reçu des renseignements, et vous pouvez savoir à présent où sont vos colonels et généraux. J'ai ordonné à l'intendant général de vous donner deux compagnies de transports. Voyez qu'on vous les envoie dans la journée de demain, chargés de pain, afin de les garder. Tâchez d'envoyer quelqu'un en Italie pour donner des nouvelles de la bataille. J'ai ordonné que l'on écrive par la Bavière. Envoyez des patrouilles de cavalerie jusqu'à la March vers la Hongrie, afin de vous éclairer. »

*Eugène à la vice-reine. Du camp en avant de Stamersdorf, 7 juillet 1809, au matin.*

« La victoire est à nous, ma bonne Auguste; je me porte fort bien, à la fatigue près; nous nous sommes battus quarante-huit heures de suite. L'armée d'Italie s'est couverte de gloire, le régiment de dragons de la reine s'est supérieurement conduit, etc., etc. »

*Nap. à Eug. Valkensdorf, 9 juillet 1809.*

« Mon fils, la division Pully vous rejoint. Le parc du duc d'Auerstaedt est à Neusiedel, et il était le 7 et le 8 inquiété par des patrouilles ennemies de cavalerie. Envoyez-y un fort parti de cavalerie. »

*Eug. à Nap. Seibenbrunn, 12 juillet 1809.*

« Sire, il est deux heures après midi, et je reçois à l'instant la nouvelle que l'ennemi a entièrement évacué la rive gauche de la March. Toutes ses colonnes se sont dirigées sur Presbourg, sauf quelques régiments d'infanterie et de cavalerie qui ont pu remonter la March : je le fais suivre par un piquet. J'ai ordonné, en attendant les ordres de Votre Majesté, d'établir un pont de bateaux avec une tête de pont de bateaux à Schlassorf. J'ai prescrit qu'on établît un pont volant à Marcheg et qu'on s'occupât à réparer le pont d'Anger, dont une seule travée avait été détruite. On fera à ce dernier pont deux à trois redoutes.

« J'espère que, demain, ces différents passages seront préparés, et qu'il ne manquera plus que les ordres de Votre Majesté. Je n'ai pas encore les pontonniers, mais les sapeurs les remplaceront jusqu'à leur arrivée. »

*Eug. à Nap. Seibenbrunn,*

« Sire, j'ai l'honneur de présenter à Votre Majesté les généraux de division Séras, Lamarque, Broussier et Fontanelli, pour la promotion de grands officiers de la Légion d'honneur. Le général Séras a été blessé grièvement le 5; c'est de tous les officiers généraux celui dont j'ai été constamment le plus satisfait. Les généraux Lamarque et Broussier ont bien conduit leur division et se sont distingués, le 6, sous les ordres du maréchal Macdonald; quant au général Fontanelli, j'en ai toujours été très-content : il s'est distingué pendant le temps qu'il a eu ma division à commander. C'est un des officiers de l'armée d'Italie qui donnent le plus d'espérances. Je recommande ces quatre généraux aux bontés de Votre Majesté, ainsi que le général Grenier, qui a été blessé le 5. »

*12 juillet 1809.*

« Me voici sur les bords de la March, ma très-chère Auguste, chargé d'une nouvelle expédition. J'ai sous mes ordres, avec ce qui reste (ici) de mon armée, les Saxons et les Wurtemburgeois. Je serai probablement sous deux jours à Presbourg. Ma santé est toujours bonne au milieu de tous mes travaux; je crois qu'elle serait encore meilleure si je recevais des nouvelles de Milan. Voilà dix grands jours que je n'ai reçu un mot de toi; tu auras aussi été quelque temps sans lettres de moi, mais j'ai pris le parti de t'écrire par Munich et la Suisse, et t'engage à faire faire cette route à nos courriers. Maintenant que la grande bataille est passée, tu dois être très-tranquille; il est vrai que l'affaire dura deux jours de suite et a été extrêmement chaude; mais il est im-

*Eugène à la vice-reine. Seibenbrunn, 12 juillet 1809.*

possible qu'il y en ait deux comme cela dans une campagne. J'ai été là heureux comme je le suis toujours ; pourtant, j'aurais cru mon bonheur épuisé par toute la félicité dont je jouis par toi et par mes enfants. Croirais-tu que le jour de la bataille il s'est tiré de part et d'autre 150,000 coups de canon, dont 30,000 sûrement ont été tirés contre mon corps d'armée. Il paraît certain que Pons a été tué, Valvassonc a été blessé d'une balle à la cuisse, plusieurs autres ont eu des chevaux tués ; mais cela ne compte pas. Les Autrichiens sont bien bas depuis la perte de cette bataille, et je pense que la guerre ne peut plus durer longtemps, à moins d'événements qu'on ne peut prévoir. Ce sera un grand bonheur pour moi quand je pourrai te serrer dans mes bras, ainsi que mes petits enfants. »

*Nap. à Eug. Au camp devant Znaïm, 15 juillet 1809.*

« Mon fils, je vous envoie copie de l'armistice que j'ai conclu. Faites occuper la March et Presbourg. Il faut me présenter un projet d'organisation pour votre corps d'armée, de manière que les 3ᵉ et 4ᵉ bataillons qui appartiennent au corps de Marmont le rejoignent. La division Grouchy vous sera rendue. Je l'ai destinée à occuper OEdenburg, Gratz, Laybach, Klagenfurth et Trieste. Le général Mathieu Dumas est commissaire pour l'armée. Vous chargerez le général Rusca de prendre possession du fort de Schasemburg. Vous pourrez envoyer le corps saxon sur Hackereau. Je serai demain de bonne heure à Vienne. Vous m'enverrez là vos rapports et je vous donnerai mes instructions. »

« Sire, j'ai reçu ce matin l'armistice dont le major général m'a donné connaissance; j'en ai de suite envoyé copie aux avant-postes autrichiens, et j'ai donné les ordres pour que demain on entrât à Presbourg. Tout mon corps d'armée était déjà sur la March, mais j'étais de ma personne à Seibenbrunn, pour être plus à portée de recevoir les ordres de Votre Majesté. Je porterai moi-même mon quartier général à Schloss ou Theben, où j'attendrai les ordres de Votre Majesté. Je la prie de vouloir bien ordonner qu'on m'envoie de suite, à Presbourg, des bateaux pour rétablir le pont, afin de pouvoir exécuter plus promptement, s'il y a lieu, les mouvements que Votre Majesté ordonnerait. J'adresse ci-joint à Votre Majesté le projet d'organisation de l'armée d'Italie à 5 divisions; il y aurait à rendre, pour le moment, au général Marmont 7 bataillons; mais Votre Majesté verra, dans la colonne d'observations, qu'il en existe encore qui appartiennent à son corps d'armée qui sont restés en arrière. »

*Eug. à Nap.
Seibenbrunn,
13 juillet
1809.*

« Mon fils, je reçois votre lettre du 14, à midi. Il faut assurer le passage de la March par un bon pont. En attendant, restez avec vos 2 divisions jusqu'à ce que Presbourg soit occupé. Envoyez au-devant du général Grouchy, pour qu'il vous rejoigne. »

*Nap. à Eug.
Schœnbrunn,
14 juillet
1809.*

« Mon fils, Marbeuf m'apporte votre lettre du 13, à huit heures du soir. Baraguey-d'Hilliers, à ce qu'il paraît, a pris possession de Presbourg. S'il ne l'avait

*Nap. à Eug.
Schœnbrunn,
14 juillet
1809.*

pas encore fait, faites-lui passer le Danube sur-le-champ; 1 bataillon suffit quant à présent pour occuper Presbourg. J'approuve la formation de votre corps à 4 divisions. Vous pouvez envoyer Macdonald avec 2 divisions prendre possession de Gratz; je pense que les autres devraient se tenir à Œdenburg, en occupant la ligne de Raab à Œdenburg. Votre quartier général me paraît devoir être très-convenablement établi à Œdenburg. Vous serez là à portée de Presbourg et de Vienne, et dans un pays où votre cavalerie pourra facilement se rétablir; c'est ce dont il faut s'occuper aujourd'hui avec activité. Le général Vandamme se porte sur Neustadt, et de là sur le Simmering avec ses troupes, afin de presser l'évacuation de Gratz. Il est arrivé au général Rusca un événement dont j'ignore les détails; il paraît qu'il s'est retiré du côté de Salzbourg. Je désire donc que Macdonald se rende avec 2 divisions à Neustadt, et de là sur Gratz. Les deux autres peuvent rester avec les Saxons sur la March, pour occuper Presbourg, faire jeter un pont, et occuper Raab et toute la ligne. Vous pourrez porter votre quartier général à Œdenburg dans quelques jours. Je désire connaître le lieu où il faudra construire un pont sur la March et quelle est la ligne de cette rivière. »

<small>Eugène à la vice-reine. Schloss, sur la March, 14 juillet 1809, à midi.</small>

« Je ne t'ai pas écrit depuis deux jours, ma très-chère Auguste, parce que j'ai eu beaucoup à travailler. A peine le courrier Rota était-il parti, qu'il m'est arrivé la nouvelle de l'armistice d'un mois conclu entre les deux empereurs. Je pense que cela doit mener à la paix, et je m'en réjouis du fond de mon cœur, puisque après cette époque je puis avoir l'espoir de revoir ma petite famille. J'ai vu que l'Empereur avait eu l'amabilité de t'envoyer un officier d'ordonnance. Nos communications vont être bientôt rouvertes par la route directe; j'en profiterai souvent, car je vois que nous allons rester quelque temps sans occupation. Je suis ici dans un grand et beau château de l'empereur d'Autriche. Il y aurait de quoi mourir d'ennui, s'il ne me rappelait pas un peu Monza. Il n'y a pas de parc, mais la façade ressemble beaucoup, du côté de Presbourg, à celle de Monza du côté du jardin, avant qu'on ne retirât la balustrade de pierre. »

« Sire, j'ai l'honneur d'adresser à Votre Majesté la reconnaissance que j'ai faite de la March, depuis son embouchure jusqu'à Joczdorf; j'y joins également le rapport du colonel Lebel. Eug. à Nap. Schloss, 16 juillet 1809.

« Si Votre Majesté veut un pont avec une tête de pont, l'endroit le plus convenable, c'est sans contredit Schloss, car c'est la route la plus directe de Vienne à Presbourg. Les chaussées sont déjà toutes établies, mais le pont aura environ 200 toises de long, et les ouvrages pour le couvrir devront avoir aussi un grand développement; mais peut-être une telle dépense serait-elle inutile sur la March, vu qu'il existe un assez grand nombre de gués au-dessus de Marcheg; ces gués ne sont cependant pas praticables pendant la crue des eaux. Si Votre Majesté veut seulement un pont de communication, parce qu'à ce point la rivière n'a que 50 toises de largeur, et qu'enfin nous étions très à court de moyens.

« J'ai reçu ce matin les ordres du major général sur la formation de l'armée, sur les mouvements à faire par le maréchal Macdonald pour y substituer une brigade de cavalerie légère. J'ai dû envoyer le général Baraguey-d'Hilliers avec la division Séveroli, puisque c'était là son seul commandement. Si Votre Majesté n'a rien de contraire, je lui confie le commandement de la Carniole et de la Carinthie.

« Si Votre Majesté approuvait le reste du placement des troupes tel que j'ai eu l'honneur de le lui proposer, je commencerais mon mouvement dès que le passage serait praticable à Presbourg. J'espère que demain il y aura déjà un pont volant, mais on ne pourra pas faire un pont de bateaux sans le secours de Votre Majesté. »

*Eugène à la vice-reine. Presbourg, 16 juillet 1809.*

« Me voici à Presbourg, ma chère Auguste. C'est une belle et grande ville qui a beaucoup souffert de la guerre, car il y a près de 200 maisons brûlées. Je m'occupe à faire établir un pont sur le Danube, et sous peu de jours nous passerons le fleuve pour prendre les cantonnements qui seront assignés à mon corps d'armée. Je sais déjà qu'une partie de mes troupes occupe Gratz et Klagenfurth, mais je crois que j'aurai mon quartier général au centre, et ce sera probablement en Hongrie. Je pense que les affaires ne tarderont pas à se décider d'une manière ou de l'autre, et pendant ce temps je m'occuperai beaucoup des affaires d'Italie, de ma petite famille qui me rend si heureux, et je me donnerai de temps en temps le plaisir de la chasse. Il y a dans tous ces pays-ci des chasses superbes. »

« Mon fils, le major général a dû vous envoyer des ordres de mouvement ; ainsi, vous devriez être ce soir ou demain à Vienne ; mais je désire qu'avant de revenir, vous visitiez tout le cours de la March jusqu'à Nicolsburg. Vous êtes jeune, vous ne sauriez trop voir ; on ne sait dans quelles circonstances on peut se trouver. Il est même bon que vous alliez jusqu'à Brunn et que vous visitiez la citadelle, la ville et le champ de bataille d'Austerlitz ; de Brunn, vous vous en reviendrez. Vous pourrez, dans un autre voyage, aller voir Znaïm, Krems et les débouchés de la Bohême. La communication avec l'Italie va être enfin rouverte. J'ai écrit souvent à la vice-reine ; je viens de lui envoyer encore un de mes officiers d'ordonnance. Vous devez avoir deux compagnies du 1ᵉʳ bataillon provisoire, des équipages militaires du train, ce qui fait 72 voitures. Je désire bien que vous ayez les 4 compagnies complètes du 9ᵉ bataillon, ce qui ferait 144 voitures de plus. Faites venir les hommes du train que vous avez à Plaisance, et écrivez à Gratz pour qu'on s'y procure des chevaux, des harnais, des voitures.

*Nap. à Eug. Schœnbrunn, 17 juillet 1809.*

« Sire, j'ai l'honneur de rendre compte à Votre Majesté, qu'après l'arrivée des pontonniers ici et les recherches les plus scrupuleuses que j'ai ordonné que l'on fit, on est parvenu à trouver le nombre suffisant

*Eug. à Nap. Presbourg, 18 juillet 1809.*

de bateaux pour l'établissement du pont en face de Presbourg. Il ne manque plus, pour la confection de ce pont, que 25 ancres et 25 cordages. Je prie donc Votre Majesté de vouloir bien donner des ordres pour que ces objets nous soient envoyés d'Ébersdorf, et le pont sera établi peu d'heures après. Je m'empresse d'envoyer ce rapport à Votre Majesté, afin qu'elle ne se dessaisisse pas de bateaux, dans le cas où elle eût voulu nous en envoyer sur la première demande. »

<small>Eug. à Nap.
Presbourg,
18 juillet
1809,
à midi.</small>

Sire, je reçois à l'instant, onze heures du matin, la lettre que Votre Majesté m'a fait l'honneur de m'écrire hier au soir, 17. Je n'ai point encore reçu les communications de mouvement que Votre Majesté m'annonce, mais je présume les recevoir dans la journée. Je ferai de suite les dispositions en conséquence, et je partirai bientôt après pour la tournée que Votre Majesté désire que je fasse. Elle peut compter sur l'empressement que je mets à exécuter ses ordres, puisqu'ils doivent bientôt me ramener près de Votre Majesté.

« Je remercie de nouveau Votre Majesté des nouvelles qu'elle veut bien faire passer à la vice-reine. Votre Majesté sait qu'elle n'a point affaire à des ingrats, et combien l'un et l'autre nous sommes reconnaissants de ses bontés. »

<small>Eugène
à la vice-
reine.
Presbourg,
18 juillet
1809,
6 heures
du matin.</small>

Bonjour, ma chère Auguste. Ma première pensée, ce matin comme tous les jours, est pour toi et mes jolis enfants. J'ai reçu hier la lettre du 7, qui est passée par Strasbourg ; mais toutes celles depuis Tascher ne me sont point parvenues. Que sont devenus Allemagne, Fortis et les autres courriers? Si, comme je le présume, tu les as expédiés, ils auront été pris, car je n'en ai aucune nouvelle. Celle que Tascher m'a remise était du 25 juin. Du 25 au 7 juillet, je n'ai rien reçu; j'avoue que j'aurais désiré être expédié contre Giulay ou Chasteler; je te jure que je leur aurais fait payer cher toutes nos inquiétudes; mais j'ai été appelé pour la grande bataille, et j'en suis bien aise maintenant, car je crois qu'on n'en verra plus comme celle-là. Je sais que l'Empereur a eu l'aimable attention de t'annoncer l'armistice par un de ses écuyers; moi je ne l'ai su que trente-six heures après, et pendant ce temps je me battais sur la March, de manière que les derniers coups de canon ont été pour moi. On parle beaucoup de paix, mais je ne sais rien de positif, puisque je suis loin de l'Empereur. »

*Eugène à la vice-reine. Presbourg, 19 juillet 1809.*

« Je pars demain de grand matin de Presbourg, ma chère Auguste, et comme je serai deux ou trois jours en tournée, je m'empresse de t'en prévenir; je vais visiter le champ de bataille d'Austerlitz et je profiterai de ce petit voyage pour reconnaître le pays. Je serai dans trois jours de retour à Vienne, et de là j'irai à mon quartier général qui va être fixé à Eisenstadt près d'OEdenburg en Hongrie; toutes mes troupes sont en mouvement pour prendre leurs positions de repos pendant le mois d'armistice. Presbourg est une assez jolie ville; on dit que la société y est fort aimable, mais je n'ai pas vu un chat et me suis même passablement ennuyé ces trois dernières soirées. Hier soir, mardi, je pensais à nos petits jeux et je les regrettais fort. Crois-tu que si j'avais osé, j'aurais fait une expédition avec mes messieurs. Il paraît qu'à Eisenstadt je serai fort bien ; on dit qu'il y a un parc superbe, avec beaucoup de gibier ; je vais chasser tous les matins, travailler après. et penser à ma petite famille toute la journée. »

<small>Eugène à la vice-reine. Vienne, 22 juillet.</small>

« Me voici de retour de ma course, ma chère Auguste, et je m'empresse de te donner de mes nouvelles, qui sont très-bonnes. Je suis venu passer trois ou quatre jours à Vienne pour voir l'Empereur, et je vais ensuite à mon quartier général de Hongrie. J'ai vu Louis (prince royal de Bavière) ce matin ; il a beaucoup gagné depuis que je ne l'avais vu ; nous avons déjeuné ensemble chez l'Empereur ; j'espère que nous nous verrons souvent pendant le peu de jours que je resterai ici ; tu t'imagines bien de qui nous avons parlé. Tu as été le sujet constant de nos entretiens, comme tu l'es toujours de mes pensées. La nouvelle des deux dents d'Eugénie m'a fait bien plaisir, tout nous fait présumer qu'elle fera aussi heureusement toutes ses dents. Allemagne est venu me joindre à Brunn et m'a remis tous les courriers retardés à Udine. Il y avait quatorze de tes lettres ! Tout ce que j'ai souffert à attendre a été bien compensé par le plaisir que j'ai eu de recevoir tant de bonnes et heureuses nouvelles de ma petite famille. Adieu, ma très-chère Auguste, j'espère que nous ne resterons plus absents aussi longtemps que nous l'avons déjà été. Je t'embrasse ainsi que mes deux petits choux et vous aime de tout mon cœur. Ton fidèle époux et ami. Dis à M. de Brême que son fils va beaucoup mieux et que sous peu de jours il sera en état de faire le voyage de Milan; mes hommages aux dames de ta société. »

« Mon fils, envoyez l'ordre au général Baraguey-d'Hilliers de se rendre à Laybach et de prendre le commandement de la Carniole, de l'Istrie et de la province de Goritz, en prenant les mesures convenables pour faire évacuer l'Istrie par les Anglais, et faire occuper toutes les limites de l'armistice. Le général Rusca restera commandant de la province de Carinthie, et sera chargé de surveiller les mouvements du Tyrol. » *Nap. à Eug. Schœnbrunn, 24 juillet 1809.*

« Je t'envoie Bataille avec cette lettre, ma bonne et très-chère Auguste. C'est sous peu ta fête, et j'espère qu'elle arrivera juste au moment voulu. Je t'envoie une bagatelle de Vienne, que j'ai trouvée jolie; je désire qu'elle te paraisse telle. Je ne te ferai pas, pour le 3 août, de nouvelles protestations de tendresse et d'attachement : ces sentiments sont les mêmes, et seront de tous les jours et de tous les temps. J'envoie des joujoux à mes petits anges; j'espère que Joséphine te fera son petit compliment et suis fâché de n'être pas là pour le lui apprendre. Je vois Louis tous les jours; je dîne même aujourd'hui avec lui; je lui ai remis ce matin ta lettre et l'ai fort engagé à te répondre par Bataille; il me l'a promis. J'espère que la nouvelle de l'armistice aura *Eugène à la vice-reine. Vienne, 26 juillet 1809.*

tranquillisé le royaume d'Italie; j'ai été bien peiné d'apprendre ces petites révoltes [1]. Nous nous apprêtons à refaire la guerre, mais tout nous porte à croire que les choses s'arrangeront. J'ignore quand je pourrai te revoir et te serrer dans mes bras; mais, tu sais, j'espère que ce moment, à quelle époque qu'il arrive, sera un grand bonheur pour moi. »

*Eugène à la vice-reine. Vienne, 28 juillet 1809.*

« J'adresse encore cette lettre par la Suisse, ma chère Auguste, mais ce sera la dernière, car je reçois déjà des nouvelles de Villach et de Klagenfurth, et l'armistice nettoie entièrement ces pays. Louis part aujourd'hui pour visiter nos derniers champs de bataille; il ira aussi à Austerlitz et à Raab. J'ai dîné hier avec Duroc et Bessières; il y avait cinq ans que nous n'avions pu réunir ce trio. Nous avons voulu ensuite nous promener en frac sur le rempart, mais à peine sommes-nous arrivés qu'une grande foule nous a suivis, parce qu'on nous a reconnus; j'y avais déjà été les deux jours avant et j'avais joui du plus grand incognito; maintenant, tous les militaires qui nous saluaient nous ont démasqués, et nous avons été pour nous venger entendre l'opéra italien : *Il matrimonio secreto*. La musique en est toujours belle, mais les chanteurs ne sont pas bons. Je jouis toujours de la meilleure santé, et vais, sous bien peu de jours, rejoindre mon quartier général, qui n'est au reste qu'à douze lieues d'ici.

« Je rouvre ma lettre pour te répondre sur la fête

---

[1] Allusions à quelques troubles dans les départements qui avoisinaient le Tyrol.

de l'Empereur. Il faudra avoir un *Te Deum* dans la chapelle de la cour, grande audience après la messe, et, le soir, concert et grand cercle dans les grands appartements. »

« Mon fils, vous devez avoir reçu 1,200,000 francs en billets de banque, de Vienne, pour payer deux ou trois mois de solde à votre corps d'armée. Faites-moi connaître si on les a payés. »

<small>Nap. à Eug. Schœnbrunn, 1ᵉʳ août 1809.</small>

« Mon fils, faites-moi connaître le lieu où sont vos troupes, et envoyez-m'en l'état de situation au 1ᵉʳ août. Je désire avoir de vous quatre rapports par jour : l'un de votre cavalerie légère de Raab; un de ce qui passe à Kormond ou à Gratz; un de Laybach, qui me fassent connaître le mouvement de l'ennemi et ce qu'il fait. »

<small>Nap. à Eug. Schœnbrunn, 2 août 1809.</small>

« Ma bonne et très-chère Auguste, je renvoie en Italie de Brême qui a besoin de repos pour se guérir ; il m'a prié de lui donner une lettre pour toi, et je le fais avec plaisir, puisque c'est une occasion de te parler de mes sentiments. J'ai passé la journée d'hier à Schœnbrunn, ainsi que la soirée d'avant-hier. On y donnait une tragédie allemande qui nous a prodigieusement ennuyés. Fort heureusement qu'un joli petit ballet a terminé le spectacle. Ce soir je vais encore à Schœnbrunn, et l'on y donne un opéra italien de Weigl. L'Empereur est toujours bien aimable pour moi, et il m'a accordé un grand nombre de récompenses pour mon armée. On dit que les pléni-

<small>Eugène à la vice-reine. Vienne, 2 août 1809.</small>

potentiaires se verront demain ou après-demain, et on n'en sait pas davantage, ce que je sais bien, c'est que je t'aime de tout mon cœur. »

*Eugène à la vice-reine. Vienne, août 1809.*

« C'est aujourd'hui, le 3 août, le jour de ta fête, ma très-chère Auguste, et je pense avec regrets que je ne suis pas près de toi pour te parler de mes sentiments. Comme en ce moment tout ce qui est près de toi est heureux ! J'espère que Bataille aura eu l'esprit d'arriver aujourd'hui à Milan, tu me le réexpédieras par la route d'Udine, parce qu'elle est sûre à présent. J'ai couché la nuit dernière à Schœnbrunn, car le spectacle a fini tard, et ce matin j'ai chassé avec le prince de Neufchâtel. Nous sommes rentrés pour la parade et pour déjeuner avec l'Empereur. Je suis revenu il y a peu d'heures de Schœnbrunn, et je me suis baigné, car il fait une chaleur très-forte. Aubert vient de me dire que ton pied te faisait encore mal ; pourquoi ne me l'as-tu pas mandé ? Si tu avais besoin d'Aubert, je t'en prie dis-le-moi, je te l'enverrai bien vite. Adieu, ma bonne Auguste, j'aime à croire qu'au milieu des plaisirs du jour de ta fête, on aura un peu pensé à mes regrets.

« Tu feras bien d'envoyer un écuyer avec une lettre pour l'Empereur ; fais-le partir, le 10, de bonne heure, afin qu'il arrive, le 15 août, au matin à Schœnbrunn, pour la fête de Sa Majesté. »

*Eugène à la vice-reine. Vienne, 6 août 1809.*

« Je t'envoie encore un de mes courriers, ma bonne Auguste, j'en profite pour l'expédition de beaucoup d'affaires d'Italie, j'espère que tout y est tranquille en ce moment; les routes par Udine et Klagenfurth sont maintenant libres, et je te prie de donner les ordres au ministre des finances pour qu'on ne fasse pas passer les dépêches par la Suisse, mais bien par la route la plus directe. »

« Sire, Votre Majesté m'ordonne de lui envoyer l'état et l'emplacement de mon corps d'armée; j'ai l'honneur de le lui adresser.

Eug. à Nap.
Vienne,
7 août 1809

« Votre Majesté désire également quatre rapports journaliers de Raab, Kormond, Gratz et Laybach, afin de connaître les mouvements de l'ennemi. J'ai l'honneur de prévenir Votre Majesté que j'ai fait partir des aides de camp pour ces divers points, afin d'avoir des renseignements précis; il y en a un qui ira à Trieste, pour avoir des nouvelles de mer, et qui doit s'informer de ce qui se passe en Tyrol. J'ai, en outre, donné des ordres, dans le même sens, aux différents généraux sur toute la ligne. J'espère, d'après ces mesures, être à même de pouvoir présenter à Votre Majesté un rapport résumé et journalier de Presbourg à Trieste. »

« Mon fils, écrivez au général Lemarois et Caffarelli par la première occasion que vous aurez d'écrire en Italie, pour qu'il ait à réunir tous les détachements de cavalerie appartenant aux différents régiments de l'armée, et à mettre tout cela en marche pour Vienne, que tous les jours je vous demande quand cette cavalerie arrive, et que je suis surtout mécontent qu'il ait retenu mes cuirassiers. »

Nap. à Eug.
Schœnbrunn,
9 août 1809.

*Nap. à Eug.
Schœnbrunn,
10 août 1809.*

« Mon fils, je donne ordre au roi de Naples de faire partir pour Bologne deux bataillons du 14ᵉ léger, deux du 6ᵉ de ligne, deux du 101ᵉ, un du régiment d'Isembourg ou de celui de la Tour-d'Auvergne, avec un escadron de cavalerie napolitain, ce qui fera 4,000 hommes que je mets sous les ordres du général Caffarelli, qui les portera partout où ils seraient nécessaires pour maintenir la tranquillité en Italie. Au moyen de cette disposition, le général Caffarelli pourra diriger tous les détachements qui sont restés en Italie pour renforcer l'armée qui en a grand besoin. Envoyez-lui des ordres positifs par des officiers, car ces détachements éparpillés ne font rien en Italie, et achèvent de se perdre. »

*Eugène
à la vice-
reine,
Vienne,
10 août 1809.*

« Pino est rentré des prisons de Bohême, ma très-chère Auguste, tu pourras l'annoncer à sa famille, je voulais l'envoyer de suite à Milan, mais je préfère le laisser reposer deux ou trois jours, et je te l'enverrai ensuite. Il pourra passer plusieurs semaines chez lui, d'autant plus que j'ai encore trois écuyers avec moi. Rien de nouveau ici, le moment de la fin de l'armistice approche, mais on ne croit pas à la guerre, quoique nous nous apprêtions toujours; la correspondance continue toujours entre les deux cabinets. L'Empereur se porte bien, et travaille toujours beaucoup, suivant son habitude. Nous nous préparons à fêter le 15 août; la garde donnera une belle fête ce jour-là, et toute l'armée sera en gaieté.

« Adieu, ma bonne Auguste, tu connais mes sentiments pour ma petite famille, crois bien à leur tendresse, à leur sincérité, à leur durée; adieu, je te couvre de baisers ainsi que mes deux petites marmottes. »

« Mon fils, donnez ordre que le fort de Malborghetto soit rasé, et que les canons, magasins qui s'y trouvent, soient portés à Klagenfurh, pour en armer et approvisionner cette place. »

<small>Nap. à Eug. Schœnbrunn, 11 août 1809.</small>

« Nous approchons du 15 août, époque où l'on croyait que je serais à Milan, et cependant il n'est pas du tout question de ce voyage; il faut donc, ma bonne et très-chère Auguste, s'armer de patience... Rien de nouveau ici, spectacle à Schœnbrunn tous les deux jours. J'arrive de la parade et vais retourner pour le dîner de Sa Majesté; je pense que de suite après la fête de l'Empereur je ferai ma grande tournée pour visiter toutes mes divisions. Je me rapprocherai de toi peut-être de cent lieues; et cependant je serai encore très-loin. J'attends Bataille avec impatience, il saura mieux que tous ces benêts, qui arrivent, me donner des détails sur ma bien-aimée petite famille. »

<small>Eugène à la vice-reine. Vienne, 11 août 1809.</small>

« Bataille est arrivé ce matin, ma très-chère Auguste, et comme j'envoie Lacroix ce soir en Italie pour affaire de service, je lui donne cette lettre pour toi. Je te remercie des petits portraits de nos deux enfants... Rien encore de nouveau ici; nous nous préparons au *Te Deum* pour après-demain. Tu avais une excellente idée d'envoyer Annon à l'Empereur,

<small>Eugène à la vice-reine. Vienne, 12 août 1809.</small>

je n'y avais pas songé; c'eût été fort convenable, mais je ferai promptement repartir Clérici. Je n'ai pas eu le temps de causer beaucoup avec Bataille, car il n'y a que deux heures que je suis de retour de Schœnbrunn, et j'ai travaillé jusqu'à ce moment. Je vais le faire appeler, etc., etc. »

*Nap. à Eug. Schœnbrunn, 13 août 1809.*
« Mon fils, je vous envoie une lettre de Turenne; donnez des ordres en conséquence. Il est fâcheux qu'on fasse déjà des pertes sur les approvisionnements. Est-ce que vous ne suivez pas en Italie la méthode que l'on suit en France, de charger les gardes-magasins d'entretenir les approvisionnements moyennant tant? »

*Nap. à Eug. Schœnbrunn, 14 août 1809.*
« Mon fils, faites-moi connaître les nouvelles que vous avez du général Rusca. Depuis qu'il est à Lientz, je n'en ai pas entendu parler. »

*Eugène à la vice-reine. Vienne, 16 août 1809.*
« Clérici est arrivé à Vienne dans la nuit du 14, et a remis le 15 au matin ta lettre à l'Empereur, qui a été sensible à ton attention. La fête s'est bien passée hier avec le plus grand éclat et le plus grand ordre. Je t'assure que Pavie et Milan n'étaient pas plus brillantes que Vienne : *Te Deum*, parade, feu d'artifice superbe, illumination, et un concours de monde très-considérable. J'ai dîné chez Sa Majesté, qui avait parcouru en calèche les camps de sa garde pendant le repas; après, elle a mis un frac gris et s'est promenée à pied dans Vienne; nous avons été reconnus par très-peu de personnes. On assure que M. de Champagny part aujourd'hui pour Altenburg,

afin d'y commencer les conférences. Si les Autrichiens ne veulent pas faire la paix, ils sont bien fous. Hier l'Empereur a fait des promotions sans nombre; voilà les principales :

« Le maréchal Masséna est nommé prince d'Essling, avec 500,000 francs de rente;

« Le prince de Neufchâtel est nommé prince de Wagram, avec une belle dotation.

« Le maréchal Davout est nommé prince d'Eckmuhl, avec dotation.

« Six grands cordons de la Légion d'honneur :

« Macdonald, Andreossi, Grenier, Clarke, Bertrand et Gudin.

« Trois grands cordons d'Italie :

« Lauriston, Lariboisière et Sorbier.

« Les maréchaux Macdonald, Oudinot, le général Clarke, sont nommés ducs.

« Il y a une grande quantité de comtes et de barons.

« Charpentier, Grenier, Séras, Broussier, Lamarque, d'Anthouard, de l'armée d'Italie, sont nommés comtes.

« Triaire, Delacroix et Bataille sont nommés barons, et tous avec une dotation plus ou moins forte.

« Enfin, j'espère que voilà beaucoup de contents [1].

---

[1] Voici à propos des nominations qui suivirent l'armistice de Znaïm, une anecdote dont nous garantissons l'authenticité. L'Empereur annonça à Eugène qu'il venait de faire deux maréchaux, lui laissant les noms à deviner. Eugène nomma Grenier. — Bah! lui dit l'Empereur, toujours ton armée de Sambre et Meuse, j'ai nommé Marmont. — Je souhaite, reprit Eugène, que Votre Majesté n'ait jamais à se repentir de ce choix. L'Empereur mécontent lui tourna le dos et rentra dans son cabinet. Eugène, en sortant, trouva dans le salon de service le

« Clérici m'a remis ta lettre; elle a un peu troublé ma joie, ma chère Auguste. J'y ai vu des idées tristes, et je te jure que tu ne devrais pas en avoir. Crois-moi, compte sur notre étoile, qui est heureuse, sur notre conscience, qui sera toujours pure, sur la justice de l'Empereur, et sur les liens d'attachement qui nous unissent. »

<small>Eugène à la vice-reine. Vienne, 18 août 1809.</small>

« Clérici n'a pu encore partir, ma très-chère Auguste; l'Empereur a été très-occupé tous ces jours-ci, et en grande partie c'était pour faire des heureux et distribuer des grâces. Sa Majesté vient de donner à Tascher 40,000 livres de rentes. J'ai reçu ta lettre au sujet de madame V... M... Elle a pris le seul et unique moyen pour que je lui pardonne : c'était de faire demander sa grâce. Il faut pourtant lui dire de ma part que je ne lui pardonne que sous la condition qu'elle se prononcera hautement à notre égard, c'est-à-dire que, si elle veut continuer à être reçue à la cour, elle doit être franchement des nôtres; si, au contraire, elle conserve encore quelque espoir d'un autre côté, ce serait vil et bas à elle de venir nous faire sa cour. Quant à S...., c'est une autre affaire : c'est positivement un coquin ou une bête de la première espèce, puisqu'il a déjà cru voir retourner les Autrichiens gouverner l'Italie de nouveau. Je lui fais l'honneur de ne pas le croire

---

général Savary, auquel il raconta la scène qui venait de se passer. Le mot du vice-roi n'a pu être ignoré longtemps du duc de Raguse. Ce mot et l'affaire des 350,000 francs pris dans les mines d'Ydria, on conviendra qu'il y a bien là de quoi expliquer les vengeances posthumes d'un homme comme Marmont.

une bête, par conséquent c'est un coquin, et, certes, je lui revaudrai tout cela.

« Il est bien essentiel, pour notre tranquillité à venir, ma chère amie, que nous ne confondions pas les bons et les mauvais. Ces dernières circonstances nous facilitent de connaître beaucoup de gens; il faut donc non pas les forcer à nous aimer, mais les obliger à être citoyens et à désirer le repos de leur pays. Je t'engage donc à bien t'informer de la conduite politique des personnes de notre société pendant la dernière crise, et tu m'obligeras d'en garder note, en m'en écrivant pourtant un mot. Vaccari est un des hommes auxquels tu peux le plus te fier dans cette occasion; mais pourtant il faut en entendre plusieurs. Vaccari, Caffarelli, Prina Caprara, madame de Litta, sont des personnes sur lesquelles on peut compter, n'ayant cependant pas l'air de faire des questions. »

Nap. à Eug. Schœnbrunn, 19 août 1809.

« Mon fils, faites partir un aide de camp qui se rendra à Raab, jusqu'à Kormond et Gratz; il prendra, s'il est nécessaire, un détachement de 50 hommes de cavalerie légère. Il vous écrira tous les soirs pour vous faire connaître ce qu'il y a de nouveau sur la ligne ennemie, et les mouvements que l'ennemi ferait. Réitérez l'ordre que vos régiments de cavalerie légère achètent des chevaux en Hongrie, où il y en a beaucoup. Ils ont beaucoup d'hommes au dépôt de cavalerie, il faut qu'ils achètent des chevaux et les envoient au dépôt, où on les montera. Envoyez l'ordre à Trieste qu'avant le 1$^{er}$ septembre il y ait 2 millions de versés à la caisse, à compte des contributions. Écrivez aussi pour presser les mouvements à Laybach et à Klagenfurth, afin que la solde de votre corps d'armée soit payée au 1ᵉʳ septembre. Vous m'avez remis une reconnaissance de la March, mais vous n'y avez pas joint de mémoire; cependant c'est le mémoire qu'il est important d'avoir. »

<small>Nap. à Eug. Schœnbrunn, 19 août 1809.</small>

« Mon fils, donnez l'ordre qu'on arrête à Venise le nommé Cassini; qu'on saisisse ses papiers, et que le séquestre soit mis sur ses biens. Vous l'enverrez à Fenestrelle, où il sera détenu. C'est un intrigant qui abuse du titre de conseiller de l'empereur de Russie pour fomenter des troubles. »

<small>Eugène à la vice-reine. Vienne, 22 août 1809.</small>

« Bonjour, ma très-chère Auguste. Je prévois que Clérici ne pourra pas partir avant trois ou quatre jours. Il est d'une timidité extrême; il a vu deux ou trois fois l'Empereur, et il n'a jamais osé lui demander ses ordres. Nous avons fait hier une belle chasse à Luxembourg; j'y ai tué pas mal de gibier. Je compte aller ce soir me promener au Gratir, et comme Duroc ne peut venir avec moi, je prendrai Bataille. Tu es bien sûre que tu seras en grande partie le sujet de notre entretien. Ma sœur m'a écrit; elle avait enfin reçu mes lettres et ne me gronde plus. Elle doit rester encore quelques jours aux eaux, qui lui faisaient du bien, etc., etc. »

<small>Eugène à la vice-reine.</small>

« Je prends le parti, ma bonne Auguste, de t'ex-

pédier Clérici, car, comme l'Empereur est très-oc- <small>Vienne, 25 août 1809.</small>
cupé, il pourrait attendre longtemps, et je pense
qu'il est nécessaire en Italie, tant pour faire le service auprès de toi que pour veiller aux écuries. Tu
comprends que je n'ai pas cru devoir parler moi-
même à l'Empereur de la mission de Clérici, car
cela aurait eu l'air de demander une lettre à Sa Majesté, et je sais qu'elle est *très-occupée*. Depuis trois
jours l'Empereur se plaignait un peu de rhume de
cerveau; pourtant ce matin il allait beaucoup mieux et
est venu à la parade. Je renvoie Pino, il a besoin de se
reposer, et d'ailleurs j'ai assez d'écuyers. Je n'ai rien
de nouveau à t'apprendre : on parle beaucoup de
paix dans la ville, et on dit qu'au quartier général
de l'empereur d'Autriche on parle guerre... Mais je
suppose qu'ils ne tiennent ce langage que pour faire
la paix la moins mauvaise possible, car enfin nous
tenons la moitié de leur empire, et ils ne pourraient
jamais par la force nous obliger à quitter la position
que nous occupons. »

« Je t'envoie, ma bonne Auguste, la nomination <small>Eugène à la vice-reine. Vienne, 26 août 1809.</small>
de la Légion d'honneur pour l'écuyer Pino, j'ai pensé
qu'il lui serait plus agréable de la recevoir de toi.
J'ai reçu ta lettre relative aux dames du palais, e
garderai la note que tu m'envoies et j'en parlerai à
l'Empereur; mais ce n'est pas le moment à présent,
parce qu'il est très-occupé; en attendant, je t'engage à
continuer le service avec tes dames actuelles, et pour
le 4ᵉ trimestre, qui t'embarrasse, tu pourrais fort bien
n'en mettre que deux de service pour cette fois; savoir:

madame Trotti et madame Mocenigo. Le 1ᵉʳ trimestre 1810, ce serait mesdames Gambarana, Frintzi et Gradinizo; si cette dernière ne se portait pas bien, on ferait venir madame Colini ou madame Garavierni, mais mon intention est positivement d'ôter le traitement à toutes celles qui ne feraient pas leur service à moins de maladie ou de raisons recevables; ainsi ordonne de ma part et par écrit à l'intendant général de ne plus payer mesdames Kercolani et Colini, si tu leur fais écrire et que tu ne trouves pas bonnes leurs excuses. Quant à la démission, ce n'est pas aussi nécessaire, elles peuvent conserver leur titre comme surnuméraires et sans faire de service, mais alors il est juste de donner le payement à celles qui le font... Maintenant il ne me reste plus, pour répondre à tous les articles de ta lettre, qu'à te faire une mauvaise querelle sur ce que tu me dis. Comment, lorsque tu auras du chagrin, tu me le cacheras et le garderas pour toi? Tu me connais bien peu, ma chère Auguste, et tu rendrais bien peu de justice à mes sentiments pour toi si tu me taisais tes peines; tu ne peux les confier pourtant à personne qui y prenne plus de part; je t'ai dit, il est vrai, que tu m'avais affligé; mais je l'étais de te savoir inquiète, je l'étais de te voir des idées tristes devant les yeux, et j'ose dire des idées qu'il était inutile d'avoir. Oui, ma bonne Auguste, tu m'affligeras toujours quand je te saurai préoccupée, agitée pour un avenir qui ne peut être qu'heureux, puisque les présages, depuis notre union, sont bien favorables; mais ce qui m'affligerait par-dessus tout, ce serait sans contredit de perdre ta confiance. Éloigne donc de tes pensées les idées tristes, parce que tu n'en mérites pas et que n'as de raison que pour en avoir d'agréables, et si tu as quelquefois du chagrin, c'est toujours au cœur de ton époux, de ton ami, qu'il faut en appeler; lui seul n'a d'autre intérêt que le tien, lui seul te dira la vérité, et plus que tout cela, lui seul t'est tendrement et entièrement attaché. Adieu, ma bonne amie, ne prends pas ceci pour une leçon, je te prie, je t'ai ouvert mon cœur, parce que tu y liras toujours et ma tendresse et mon inviolable attachement pour toi. »

« Mon fils, je vous envoie une lettre de Turenne, mon intention est de tenir à Trente 8,000 hommes. La colonne qui vient de Naples pourra en faire une partie; elle est de 5 à 6,000 hommes; mais il faudrait tirer d'Italie 4,000 hommes. Faites-moi connaître quels sont les corps qui restent en Italie, qu'on pourra compléter de manière à former cette colonne. » Nap. à Eug. Schœnbrunn, 27 août 1809.

« Sire, j'ai reçu hier la lettre de Votre Majesté par laquelle elle me fait connaître son intention de tenir à Trente 8,000 hommes. Eug. à Nap. 28 août 1809.

« D'après les ordres que Votre Majesté m'avait fait l'honneur de m'adresser précédemment, elle avait fixé à près de 4,000 hommes les troupes à envoyer à Trente, et j'avais écrit, dans ce sens, au général Caffarelli, en l'autorisant à garder en Italie les 3ᵉ et 4ᵉ bataillons des 5ᵉ et 81ᵉ de ligne français, et le 1ᵉʳ et 2ᵉ du 3ᵉ italien, formant un total de 2,000 et quelques cents hommes, ce qui vient à la colonne qui vient de Naples me paraissant présenter une force suffisante pour remplir les intentions de Votre Majesté et avoir quelques colonnes disponibles ; mais, actuellement que Votre Majesté veut tenir à Trente 8,000 hommes, il est nécessaire de laisser au général Caffarelli un plus grand nombre de troupes. J'ignore ce qui existe, en ce moment, dans les dépôts, car d'après les ordres donnés, tout a été mis en mouvement pour rejoindre l'armée. La tête des colonnes a dépassé Osopo, on a même, par suite de ces dispositions, retiré les troupes qui étaient à Trente, et j'apprends par les rapports d'aujourd'hui que cette mesure a beaucoup alarmé.

« J'écris au général Caffarelli pour lui faire connaître les nouveaux ordres de Votre Majesté, et je lui prescris d'organiser une compagnie dans chaque dépôt, et d'en former des bataillons provisoires, et, si cela ne suffit pas, je l'autorise à garder jusqu'à concurrence de 2,000 hommes sur les dernières troupes à faire partir d'Italie pour rejoindre l'armée.

« Ainsi le général Caffarelli aurait donc :

« 1° Ce qui vient de Naples, et dont j'ignore la force ; 2° les 5e, 21e français, 3e italien, à peu près 2,200 hommes ; 3° une compagnie d'infanterie par dépôt ; 4° enfin 2,000 hommes à peu près en demi-brigade provisoire ; plus 4 à 500 chevaux qu'il est autorisé à organiser dans le dépôt de cavalerie.

« D'après les ordres de Votre Majesté, les 4es bataillons, qui étaient dans le Frioul, se rendent à leurs dépôts. Si elle avait des conscrits à y diriger, ils seraient bientôt formés dans ces cadres, ce qui augmenterait la force des disponibles. »

« Mon fils, donnez le commandement de Venise à Barbou ou à tout autre général, et envoyez le général Vial commander le Tyrol italien. Vous lui donnerez l'ordre de se porter sur-le-champ à Vérone pour former ses troupes. Aussitôt qu'il aura réuni 4,000 hommes, 6 pièces de canon et 300 hommes de cavalerie, il se portera sur Trente et occupera Trente et Rovéredo. La colonne qui vient de Naples, dont plusieurs bataillons doivent être près de Bologne, entre autres les deux bataillons du 14° léger, sera en réserve et en seconde ligne à Vérone, de sorte que le général Vial pourra avoir sous ses ordres 7 à 8,000 hommes pour protéger tout le Tyrol italien. Il faut aussi s'occuper des places fortes : Palma-Nova, Osopo, Legnago, Peschiera, Mantoue, la Rocca d'Anfo et Venise, ne peuvent rester sans troupe. Faites-moi un rapport là-dessus. »

<small>Nap. à Eug. Schœnbrunn, 29 août 1809.</small>

« Sire, je reçois la lettre de Votre Majesté, de ce jour, par laquelle elle me charge de donner le commandement de Venise au général Barbou, et d'envoyer le général Vial commander le Tyrol italien.

« J'ai l'honneur de faire observer à Votre Majesté que le général Barbou a ordre de se rendre près du major général et à sa disposition, en sorte qu'il est en ce moment en route. Quant au général Vial, ses lettres de service pour le gouvernement de Venise lui défendent expressément de *sortir de la place qui*

<small>Eug. à Nap. Vienne, 30 août 1809.</small>

*lui est confiée, sous quelque prétexte que ce soit, et sans un ordre signé de Votre Majesté ou du ministre de la guerre.* Il est donc nécessaire que Votre Majesté ait la bonté de me donner l'ordre signé d'elle pour ce changement de destination.

« Ainsi que j'en ai rendu compte à Votre Majesté, j'ai fait connaître ses intentions au général Caffarelli pour porter à 8,000 hommes la division destinée à occuper Trente et Rovéredo, et protéger le Tyrol italien. Il y aura trois à quatre colonnes mobiles prêtes à se porter partout où il sera nécessaire, car les différents dépôts seront placés dans les places fortes pour y former garnison.

« J'évalue que le général Caffarelli aura 20,000 hommes présents sous les armes ; 7 à 8,000 sont destinés pour le Tyrol, et en supposant 2,000 hommes pour les colonnes mobiles, il aura 10,000 hommes de dépôt d'infanterie et de cavalerie pour les garnisons, non compris ce qui est aux hôpitaux. »

« Je ne puis rien préciser, pour le moment, sur la garnison des places, n'ayant que la situation du 20 juillet, mais j'ai demandé au général Caffarelli une nouvelle situation, afin de pouvoir mettre sous les yeux de Votre Majesté la force et l'emplacement de ses troupes en Italie.

*Eugène à la vice-reine. Eisenstadt, 4 septembre 1809.*

« Je te remercie mille fois, ma très-chère Auguste, j'ai vu hier Annoni. Je rentrais ici à huit heures du soir, bien fatigué de la chaleur de la journée et des heures que j'avais passées, ne songeant pas du tout que j'avais déjà vingt-huit ans, et à peine descendu

dans mon logement, on m'annonce Annôni. Juge de
mon bonheur quand il m'a remis et ta lettre et ton
charmant cadeau; tu ne peux t'imaginer tout le plaisir qu'il me fait : l'idée est charmante, les portraits
sont ressemblants, surtout celui de Joséphine; enfin,
tout cela est admirable. J'emporterai toujours partout ce joli tableau, il me retracera, chaque fois que
je le fixerai, le bonheur dont je jouis par ma petite
famille. Je vais tout à l'heure monter à cheval; l'Empereur m'a chargé de passer encore quelques revues. J'envois Annoni à Vienne, où je serai ce soir
tard, et je le garderai quelques jours pour pouvoir
causer de toi tout à mon aise.

« Bonjour, ma bonne amie, je n'ai pas de temps
pour t'exprimer combien je suis touché de ton attention, et combien tu me rends heureux. Adieu, ma
chère Auguste, tu mérites bien et tu possèdes bien
toute la tendresse de ton fidèle époux et ami. »

« Mon fils, il est nécessaire que vous fassiez partir Nap. à Eug.<br>Schœnbrunn,<br>5 septembre<br>1809.
dans la nuit le général d'Anthouard pour visiter les
places de Gratz et de Laybach, le fort de Trieste et
celui de Klagenfurth. Il vous adressera un rapport
détaillé sur chacune de ces places. Il verra par lui-
même et recueillera tous les renseignements nécessaires pour satisfaire aux questions suivantes: Gratz
est-elle à l'abri d'un coup de main? Quel en est le
commandant? Y a-t-il un commandant en second,
et quel est-il? Quel est le commandant du génie?
Quel est le commandant de l'artillerie? Combien y
a-t-il de pièces en batterie? Quel est leur approvi-

sionnement? L'artillerie a-t-elle ses sacs à terre, ses gabions et saucissons d'approvisionnement? Il doit donner des ordres pour que sans délai on ramasse du bois, on fasse des gabions et on l'approvisionne pour soutenir un siége. Quelle est la garnison nécessaire? Pour combien de temps a-t-on des vivres? Ces vivres sont-ils dans des magasins blindés ou non? S'ils ne sont pas dans des magasins à l'abri de la bombe; le général d'Anthouard doit ordonner qu'on fasse sur-le-champ les blindages nécessaires à Gratz. Il en causera avec le général Macdonald, qui prendra toutes les mesures nécessaires pour que cette citadelle soit au 12 septembre mise en état de soutenir un siége.

« Il lui faut surtout un bon commandant; d'ailleurs la garnison se trouvera augmentée de tous les écloppés et convalescents des corps. Lorsqu'il aura bien visité et assuré la défense de Gratz, et qu'il vous en aura rendu compte en détail, il fera la même opération à Laybach, à Trieste et à Klagenfurth. Cette dernière place doit être en bon état de défense, approvisionnée pour quatre ou cinq mois, car il faut songer que ces garnisons sont toujours plus considérables qu'on ne le croit, parce que les convalescents et les écloppés s'y jettent au dernier moment. En parcourant la ligne, le général d'Anthouard prendra des informations partout sur les positions qu'occupent l'ennemi, et vous enverra un rapport de tous les endroits où il apprendra quelque chose. Quant au fort de Sachsenburg, je laisse le général Rusca maître de le démolir, en faisant transporter l'artillerie à

Klagenfurth. Le général d'Anthouard fera préparer à Klagenfurth beaucoup d'hôpitaux, afin que tous les hôpitaux de la ligne, depuis l'Italie jusqu'à Klagenfurth, et tous ceux depuis Œdenburg jusqu'à cette même ville, puissent venir se jeter dans cette place. »

« Mon fils, vous trouverez ci-joint un état qu'on m'a fait des troupes qui doivent arriver d'Italie. Faites-moi connaître les différences en plus et en moins qu'il doit y avoir d'après les renseignements que vous avez, et les derniers ordres qui ont été donnés au général Caffarelli de garder du monde dans le Tyrol. » Nap. à Eug. Schœnbrunn, 7 septembre 1809.

« Je suis revenu cette nuit de passer des revues de cavalerie, j'ai commandé hier trente escadrons devant l'Empereur, je me porte fort bien, et pense souvent à toi, et ne te figure pas que ces revues veuillent dire quelque chose, tu dois savoir que les plus grands préparatifs de guerre ne sont souvent que les précurseurs de la paix. » Eugène à la vice-reine. Vienne, 10 octobre 1809.

« Mon fils, donnez le commandement de la division de dragons du général Pully au général de brigade Broc. » Nap. à Eug. Schœnbrunn, 12 septembre 1809.

« Mon fils, des bataillons des régiments de la Tour-d'Auvergne et d'Isembourg se rendent en Italie. Il est nécessaire que ces bataillons restent à Bologne ou à Ferrare; et qu'ils soient employés à dissiper les ras- Nap. à Eug. Schœnbrunn, 12 septembre 1809.

semblements dans cette partie de l'Italie; mais mon intention est qu'ils ne passent pas l'Adige pour se rapprocher de l'Allemagne, parce qu'étant composés d'Allemands, ils déserteront tous. Tenez la main à cela. »

*Eugène à la vice-reine.
Vienne, 12 septembre 1809.*

Annoni te dira, j'espère, ma bonne Auguste, que nous avons beaucoup parlé de toi, et que je pense sans cesse au bonheur de me retrouver dans tes bras; ce bonheur est remis, suivant les apparences, au mois prochain, car tout me fait présumer que tout ici sera terminé avant le 1ᵉʳ novembre. (Ceci pour toi seule.) Je pars encore après-demain matin pour Hollabrunn, où l'Empereur m'a chargé de revues de cavalerie; je ne serai absent que deux jours. L'Empereur a augmenté mon corps d'armée de 4 régiments de cavalerie légère, faisant 3,000 chevaux; cette division est superbe, et j'aurai de cette manière plus de 9,000 hommes de cavalerie sous mes ordres. Adieu, ma bonne et tendre amie; nos préparatifs de guerre sont grands, et cependant tu peux en toute sûreté croire à une prochaine paix... Adieu, un souvenir aimable à tes dames. »

*Eug. à Nap.
Vienne, 20 septembre 1809.*

« Sire, j'ai l'honneur de rendre compte à Votre Majesté que, sur un précédent avis que je me suis empressé de lui communiquer au sujet des bandes d'insurgés de Muzzurchlag, elle a bien voulu me donner ses ordres pour les faire dissiper. En conséquence, il a été mis en mouvement une colonne de 600 hommes pour l'exécution des ordres de Votre Majesté.

Je puis donc assurer à Votre Majesté qu'elle peut être tranquille sur ce point de la lettre du général de brigade Roise qu'elle a bien voulu me renvoyer. »

« Sire, j'ai écrit, il y a deux jours, au prince de Neufchâtel pour le prier de demander l'autorisation à Votre Majesté de placer une première ligne sur la Raab, la division de cavalerie du général Quesnel que Votre Majesté veut bien mettre sous mes ordres. Aujourd'hui que le général Pully vient de quitter sa division de dragons pour se rendre en France, je renouvelle à Votre Majesté la demande de placer la cavalerie légère sur la Raab, et j'ai l'honneur de lui proposer de réunir les trois régiments du général Pully sous les ordres du général Grouchy, qui, de cette manière, aurait dans la division 6 régiments de dragons. Je prie Votre Majesté de me faire connaître si elle approuve ce changement. »

*Eug. à Nap. Vienne. 15 septembre 1809.*

« Je suis revenu hier au soir fort tard, ma bonne Auguste, et repars après-demain matin pour Œdenburg.
« Il y a encore des paris à Vienne pour la paix ou la guerre; je persiste à croire à la première, parce que je sais que l'Empereur la désire. Ma santé est toujours bonne, grâce à mon mouvement perpétuel... J'ai à voir Lauriston; nous parlerons un peu de l'Italie et beaucoup de toi. »

*Eugène à la vice-reine. Vienne, 16 septembre 1809.*

« Sire, j'ai l'honneur d'adresser à Votre Majesté deux rapports que j'ai reçus, hier soir, de mon aide de camp le général d'Anthouard, sur les deux places

*Eug. à Nap. Vienne. 17 septembre 1809.*

de Gratz et de Laybach. J'écris au général Baraguey-d'Hilliers pour le presser de faire fournir les sacs à terre qui pourraient manquer, ainsi que tous les objets d'hôpitaux. Quant à l'officier du génie, j'avais déjà ordonné qu'il en fût envoyé un provisoirement, et j'ai déjà prié le général Bertrand d'en diriger un à poste fixe pour chacun des forts des places que Votre Majesté conserve. »

*Eug. à Nap. Vienne, 17 septembre 1809.*

« Sire, j'ai l'honneur d'adresser à Votre Majesté mon rapport sur la 2ᵉ division de cuirassiers qu'elle a bien voulu me charger d'inspecter. Les revues que j'ai été à même de passer m'ont persuadé qu'il était instant que Votre Majesté mît un frein à la mauvaise administration des corps, particulièrement en ce qui concerne le soldat. Votre Majesté aura peine à croire que, dans des corps, on ait encore à payer la gratification que Votre Majesté avait accordée aux soldats en Pologne, et que, dans plusieurs, on doit encore l'argent que Votre Majesté avait accordé pour le jour de sa fête dernière. Cette administration peu paternelle, et ces vexations envers le soldat doivent lui ôter tout esprit militaire et le dégoûter du métier. L'intérêt seul de Votre Majesté m'oblige de mettre ces abus sous ses yeux, et, s'il m'était permis de lui en proposer le remède, ce serait de rendre les généraux de tout grade, et quels qu'ils fussent, responsables de l'exécution des règlements en faveur du soldat, sous peine de destitution. Ainsi le général doit obliger le colonel à payer la solde du soldat lorsque le corps l'a touchée ; ainsi le général doit obliger le colonel à donner une culotte au soldat, lorsqu'elle lui est due, et si, par des circonstances extraordinaires, le colonel ne pouvait exécuter les ordres du général pour ce qui concerne l'habillement, une lettre officielle devrait être écrite par le conseil d'administration au général, qui devrait avoir le droit de correspondre avec le ministre directeur pour s'assurer de la vérité de l'impossibilité de fournir aux soldats ce que le règlement leur accorde; pour ne point multiplier la correspondance des généraux avec le ministre directeur, on pourrait la faire passer par les chefs d'état-major du corps d'armée. »

Eugène à la vice-reine. Vienne, 18 septembre 1809.

« Je vais partir dans deux heures pour Œdenburg, ma très-chère Auguste; l'Empereur ne revient que demain, et je serai de retour le 20. Je crois que la semaine prochaine l'Empereur viendra visiter mes troupes, et je veux faire en sorte qu'il soit content d'elles. Le temps refroidit prodigieusement. J'espère cependant qu'avant le grand froid je serai à Milan; s'il en était autrement, il faudrait bien s'y résoudre; mais j'en parle gaiement, parce que je ne pense pas que les cartes se brouillent davantage. Les deux Empereurs se sont écrit réciproquement ces jours derniers, et on assure que tous deux veulent la paix, et que les difficultés sur quelques articles seront levées sous peu; pourtant je ne veux pas trop tôt te donner la certitude de nous embrasser, cela peut durer encore un mois comme deux; mais tu peux être parfaitement tranquille quant à la guerre; nous sommes actuellement beaucoup trop forts, et l'Autriche est dans un état pitoyable. Sa Majesté vient de prendre de nouvelles mesures contre le Tyrol; il paraît que les neiges vont en faire raison, parce qu'elles les obligeront à quitter leurs montagnes. Mes derniers rapports m'annoncent qu'ils sont sans vivres, sans armes, sans munitions, et que la plus grande anarchie règne parmi eux. J'ai vu hier beaucoup de Bavarois qui reviennent du fond de la Hongrie, où ils avaient été emmenés prisonniers; ils sont venus me voir, et il se trouvait parmi eux M...; il se porte bien, et part demain pour Munich : tu peux le dire à sa sœur. Si tu passes quelques semaines à Monza, j'espère que tu feras venir quelques dames de ta société pour passer deux à trois jours; cela égayera, et d'ailleurs tu apprendras un peu à les connaître, ce qui est nécessaire, car enfin faut-il savoir avec qui l'on vit. Adieu, ma chère Auguste, je t'embrasse comme je t'aime, c'est-à-dire bien tendrement.

*Eugène à la vice-reine. Vienne, 20 septembre 1809, au soir.*

« Ma très-chère Auguste... J'ai fait ce matin la plus belle chasse que j'aie vue de ma vie : nous étions six, dont trois maladroits, et nous avons tué 54 faisans et 22 sangliers. Pour mon compte, j'ai tué 23 faisans et 6 sangliers. J'ai été hier fort content de mes troupes... J'ai une foule de lettres à lire, et je n'en ai encore ouvert que deux; tu te doutes bien lesquelles. Adieu donc. »

*Eug. à Nap. Vienne, 25 septembre 1809.*

« Sire, j'ai l'honneur d'exposer à Votre Majesté que, pour l'exécution des ordres qu'elle veut bien me donner ou pour tout ce qui peut concerner la promptitude et le bien de son service, je suis journellement obligé d'expédier des officiers ou des courriers, soit en Italie, soit dans les différentes provinces occupées par les troupes de Votre Majesté et dont elle a bien voulu me confier le commandement. Il est encore d'autres objets de dépense, tels que agents, dépenses secrètes, etc. J'y ai fait face jusqu'à ce moment au moyen de 100,000 florins que j'avais pris sur les premiers fonds accordés à l'armée d'Italie. Aujourd'hui que je n'ai plus aucuns fonds, je prie Votre Majesté de m'accorder une somme de 50,000 florins pour continuer à acquitter ces dépenses. »

« Je n'ai pu t'écrire hier, ma chère Auguste, comme j'en avais le projet, car nous sommes restés à cheval presque toute la journée. L'Empereur a fait manœuvrer sa garde, et il m'avait chargé de sa cavalerie. Nous avons fait pendant plusieurs heures une espèce de petite guerre. Le soir j'étais un peu fatigué, mais il n'y paraît plus. Je n'ai rien de nouveau à t'apprendre; le temps commence à se refroidir, et j'espère toujours que nous ne verrons pas la neige à Vienne.

« J'ai reçu avant-hier une lettre de l'Impératrice; elle me dit t'avoir écrit la veille; elle paraît contente de sa santé, et ma sœur me mande aussi de Plombières que les eaux lui ont fait du bien. J'ai vu ce matin à la parade le jeune prince de Darmstadt, et je lui ai fait les compliments; il m'a bien prié de le

*Eugène à la vice-reine. Vienne. 23 septembre 1809.*

mettre à tes pieds. Je crois t'avoir mandé que le jour de la fête de l'Empereur il a fait une chute de cheval qui l'a forcé de garder le lit une vingtaine de jours; mais il va fort bien actuellement... Adieu, ma bonne Auguste; pensons au plaisir de nous revoir, cela console de l'absence, surtout quand on pense que ce plaisir ne peut plus être beaucoup retardé. »

<small>Eugène à la vice-reine.
Schœnbrunn, 24 septembre 1809.</small>

« Je t'écris aujourd'hui de Schœnbrunn, ma bonne Auguste; j'y suis venu de bonne heure, parce que après la parade l'Empereur a chassé, et ce soir il y aura théâtre. Sa Majesté se porte fort bien, et moi à merveille. Ces deux journées-ci ont été assez belles; on parle de quelques courses dans les environs, et puis viendront les grands voyages qui rapprocheront l'Empereur de Paris et me ramèneront dans tes bras. Ce jour-là sera sûrement un des plus heureux de ma vie, car il est bien désiré. »

<small>Nap. à Eug.
Schœnbrunn, 26 septembre 1809.</small>

« Mon fils, donnez les ordres les plus précis par un officier de votre état-major pour que 22,000 fusils, 1,000 sabres, 1,900 gibernes, etc., qui sont à Trieste, soient sans délais évacués sur Palmanova. Sous sa responsabilité et sous celle du général Schilt, ces armes doivent être parties de Trieste avant le 5, et entrées à Palmanova avant le 10 octobre. »

<small>Eug. à Nap.
Vienne.
26 septembre 1809.</small>

« Sire, je reçois en ce moment l'estafette de Milan du 22. Elle ne m'a point encore apporté de lettres du ministre de la guerre. J'apprends pourtant de Milan, Brescia, Bologne et Venise que ces différents pays jouissent d'une grande tranquillité. Le seul département du Bas-Pô continue à être infesté des bandes de mécontents qui exercent le brigandage dans la campagne, et qui inquiètent beaucoup les gens paisibles du département.

« On a remarqué aussi quelque agitation dans les montagnes de Modène ainsi que dans celles d'Ascoli. Je joins à la présente un des derniers imprimés qui vient de paraître en Tyrol. Cet écrit fait assez connaître l'espèce de gens qui est à la tête du pays.

<small>Eugène à la vice-reine. Vienne, 28 septembre 1809.</small>

« Je m'empresse de te donner de bonnes nouvelles, ma chère Auguste. Trois généraux autrichiens sont arrivés hier à Schœnbrunn pour terminer enfin toute discussion.

« Le prince Jean Lichtenstein est l'un des trois; c'est lui qui avait pris le commandement après la disgrâce du prince Charles. Il est certain que tout va s'arranger très-promptement. Je te répète ce que je t'avais déjà dit; le mois d'octobre ne se passera pas sans que j'aie le bonheur de t'embrasser. L'Empereur partira pour Paris dès que la paix sera signée, et j'espère bien que ce ne sera pas moi qui resterai ici pour l'exécution des articles. Si la saison n'est pas trop mauvaise, reste à Monza, parce que je serai bien aise d'y passer quelques jours. Je t'envoie par le courrier d'aujourd'hui des joujoux pour nos petits choux, embrasse-les toutes deux de la part de leur bon papa, et reçois l'assurance de ma vive tendresse. »

*Eugène à la vice-reine. Vienne, 1er octobre 1809.*

« Rien de nouveau depuis deux jours, ma très-chère Auguste, l'Empereur continue ses conférences avec les généraux autrichiens, et je continue à penser que cela finira bientôt.

« Ensuite viendront les départs, et je me mettrai en route aussitôt que possible, car je mettrai malgré moi quelque temps en voyage. Il faudra placer mes troupes dans les nouvelles positions, pourvoir pour le premier moment à l'administration d'un nouveau pays. Mais tu peux bien croire pourtant que, si jamais j'aurai pressé une besogne, ce sera celle-là. J'ai fait hier une chasse superbe de lièvres et de perdrix avec le prince de Neufchâtel à Luxembourg... Je conserve toujours l'espérance que je ferai la Saint-Hubert à Monza. Je t'ai acheté des perles, aussi des joujoux grands et petits pour nous et nos enfants, et je compte encore te faire l'emplette d'un bon piano.

« M'occuper de toi, c'est le délassement de toutes mes journées, comme t'aimer est le bonheur de toute ma vie. »

*Eug. à Nap. Vienne, 2 octobre 1809.*

« Sire, j'ai l'honneur de mettre sous les yeux de Votre Majesté que, d'après son décret d'organisation des gardes d'honneur du royaume d'Italie, il a été admis dans ce corps des jeunes gens qui, satisfaisant pleinement à toutes les conditions pour l'admission, étaient cependant portés sur la liste de conscription du Piémont. Il arrive de là que, chaque année, il y a des réclamations pour un ou deux sujets qui sont redemandés par leurs préfectures. D'après cet inconvénient, il n'en est plus reçu; mais il en existe, en ce moment, onze qui sont ici à l'armée, ayant fait la campagne, quelques-uns sont gradés dans le corps; il y en a qui ont jusqu'à trois ans de services, et le décret de Votre Majesté porte qu'au bout de deux ans ils auront rang de sous-lieutenant. Votre Majesté daignerait-elle les admettre comme sous-lieutenants dans l'armée française, ou permettre qu'ils continuent à servir sous les drapeaux de Votre Majesté dans son armée italienne? Je joins ici le contrôle nominatif de ces jeunes gens. »

« Tout allait fort bien, on avait déjà même fait partir des détachements de la garde sur la route de Munich; mais je crois que les plénipotentiaires autrichiens ont nouvellement mis de la mauvaise foi, et on a fait tout revenir. Cependant ce soir on s'était rapproché, et on assure de nouveau que la paix sera signée sous deux jours. Ainsi dans quarante-huit heures je pourrai te mander du positif, et probablement pourrai-je déjà penser à mon départ. Je ne te parle pas de penser à toi, puisque cela est de tous les instants de ma vie. J'ai fait ces jours-ci quelques emplettes, chevaux, pianos, gravures, porcelaines, je te donnerai de ces dernières, qui te feront bien plaisir. »

*Eugène à la vice-reine, Vienne, 6 octobre 1809.*

« L'Empereur est de très-bonne humeur, ma chère Auguste, et tout donne à penser que sous très-peu de jours la paix sera signée; la cavalerie a déjà fait secrètement quelques mouvements vers la France, cela ne tardera pas à être reconnu. J'ai eu aujourd'hui

*Eugène à la vice-reine, Vienne, 8 octobre 1809.*

beaucoup à travailler et ai encore pas mal de besogne pour demain ; tout cela me fait plaisir, puisque cela accélère le moment de te rejoindre.

« Adieu, ma tendre Auguste, je t'embrasse ainsi que nos enfants. »

Eugène à la vice-reine. (Sans date.)

« Je comptais faire partir ce soir Fortis, ma bonne Auguste, mais je n'ai pas encore fini le travail qu'il a à porter. L'Empereur m'a déjà signé une vingtaine de décrets ; tu peux déjà faire tes compliments à Prina, Veneri, Bovera (ministres), Condalmer, ils sont nommés sénateurs.

« Le sénateur de Brême est grand-cordon d'Italie ainsi que le ministre du culte. Vaccari est ministre de l'intérieur ; voilà mes premières nouvelles, quant à la paix, elle est toujours en bon train ; mais ces Autrichiens font chaque jour des nouvelles difficultés. On a donné cette nuit dans toute l'armée l'ordre de se préparer à rentrer en campagne ; mais, entre nous soit dit, c'est pour leur faire peur et hâter la paix. Adieu.

« Dis à Melzi, de ma part, que j'ai fait nommer Clérici comte ; dis aussi à Annoni que Sa Majesté l'a nommé comte ; Vaccari, Bentivoglio, Erba, Friulzi (le chambellan) ; Guerini (chambellan), Faznani, etc., sont comtes ; Carsotti, Cicozna, Pino, Medici, Fossati, etc., sont barons. Demain j'enverrai tous les décrets. »

Eug. à Nap. Vienne, 9 octobre 1809.

« Sire, je m'empresse de rendre compte à Votre Majesté que le général Peyri, après être entré à Trente de vive force, le 29 septembre, s'est porté, avec 4,000 hommes, sur le Lavis, où l'ennemi s'était réfugié en force avec 5 à 6,000 hommes. Le 2 octobre, le général a attaqué ces insurgés dans leur position, les en a débusqués, et les a mis dans une déroute complète. Plus de 200 ont été tués, et 150 environ faits prisonniers; ils ont laissé, en outre, sur le champ de bataille, une grande quantité de fusils. Le général Peyri a repris, le lendemain, la position en deçà de Lavis, parce qu'il n'a point d'ordre d'avancer au delà; mais il a laissé des détachements de l'autre côté pour observer et garder les positions. Aussitôt que les détails de cette affaire me seront parvenus, je m'empresserai de les mettre sous les yeux de Votre Majesté. »

« Je m'empresse d'annoncer à Votre Altesse que, sur les dernières nouvelles qui me sont parvenues du débarquement en Istrie, par les Anglais, d'une cinquantaine de brigands, et de nouvelles fermentations ayant éclaté dans ce département, j'ai écrit sur-le-champ au général Baraguey-d'Hilliers pour lui ordonner d'y envoyer une colonne mobile de 5 à 600 hommes, à la tête de laquelle il mettra un officier intelligent. La garnison de Trieste pourra facilement fournir cette colonne, puisqu'elle est composée, en ce moment, du 3ᵉ bataillon du 22ᵉ léger et des 3ᵉ et 4ᵉ bataillons du 79ᵉ de ligne. Je prie votre Altesse de vouloir bien en rendre compte à Sa Majesté et d'agréer, etc. »

*Eugène au prince de Neufchâtel, Vienne, 10 octobre 1809.*

*Eug. à Nap.*
*Vienne,*
*11 octobre*
*1809.*

« Sire, la position dans laquelle s'est trouvée en Italie l'armée de Votre Majesté lors de la déclaration de guerre par l'Autriche a obligé de prendre les mesures les plus promptes pour assurer les subsistances en tout genre, vu que les administrations de l'armée n'avaient aucuns moyens à cet égard. En conséquence les communes ont fourni, par réquisition, sauf payement. Votre Majesté sera facilement convaincue que, vu la presse et vu l'ignorance des formes administratives de la part des communes, la livraison de ces denrées a eu lieu, peut-être même en surabondance ; les pièces à l'appui seront généralement irrégulières, c'est-à-dire dépourvues en partie des formes d'obligation. Il s'ensuivrait donc que, dans le travail de liquidation, on rejetterait les pièces incomplètes, et que les particuliers ou propriétaires des villes et des campagnes seraient ruinés. Pour remédier à ces inconvénients, pour assurer les *intérêts du trésor impérial*, mais cependant pour venir au secours des communes du royaume qui ont nourri l'armée, j'ai l'honneur de proposer à Votre Majesté le projet de décret ci-joint. Par ce décret, on stipulera ce qui peut être dû, en masse, pour les subsistances de l'armée; le trésor impérial en tiendra compte au gouvernement italien, et celui-ci se chargera du travail de répartition aux communes, répartition qui peut alors être faite avec équité, quoique les documents régulateurs soient incomplets. J'aurai de plus l'honneur de faire observer à Votre Majesté que c'est le seul moyen d'assurer aux communes le juste remboursement de leurs avances, et d'empêcher les entrepreneurs et faiseurs d'affaires d'acheter les créances à vil prix et de faire leur fortune au détriment des communes, qui, dans la crainte de ne rien avoir, et dans l'ignorance des formules administratives, abandonneront leurs droits à quelques intrigants. »

*Eugène à la vice-reine. Vienne, 14 octobre 1809.*

« Je m'empresse de t'annoncer, ma bonne et très-chère Auguste, que la paix vient d'être signée il y a deux heures; je t'en écrirai plus long par le premier courrier, car j'ai à écrire cette heureuse nouvelle dans beaucoup d'endroits. Tout à toi. »

*Eug. à Nap. Vienne, 15 octobre 1809.*

« Sire, j'ai l'honneur de soumettre à Votre Majesté un état de proposition pour la Légion d'honneur et pour la Couronne de fer. J'avais eu l'espoir que Votre Majesté passerait en revue mon corps d'armée et qu'elle daignerait alors accorder ces faveurs, d'autant que la plus grande partie des décorations accordées n'existent plus dans les corps, beaucoup de militaires étant morts par suite de leurs blessures. J'aurai l'honneur de faire observer de plus à Votre Majesté que les demandes se bornent à deux par bataillon et par régiments de cavalerie, et quelques-unes pour l'état-major, ce qui, en totalité, n'équivaudra pas encore à ce que Votre Majesté a bien voulu accorder dans d'autres corps d'armée. Le 22ᵉ léger et le 79ᵉ de ligne, qui sont les seuls qui, par leur éloignement, n'aient pas eu part dans les faveurs de Votre Majesté, sont présentés pour cinq décorations par bataillon. »

Eugène
à la vice-
reine.
Vienne,
15 octobre
1809.

« Je t'ai annoncé hier la paix, ma très-chère Auguste, tu dois déjà être débarrassée de toute nouvelle inquiétude et j'espère que ta santé y gagnera. Tu n'as plus maintenant qu'à penser au bonheur de nous revoir, et, s'il est retardé momentanément, il ne peut cependant plus être très-éloigné. J'ai reçu ce matin de nouvelles instructions de l'Empereur; il part demain matin, mais il m'ordonne de rester à Vienne jusqu'après les ratifications, et il me charge de passer la revue de plusieurs divisions; voilà donc un retard de quelques jours. Il y aura ensuite le Tyrol à pacifier, les nouveaux pays conquis à organiser, et Sa Majesté me charge encore de cela; mais je t'assure que je ferai vite; j'espère déjà que le 25 de ce mois je serai à Klagenfurth, et je serai obligé d'y rester quelques jours; au reste je t'informerai exactement de ma marche; j'éprouve déjà un grand plaisir à penser que je vais me rapprocher de toi; j'ai écrit au ministre du culte pour faire chanter partout le *Te Deum*; tu feras bien d'en faire chanter un dans ta chapelle. Si le temps devenait trop mauvais et que tu ne puisses plus jouir de la campagne, je t'engage à rentrer à Milan, ici il fait déjà un froid de chien. Tu ne peux croire combien d'ordre j'ai à donner; presque toutes mes troupes se mettront en mouvement aussitôt la ratification arrivée. »

Eugène
à la vice-
reine.
Vienne,
16 octobre
1809.

« L'Empereur est parti hier soir, ma très-chère Auguste; je l'ai accompagné dans sa voiture jusqu'au premier relais. Il a été fort aimable pour moi et m'a promis de nous faire venir à Paris l'un des mois de cet hiver. Il m'a dit de presser mon retour à Milan, et tu penses bien si je le ferai de bon cœur; mais j'ai une mission à remplir avant, et comme mes troupes ne peuvent se mettre en mouvement qu'après la ratification, je l'attends avec impatience; le prince de Lichtenstein doit, dit-on, revenir demain.

« Nous avons aujourd'hui fait sauter les fortifications de Vienne : c'était un spectacle superbe... Je compte être toujours à Milan vers le milieu de novembre; je prendrai, il est vrai, la route la plus longue, mais je marcherai cependant toujours dans la direction de Milan. Adieu, ma bonne Auguste, je compte passer la journée de demain avec le prince de Neufchâtel; nous parlerons tous deux du désir que nous avons de rentrer dans nos ménages.

« *P. S.* J'ai déjà commencé aujourd'hui à emballer mes paperasses; tu auras reçu le décret qui nomme quatre dames du palais. L'Empereur n'a pas voulu accorder de démission et a voulu en avoir des pays au delà du Pô. »

« J'ai commencé aujourd'hui mes revues, ma bonne Auguste, demain je fais le reste. On attend cette nuit les ratifications, et le courrier du comte de Bubna est déjà arrivé, aussi il ne me reste plus que mes ordres à donner et à coïncider mon départ avec l'arrivée des troupes sur les nouvelles frontières. Quel bonheur de me rapprocher de toi, et quel plus grand quand je pourrai te serrer dans mes bras! Adieu. »

<small>Eugène à la vice-reine. Vienne, 17 octobre 1809.</small>

« Sire, je reçois à l'instant divers rapports de <small>Eug. à Nap. Vienne,</small>

Trente ; je m'empresse de mettre sous les yeux de Votre Majesté l'extrait de ces rapports, elle sera sans doute satisfaite des résultats obtenus.

« Le 10 octobre, le général Peyri a fait attaquer les positions des insurgés sur trois points ; ils s'étaient approchés de Trente ; partout ils ont été culbutés, et ils ont repassé le Lavis en désordre, avec une perte d'environ 150 hommes et 28 prisonniers ; notre perte est de 2 tués et 18 blessés. Ce coup de vigueur en a imposé à l'ennemi et a rassuré les habitants : le résultat est d'occuper Monte di Vacca, Pergine et toutes les hauteurs de la rive gauche de l'Adige jusqu'au Lavis ; les Tyroliens occupaient encore la rive droite.

« Le 12 octobre, on a rétabli le pont sur l'Adige ; les insurgés ont abandonné la position de Bocca di Velo, et, de cette manière, la droite du fleuve, à la hauteur de Trente, est tout à fait libre. Les brigands paraissent vouloir se réunir à Mori. On combine, de Trente et de Vérone, une expédition sur ce point.

« La route de Bassano est libre et éclairée par Pergine. Les insurgés étaient à Salerne, et le général Peyri était à Lavis. Le général Caffarelli était à Vérone avec le général Vial ; la division est abondamment pourvue de vivres et de munitions.

« Le 13 octobre, on a poussé des reconnaissances à deux lieues de Lavis ; l'ennemi est à Salerno. Le général Vial est arrivé à Trente ; ainsi le 13 du courant on occupait les positions ordonnées par Votre Majesté. Le général Peyri allait quitter Lavis pour se rendre à Bellune, à l'effet d'y prendre le commandement d'une colonne mobile; il est remplacé par le général Digonet.

« Je dois faire connaître à Votre Majesté la conduite d'un curé, qui, le 13 octobre, a réuni les habitants de son village, et a fait prisonniers 50 brigands, qu'il a consignés au commandant de Rovéredo. J'ai l'honneur d'adresser à Votre Majesté la situation, au 14 octobre, de la division qui est dans le Tyrol. On attendait encore le 15 quatre compagnies du 81ᵉ régiment : le reste des troupes était à Vérone, Bellune, etc.

« Les ratifications de la paix viennent d'arriver; j'attends d'en recevoir l'avis officiel du major général pour m'entendre avec lui pour l'exécution des ordres renfermés dans les instructions que Votre Majesté a bien voulu me donner. »

*Eugène à la vice-reine. Vienne, 21 octobre 1809, au soir.*

« La ratification est effectivement arrivée hier, ma très-chère Auguste, et, un quart d'heure après, j'ai expédié les ordres de mouvement d'une partie de mes troupes. Je pars après-demain matin pour Klagenfurth par Gratz, et me rendrai peu après à Villach. L'Empereur m'a chargé de pacifier le Tyrol, et j'espère que je m'en tirerai bien et promptement... Adieu. »

*Eug. à Nap. Vienne, 22 octobre 1809.*

« Sire, j'ai l'honneur de soumettre à Votre Majesté un projet de décret pour la levée de la conscription de 1810 dans les vingt-cinq départements composant son royaume d'Italie, compris l'Istrie et la Dalmatie.

« J'ai porté le contingent à 12,000 hommes, comme pour l'année 1809, dont 6,000 pour l'armée active, et 6,000 pour la réserve. Aussitôt que Votre Majesté aura daigné me faire connaître ses intentions, je m'empresserai de donner les ordres de détail pour en assurer la prompte exécution. »

<small>Eug. à Nap.
Klagenfurth,
27 octobre
1809.</small>
« Sire, je m'empresse d'annoncer à Votre Majesté mon arrivée cette nuit à Klagenfurth; demain je me rendrai à Villach. Les 2 divisions du maréchal Macdonald n'y arrivent qu'après-demain et jours suivants; mais, comme la division italienne est déjà partie à Villach et partie à Spital, je vais la réunir dans ce premier endroit, où j'irai la passer en revue. J'ai déjà envoyé au général Rusca une grande quantité de proclamations, et ce général me mande qu'il en espère un bon effet.

« Les nouvelles du Tyrol sont de toutes parts assez satisfaisantes. Le général Drouet a fait attaquer Rattemberg par la division de Breda; il a éprouvé peu de résistance, et je ne doute pas qu'il ne soit arrivé en ce moment à Inspruck. Je lui ai ordonné de ne pas dépasser cette ville jusqu'à ce qu'on soit en mesure sur les autres points, et je lui ai recommandé de s'occuper du désarmement de toute la ville de Lientz.

« Le général Vial me mande, du 24, qu'il avait nettoyé les rives de l'Adige jusqu'au delà de Trente, et que les brigands, au nombre de 5 à 6,000, occupaient les hauteurs de la rive droite du Lavis. Ce général a reçu l'ordre de ne commencer son mouve-

vement que le 1ᵉʳ du mois, de manière à arriver à
Botzen lorsque ces colonnes-ci arriveront à Brixen.

« Du côté de Lientz, les brigands sont un peu plus
audacieux. Le 24, environ 3 ou 4,000 hommes
s'approchèrent pour cerner le fort de Sachsenburg.
Le colonel Moroni marcha de suite à eux avec ses
bataillons dalmates; il les dispersa dans l'instant,
après en avoir tué une cinquantaine et pris une pièce
de 6. Il est passé hier à Villach un officier venant
du quartier général du prince Jean, se rendant dans
le Tyrol avec des lettres ouvertes qui annonçaient aux
insurgés tyroliens que la maison d'Autriche avait fait
paix avec la France, que la plus parfaite harmonie
allait régner entre ces deux puissances, et qu'on les
en prévenait afin qu'ils eussent à rentrer dans l'ordre. Le passe-port de cet officier avait été visé à
Gratz par le maréchal Macdonald. Je ne pense pas,
d'après cela, qu'ils persistent davantage à rester sous
les armes.

« Il paraît, d'après les rapports du général Baraguey-d'Hilliers, qu'un soulèvement général dans les
provinces de Carniole et de Carinthie avait été fo-
menté par la maison d'Autriche. Il a commencé sérieusement dans plusieurs communes de la Carniole,
et, le même jour, dans dix communes différentes,
nos postes ont été surpris et assassinés. Le général
Baraguey-d'Hilliers y a fait marcher de suite le 1ᵉʳ de
ligne italien, et les exemples les plus sévères ont
tout fait rentrer dans l'ordre. Trois villages ont été
livrés aux flammes; plusieurs habitants, pris les armes à la main, fusillés sur-le-champ, et la maison

d'un Anglais, établi là depuis plusieurs années, qui paraît avoir été le boute-feu de cette affaire, a été tellement saccagée, qu'il n'en est pas resté pierre sur pierre. »

<small>Eugène à la vice-reine. Klagenfurth, 27 octobre 1809, au matin.</small>

« Me voici arrivé à Klagenfurth, ma chère Auguste; j'y reste encore jusqu'à demain, parce que les troupes que je dois diriger vers le Tyrol n'arrivent qu'après-demain à Villach. Je ne pense pas qu'il sera nécessaire que j'aille moi-même dans le Tyrol; car, quand la paix y sera bien connue, j'espère qu'ils se rendront à la raison et que nous n'aurons pas besoin de la force; dans tous les cas, la réussite est certaine. L'Empereur a mis à ma disposition trois divisions de mon armée, la division qui est à Trente et les trois divisions bavaroises qui sont à Schlesbourg et qui ont déjà commencé leur mouvement sur Inspruck. J'aime à croire que je ne ferai pas essai de toutes ces forces. Je ne suis plus qu'à deux journées de toi, ma bonne amie, et mon plus grand espoir est d'en être encore bien plus rapproché bientôt. Adieu. »

<small>Eugène à Berthier. Villach, 28 octobre 1809.</small>

« Je reçois à l'instant la lettre de Votre Altesse du 26, qui m'annonce la conclusion de la convention militaire; j'en recevrai probablement demain copie; mais, d'après ce que Votre Altesse m'en dit, mes troupes seront en mesure pour entrer à Fiume le 14 novembre, car le 11ᵉ corps arrive à Laybach le 6. Comme il n'est point encore nommé de commissaire de notre part pour la prise de possession de la Croatie, et que le maréchal Marmont est absent, je désirerais que Votre Altesse me fît connaître ses intentions à ce sujet. Ne pourrait-on pas charger le général Guilleminot¹ de cette commission, puisqu'il a déjà celle de marquer les nouvelles limites?

« Je pars aujourd'hui même pour Spital et Sachsenburg, où je compte passer en revue la division italienne et la mettre de suite en mouvement pour Lientz. »

« Sire, ainsi que j'avais eu l'honneur de l'annoncer à Votre Majesté, j'ai établi hier mon quartier général à Villach. La division Barbou arrive ce soir ici, et dès demain les troupes se mettront en marche pour le Tyrol. J'ai formé une avant-garde de deux bataillons français de 60 chasseurs, 2 pièces d'artillerie, et je l'ai confiée au général Rusca. Je me suis occupé jusqu'à ce moment de la confection du biscuit et d'en réunir ici et à Spital. La compagnie des transports militaires qui était en réserve, et que j'ai fait partir d'Œdenburg, arrivera ici après-demain, et nous sera d'une grande utilité. Le général Rusca assure que les Tyroliens sont réellement dans l'intention de poser les armes. Je ne me fierai cependant à leurs protestations qu'autant qu'ils me prouveront, en m'apportant toutes leurs armes, qu'ils y mettent, cette fois, de la sincérité.

« Suivant les intentions de Votre Majesté, je confierai le commandement du Tyrol, dans le cas où il

<small>Eug. à Nap.
Villach,
28 octobre
1809.</small>

---

¹ Le général Guilleminot avait remplacé le général Vignolle, après la blessure de ce dernier à Wagram.

se soumettrait, au général Baraguey-d'Hilliers jusqu'à de nouveaux ordres de Votre Majesté. Je laisserai les Bavarois commander à Inspruck et dans la vallée de l'Inn.

« Le général Baraguey-d'Hilliers, qui commanderait depuis le Brenner jusqu'à Rovéredo, aurait sous ses ordres trois divisions, y compris celle du général Vial, et je laisserai alors la division Broussier à Villach et Klagenfurth, jusqu'à ce que les troupes qui sont en Hongrie se soient repliées sur l'Italie. Le prince de Neufchâtel m'écrit, du 26, que la convention militaire a été enfin signée; il m'en annonce une copie, et me prévient, en attendant, que c'est le 14 novembre que les Autrichiens doivent nous remettre Fiume; je serai parfaitement en mesure de ce côté, puisque le 11° corps arrive, les 5 et 6, à Laybach, et qu'ils pourront facilement, à petites marches, et avec ordre, occuper toute la Croatie, du 14 au 20. Dans le cas où quelques troubles se manifesteraient en Croatie, au moment de l'entrée de ces troupes, je compte faire soutenir le 11° corps par une des divisions du général Grenier qui, au moment de l'évacuation de la Hongrie, doivent se porter à Gratz et Marburg.

« M. Dauchy arrive à l'instant à Villach; je vais le voir dans une heure, et m'occuper de l'exécution des ordres de Votre Majesté, en ce qui concerne l'administration financière des nouveaux pays. Je prendrai même, pour la partie administrative et judiciaire, un arrêté provisoire qui confirme, pour le moment, l'organisation actuelle, afin que les choses puissent marcher jusqu'à ce qu'il plaise à Votre Majesté de me faire connaître ses volontés sur l'organisation de ce pays. »

<small>Eugène à la vice-reine. Villach, 28 octobre 1809.</small>

« Je compte partir cette nuit pour Spital, ma bonne Auguste, où je vais passer en revue la division italienne. Je la mettrai en marche après pour le Tyrol. Mes dernières nouvelles de ce pays sont assez satisfaisantes. Le 24, ils sont, il est vrai, venus encore attaquer mes premiers postes; mais ils ignoraient réellement encore la paix et ma proclamation. J'ai la certitude aujourd'hui qu'ils sont effrayés des suites que peut avoir pour eux leur obstination, et je pense qu'ils rentrent dans l'ordre. Les Bavarois marchent sur Inspruck, ils sont déjà à Rothenbourg, et Louis (prince royal de Bavière) est avec sa division à Saint-Johenn. Si l'expédition a lieu, nous le verrions dans huit à dix jours sur le Brenner. Nos lettres ne mettent plus que deux jours pour nous parvenir, je n'en mettrai que deux et demi pour te rejoindre, et espère bientôt faire cet essai. Il vaut mieux que tu restes à m'attendre. Si je ne pouvais de quelque temps aller à Milan, je chercherai et t'indiquerai le moyen de nous voir. »

<small>Eugène à la vice-reine. Villach, 29 octobre 1809, au matin.</small>

« Au moment de partir pour Spital, je t'adresse, ma bonne amie, l'écuyer Allemagne; tu pourras lui faire reprendre son service, car je n'ai plus besoin de lui, Ciani et Bellisoni me suffisent. Je ne pourrai probablement t'écrire ni demain ni après-demain, parce que je vais passer mes revues et tout préparer pour l'expédition du Tyrol, s'ils sont assez insensés pour persister dans leur rébellion. »

Eug. à Nap.
Spital,
30 octobre
1809.

« Sire, j'ai l'honneur de rendre compte à Votre Majesté que je suis venu passer en revue la division italienne, et visiter le fort de Sachsenburg. Demain cette division se met en marche sur Grafenbourg. Je dois annoncer à Votre Majesté que plusieurs lettres ont déjà été écrites aux généraux Rusca et Baraguey-d'Hilliers par les habitants du Pusterthal, pour demander : 1° une trêve de quatorze jours à l'effet de pouvoir s'entendre ; 2° la permission d'envoyer des députés à mon quartier général pour implorer ma générosité. J'ai fait répondre par le général Baraguey-d'Hilliers que je ne pouvais accorder de trêve à des rebelles ; que, quant aux députés, je les recevrais, mais seulement dans le cas où ils viendraient m'annoncer que leurs concitoyens sont rentrés dans le devoir, et m'apportent leurs armes. J'attends donc, demain matin, ces députés du Pusterthal, et je ne doute pas que cet exemple ne soit suivi par beaucoup d'autres vallées. Ce matin, la vallée de Mokhall, dans la haute Carinthie, qui ne fait pas partie, il est vrai, du Tyrol, mais qui avait pris les armes à son exemple, est venue les déposer ici.

« J'ai reçu la convention militaire que le prince de Neufchâtel m'a envoyée ; j'ai donné, en conséquence, au maréchal Macdonald, pour ce qui le concerne, et je vais rédiger, pour la marche du 11ᵉ corps, une instruction détaillée, en exécution de ladite convention. J'aurai un officier de mon état-major à Fiume, qui portera aux maréchaux Davoust et Macdonald l'occupation de cette place. »

« Sire, ainsi que j'ai eu l'honneur d'en prévenir Votre Majesté, j'ai reçu aujourd'hui les députés de l'arrondissement de Lientz; ces gens ne sont pas faciles à persuader; ils se résumaient toujours à demander une trêve de quinze jours, afin d'obtenir la signature de l'empereur d'Autriche qui, les ayant portés à prendre les armes, doit les aider à sortir d'embarras lors de la paix. J'ai rejeté positivement leur demande, leur répétant, de vive voix, ce qui est dans ma proclamation, les engageant à mettre bas les armes, et à rentrer ainsi dans le devoir, à mériter par là la protection de Votre Majesté en s'en remettant à sa générosité. Je les ai prévenus que les ordres de Votre Majesté portaient d'occuper le Tyrol, que je ne pouvais pas retarder la marche des troupes, mais que j'avais ordonné à tous les généraux et chefs de colonnes de protéger les gens paisibles, de faire respecter les propriétés, et que je n'entrais pas en ennemi, à moins qu'eux-mêmes n'opposassent de la résistance; que, dans ce cas, ils attireraient sur leurs familles et leur pays tous les maux inévitables de la guerre; les députés sentaient mes raisons, et quelques-uns en paraissaient frappés; ils m'ont ajouté qu'ils ne pouvaient parler que pour leur arrondissement, ignorant même si les autres vallées étaient prévenues, et qu'ils avaient au milieu d'eux des étrangers dont ils ne pouvaient répondre. Ces députés sont repartis pour Lientz, me promettant de rendre exactement à

<small>Eug. à Nap. Villach, 31 octobre 1809.</small>

leurs concitoyens ce que je venais de leur dire.

« Les troupes continuent toujours leur mouvement; la tête arrive aujourd'hui à Oberdanbourg, et demain à Lientz. Ce sera par notre entrée dans cette dernière ville que l'on pourra juger de la tournure que prendront les affaires. En attendant, je crois pouvoir assurer à Votre Majesté que, tant d'après le bruit général que d'après ce qu'ont dit les députés, il ne sera pas possible de ramener les habitants du Tyrol tant qu'ils auront la crainte de devenir Bavarois; ils disent ouvertement que ceux-ci les ont trompés, et qu'ils préfèrent périr jusqu'au dernier plutôt que de vivre sous leur domination. Votre Majesté ne m'ayant pas fait connaître ce qu'elle avait arrangé à Munich avec le roi de Bavière à ce sujet, j'évite soigneusement tout ce qui peut y avoir rapport. Le général Drouet m'écrit de Hall qu'il a ses avant-postes à Inspruck, et il paraît que les insurgés se sont retirés sur les hauteurs près de la ville. Le général Drouet s'accorde à dire que les Bavarois éprouvent, plus qu'aucune autre troupe, une résistance opiniâtre de la part de ces fanatiques. »

*Eugène à Berthier. Spital, 31 octobre 1809.*

« J'ai reçu hier, comme je revenais de Sachsenburg, l'officier de l'état-major de Votre Altesse, qui était porteur de la convention militaire. Je donne, en conséquence, aujourd'hui même, les ordres au général Macdonald pour mettre en mouvement, le 20 novembre, les troupes qu'il a en Hongrie, pour occuper la nouvelle ligne; c'est-à-dire, sa gauche à Neustadt et sa droite en avant de Petau. Votre Altesse voudra bien alors prévenir le maréchal Davout que les troupes de l'armée d'Italie occuperont toujours Neustadt.

« Je vais m'occuper de suite à rédiger l'instruction pour la marche du corps qui doit prendre possession de la Croatie. Je ferai marcher, avec ce corps, un officier de mon état-major, qui recevra l'ordre de partir aussitôt après l'occupation de Fiume pour en prévenir MM. les maréchaux Davout et Macdonald.

« J'annonce avec plaisir à Votre Altesse que les affaires du Tyrol ont l'air de prendre une tournure favorable. Les habitants du Pusterthal doivent m'envoyer des députés que j'attends d'un moment à l'autre. Je m'empresserai de lui faire connaître le résultat. »

*Eugène au ministre de la guerre. Villach, 1er novembre 1809.*

« Je m'empresse, monsieur le ministre comte d'Hunebourg, de reprendre avec vous la correspondance et les rapports qui n'avaient été rompus que par la réunion de l'armée d'Italie avec la grande armée. D'après les intentions de Sa Majesté, j'ai porté mon quartier général à Villach, pour de là être à même de diriger les mouvements rétrogrades des troupes, en vertu de la convention militaire; pour veiller à la prise de possession de la Croatie et du littoral; pour procéder à l'organisation des nouvelles provinces; et enfin pour terminer les affaires du Tyrol, soit avec des paroles de paix, soit par la force.

« Le maréchal Macdonald, avec les deux divisions d'infanterie que commande le général Grenier, avec les deux divisions de dragons et la 9ᵉ brigade de cavalerie légère, est chargé de l'évacuation de la Hongrie et de la Styrie, aux époques et de la manière déterminées par la convention militaire.

« Le 11ᵉ corps, composé des divisions Clauzel et Claparède et des 14ᵉ, 19ᵉ et 25ᵉ de chasseurs à cheval, se dirige sur Laybach, où il arrive le 6 novembre, et est chargé de la prise de possession de Fiume, du littoral et de la Croatie, en suivant exactement les marches prescrites par la convention militaire; enfin, j'ai dirigé sur le Tyrol la division italienne et les 2 divisions qui étaient à Gratz sous les ordres du général Macdonald, ainsi que la 10ᵉ brigade de la cavalerie légère. De cette manière j'agis contre le Tyrol par la vallée de la Drave avec les troupes ci-dessus et la garde royale; par la vallée de l'Adige avec les troupes aux ordres du général Vial, fortes de 5 à 6,000 hommes; et par la vallée de l'Inn avec les 3 divisions bavaroises commandées par le général Drouet, que Sa Majesté a bien voulu mettre sous mes ordres.

« J'ai été visiter hier le fort de Sachsemburg et passer en revue les divisions Sévéroli et Séras, que j'ai mises sous les ordres du général Baraguey-d'Hilliers (le général Séras ayant reçu un congé de convalescence, le général Barbou le remplace provisoirement).

« J'ai reçu hier les députés du Pusterthal; ils voulaient absolument que je leur accordasse une trêve de quinze jours, afin d'avoir pendant ce temps la signature de l'empereur d'Autriche. Comme vous pouvez le penser, j'ai rejeté de pareilles demandes. Je leur ai répété de vive voix ce que je leur avais écrit, que mes troupes respecteraient et les propriétés et les habitants paisibles, mais qu'elles traiteraient avec la dernière rigueur ceux qui ne profiteraient pas du pardon que leur accorde Sa Majesté l'Empereur et roi.

« Mon avant-garde sera aujourd'hui à Oberdenburg, et demain à Lienz. Je ne pourrai savoir qu'après-demain si je devrai faire agir sérieusement les troupes que Sa Majesté a bien voulu mettre sous mes ordres. Je vous informerai exactement de la suite des opérations. »

*Eugène à la vice-reine. Villach, 1er novembre 1809.*

« Je suis revenu cette nuit du fort de Sachsemburg, ma très-chère Auguste; je suis un peu fatigué, et je ne puis pas t'écrire longuement, car j'ai beaucoup de travail ce matin : j'ai dans ce moment des ordres à donner depuis Raab jusqu'en Tyrol, et depuis Fiume jusqu'à Ancône : tu vois que voilà de la besogne. C'est énorme, ce qu'il y a de détails pour faire évacuer et retourner tant de monde; et puis il y a aussi la prise de possession de la Croatie et l'expédition du Tyrol : j'en ai par-dessus les oreilles. »

*Eugène à la vice-reine. Villach, 2 novembre 1809.*

« J'ai reçu cette nuit, ma chère Auguste, de bonnes nouvelles du Tyrol. Le général Baraguey-d'Hilliers m'annonce qu'il espère entrer ce matin à Lienz sans coup férir. Je m'empresse d'annoncer cette nouvelle à l'Empereur, afin de hâter le plus possible mon retour à Milan. Tu ne peux te figurer combien ce pays-ci est maussade et ennuyeux. J'ai travaillé hier toute la journée ; j'ai passé une demi-heure de la soirée avec mes messieurs, et ils bâillaient tous du plus grand cœur. J'ai fait une partie d'échecs avec Triaire, et je me suis couché à onze heures, très-impatienté du froid, du mauvais temps, de mes occupations, et surtout de rester si longtemps éloigné de toi. »

<small>Eug. à Nap.
Villach,
3 novembre
1809.</small>
« Sire, j'ai l'honneur d'annoncer à Votre Majesté l'entrée de nos premières troupes à Lienz. Il paraît, d'après le rapport du général Baraguey-d'Hilliers, que les compagnies de Tyroliens armés se sont constamment retirées à l'approche de nos troupes, mais n'ont point encore consenti à déposer les armes. J'ai recommandé au général Baraguey-d'Hilliers d'employer tous ses moyens pour parvenir à les persuader. J'informe le général Vial de tout ce qui se passe ici, afin qu'il règle sa marche en conséquence.

« Les troubles qui s'étaient élevés en Carniole et en Istrie sont presque totalement terminés. Une commission militaire établie à Trieste vient de faire justice de neuf des principaux chefs qui ont été arrêtés. Il s'est trouvé parmi eux un émigré français au service de l'Autriche, qui paraissait soldé par l'Angleterre pour fomenter le trouble en Istrie. »

<small>Eug. à Nap.
Villach,
3 novembre
1809.</small>
« Votre Majesté a daigné conférer des titres et des dotations à des généraux de son armée italienne. Je me permettrai de réclamer ses bontés en faveur des généraux de brigade Viani, Bertoletti et Polfran-

ceschi, qui ont été omis sur la liste de présentation. Ces généraux ont toujours bien servi, et je crois pouvoir assurer à Votre Majesté qu'ils méritent d'être récompensés à l'égal des autres. »

*Eug. à Nap. Villach, 3 novembre 1809.*

« Sire, j'ai l'honneur de prévenir Votre Majesté que, d'après les comptes que me rend le ministre de la guerre d'Italie, j'ai vu un déficit de 800,000 francs sur la marine de Venise pour solde arriérée; j'ai vu en même temps que les travaux de construction des vaisseaux et frégates ont été extrêmement ralentis. Le tout provient de ce qu'à l'ouverture de la campagne et pendant la guerre il y avait peu de troupes à Venise, et l'on s'est occupé de la défense de cette ville en armant une foule de petits bâtiments et embarcations dont on a hérissé les passes et les lagunes, ce qui a employé tous les ouvriers et marins, et a consommé les fonds de construction et de solde. Ces mesures étaient sans doute nécessaires pendant la campagne, mais actuellement que nous avons la paix, que les troupes sont rentrées, et surtout vu la saison, je viens d'ordonner le désarmement de toutes les pirogues et petites embarcations, qui vont rentrer à l'abri à l'arsenal; les marins qui les montaient vont être employés à compléter les équipages des bâtiments français et italiens, et les travaux vont reprendre leur cours ordinaire. Je saisirai cette circonstance pour me permettre de faire observer à Votre Majesté qu'il serait nécessaire qu'elle daignât rapporter son décret de mise en état de siège des places de son royaume, surtout pour Venise et Mantoue.

« Au reste, par tous les rapports que je reçois, je vois combien il est indispensable que j'aille moi-même remettre l'ordre dans toutes les parties. »

<small>Eugène
a Berthier.
Villach,
3 novembre
1809.</small>

« Je m'empresse d'annoncer à Votre Altesse que l'avant-garde des troupes aux ordres du général Baraguey-d'Hilliers est entrée hier matin à Lienz sans rencontrer aucun obstacle. Cependant les différentes compagnies d'insurgés qui se sont retirées dans les montagnes à l'approche de nos troupes n'ont point encore voulu déposer les armes. J'ai recommandé au général Baraguey-d'Hilliers d'employer tous ses moyens de persuasion avant d'en venir à employer la force.

« Ce sera la dernière lettre que j'écrirai à Votre Altesse, puisque le dernier officier d'état-major venu de Vienne m'a assuré qu'elle partait le 4 ou le 5 pour Paris. Je souhaite à Votre Altesse un prompt et bon voyage; je lui demande la continuation de son amitié. »

<small>Villach,
4 novembre
1809.</small>

« Sire, je m'empresse de rendre compte à Votre Majesté que nos troupes sont arrivées hier à Sillian sans obstacle; elles entreront demain à Prunecken. Les habitants ont très-bien reçu nos troupes, et un grand nombre ont déjà déposé les armes. Ceux de la montagne rentrent dans leurs cabanes, et, comme je l'ai marqué à Votre Majesté, j'ai ordonné au général Baraguey-d'Hilliers et au général Vial d'organiser quelques colonnes mobiles pour éclairer leurs flancs et leurs derrières et pour les désarmer sans bruit. La colonne du général Rusca, qui a passé par la vallée du Gail, avait tiré quelques coups de fusil et allait engager une affaire au moment où un de mes officiers est arrivé pour lui renouveler mes instructions d'employer les voies de persuasion. Les insurgés tenaient une position à Saint-Léonard, où il aurait fallu perdre une centaine d'hommes. Il envoya vers eux pour leur dire qu'on ne voulait point la guerre, qu'on ne leur ferait rien s'ils rentraient chez eux et s'ils se tenaient tranquilles. Ils se sont dispersés à l'instant. Je fais partir la division Broussier pour occuper les positions de Lienz, Sachsenburg et Spital. »

« Sire, j'ai l'honneur d'annoncer à Votre Majesté que ses troupes sont entrées hier à Prunecken : elles ont été partout bien reçues. Le général Baraguey-d'Hilliers me mande qu'une grande partie des habitants rentre dans ses foyers, et qu'une petite partie se replie en armes dans le foyer de l'insurrection, c'est-à-dire Brixen et Sterzing.

« Le général Drouet a eu des avantages assez importants sur les insurgés qui ont attaqué les Bavarois, et ceux-ci ont repris de suite l'offensive et se sont emparés des hauteurs d'Inspruck. Le prince royal et le général Wrède étaient, dans cette affaire, à la tête des troupes.

« Le général Vial me mandait, du 2, qu'afin d'assurer sa marche sur Botzen, il ferait enlever la position de Cimbra, si les insurgés continuaient à la tenir. Le 2 au soir même, il avait reçu d'eux un parlementaire qui lui annonçait, de la part de 6 à

*Eug. à Nap. Villach, 5 novembre 1809.*

8,000 hommes qui étaient en face de lui, qu'ils déposeraient volontiers les armes s'il voulait leur permettre de ne plus retourner sous les lois de la Bavière, et s'il leur donnait l'assurance d'être Français ou Italiens : ce sont leurs propres termes. Comme le général Vial ne pouvait, bien entendu, entrer en semblable matière, il était en pourparlers pour tâcher de les persuader de déposer les armes.

« Je dois avouer à Votre Majesté que cette expédition du Tyrol me cause infiniment de tracas. Les Bavarois (et particulièrement à Munich) ont été offensés de ma proclamation ; le roi même m'en a écrit[1]. Je crois devoir mettre sous les yeux de Votre Majesté la réponse que j'ai faite au roi à ce sujet. Je n'ai dit dans ma proclamation que ce que Votre Majesté m'avait ordonné, dans mes instructions, de dire, c'est-à-dire que je désignerais des commissaires pour entendre leurs plaintes lorsqu'ils auront déposé les armes. Votre Majesté lèverait facilement toutes ces difficultés si elle décidait promptement la question du Tyrol par un arrangement quelconque avec le roi de Bavière, soit en faisant du Tyrol un État indépendant, soit en le partageant entre la Bavière et le royaume d'Italie. Mais ce que je puis certifier, c'est la répugnance invincible que j'ai remarquée dans tous contre la Bavière.

« Au moment où je terminais ma lettre, il est arrivé deux députes envoyés par Hoffer. Ils m'ont répété mot à mot ce que j'ai déjà eu l'honneur de marquer à Votre

---

[1] Voir au texte du livre suivant.

Majesté. Ils m'ont apporté une lettre signée de douze chefs que j'envoie en original à Votre Majesté, et qui confirme tout ce que j'ai eu l'honneur de lui dire.

« Je renvoie, cette nuit même, les deux députés, qui ont absolument voulu rapporter un écrit de moi, et cet écrit ne renferme que l'ordre de déposer les armes et l'assurance qu'on ne fera aucun mal aux habitants qui rentreront paisiblement dans leurs foyers, et qu'à ce prix-là seul ils obtiendront la protection de Votre Majesté.

« J'ai également remis à ces deux députés une douzaine de passe-ports pour Hoffer et sa suite, qui paraît vouloir venir me trouver. Je prévois d'avance qu'ils demanderont à faire une députation à Votre Majesté. Je ne l'accorderai sûrement pas avant d'avoir reçu ses ordres, mais je la prie de nouveau et instamment de vouloir bien me donner ses ordres à ce sujet. »

*Eugène à la vice-reine. Vilach, 5 novembre 1809.*

« C'est aujourd'hui la Saint-Hubert, ma très-chère Auguste; il y a un an que nous passions ensemble une charmante matinée à la villa Augusta. Ici non-seulement nous ne chassons pas de gibier aujourd'hui, mais nous avons une peine infinie à chasser l'ennui qui nous talonne; je dis nous, car je vois tous ces messieurs bâiller matin et soir, et, si ce n'était mon travail de dix ou douze heures par jour, je ferais comme eux.

« Je n'ai pas encore reçu ce matin mon courrier de Lienz : si les Tyroliens s'apaisent, j'espère que je ne resterai pas longtemps ici.

« Tu es libre de rester à Monza ou à Milan, comme il te conviendra le mieux ; je t'engage pourtant à profiter de la campagne, tant que la saison te le permettra, bien entendu que tu m'écriras lorsque tu prendras le parti de rentrer en ville ; tu peux écrire à ton cousin de venir vers la fin du mois. Il me tarde bien de t'embrasser, ainsi que nos deux petits choux ; en attendant ce bonheur, je vous envoie pour tous trois un million de baisers. »

*Eugène à la vice-reine. Villach, 5 novembre 1809.*

« J'ai eu du chagrin cette nuit, ma bonne et chère Auguste, et, tu sais que je n'ai rien de caché pour toi, — voici le fait : tu auras peut-être lu ma proclamation aux Tyroliens. J'ose dire qu'elle était bonne, puisque j'en vois déjà les effets, et qu'à mesure que mes troupes avancent les habitants rentrent dans leurs foyers. Tu me connais assez pour savoir que dans cette proclamation je n'y ai mis que ce que j'avais l'ordre d'y mettre. Il y a eu des phrases qui ont déplu au roi, et il m'a écrit la lettre dont je t'envoie copie ; j'étais très-peiné, et je lui ai répondu ce matin la lettre dont je joins aussi la copie : je m'en rapporte à ton jugement. Il est inutile que tu parles de cela à personne, mais j'avoue que j'ai été bien fâché que le roi rendît si peu de justice à mon caractère.

« Il est trompé indignement, quand on lui dit qu'on lui ramènera ce pays par la force : il y perdrait ses plus braves soldats. Il a donc fallu employer la douceur, et je ne pense pas que la dignité d'un souverain soit offensée pour entendre et recueillir les plaintes d'un peuple, après, toutefois (ainsi que je l'ai dit), que ce peuple est rentré dans l'ordre, et a déposé les armes. Je maudis mille fois cette mission ! Il n'y a ni honneur ni gloire à réussir, et il n'y a que de la honte, si les affaires tournent mal.

« Adieu, ma bonne Auguste; toi et mes enfants faites seuls ma consolation au monde. Il y a un siècle que je n'ai écrit à l'Impératrice ni à ma sœur, mais je n'en ai pas eu conscience le temps, donne-leur, je te prie, de mes nouvelles. »

« Sire, j'ai eu l'honneur de présenter hier à Votre Majesté la lettre en langue française que les envoyés des chefs tyroliens m'avaient apportée. Ils m'en avaient remis au même instant une autre, écrite en langue allemande, que je n'avais pu lire tout de suite. Celle-ci est du commandant en chef Hoffer. Je l'ai fait traduire, et je m'empresse d'en mettre la traduction sous les yeux de Votre Majesté. »

*Eug. à Nap. Villach, 6 novembre 1809.*

« Mon fils, je reçois votre lettre du 30 octobre. Aussitôt que vos affaires du Tyrol seront finies, il me tarde d'apprendre que vous soyez arrivé à Milan. »

*Nap. à Eug. Fontainebleau, 7 novembre 1809.*

« J'ai reçu cette nuit de bonnes nouvelles du Tyrol. Le désarmement s'opère avec assez de tranquillité. Sur quelques points de la montagne nos soldats ont été reçus avec des coups de fusil; mais, d'après mes ordres, ils n'ont point répondu, et effectivement c'étaient des paysans ivres; déjà dans plusieurs villages les paysans ont d'eux-mêmes remis les armes bavaroises. Tu vois qu'avec de la pa-

*Eugène à la vice-reine. Villach, 7 novembre 1809.*

tience et le désir de réussir on peut venir à bout des plus mutins. Je t'assure que je préférerais une campagne active, à devoir recommencer une semblable besogne. Enfin, tout cela me fait grand plaisir ; j'attends avec vive impatience des nouvelles de Sa Majesté. J'espère qu'elles me permettront de me réunir bientôt à ce que j'ai de plus cher au monde. Le 11ᵉ corps d'armée que l'Empereur a mis sous mes ordres va se mettre en marche pour occuper Fiume et la Croatie. Si cela se passe tranquillement, je serai libre d'aller à Milan ; mais, s'il y avait le moindre trouble, je ne pourrais en conscience laisser mon armée éparse sur deux cents lieues de pays, et il faudrait, bon gré, mal gré, que je fusse là ; au reste, tout ceci est une supposition qui, j'espère, n'arrivera pas. »

*Nap. à Eug. Fontainebleau, 8 novembre 1809.*

« Mon fils, je reçois votre lettre du 31 octobre, où je vois que vos troupes auront été le 1ᵉʳ novembre à Lienz, et j'attends de là des nouvelles sur la direction ultérieure des affaires du Tyrol. »

*Eugène à la vice-reine, Villach, 9 novembre 1809.*

« Je t'envoie, ma bonne Auguste, une lettre que je viens de recevoir du roi; celle-là raccommode tout. Hoffer m'a écrit pour me demander de nouveau des passe-ports pour toutes ses troupes, afin que chacun puisse rentrer chez soi; je les lui ai fait envoyer.

« J'apprends à l'instant qu'on s'est battu du côté de Botzen; mais c'est la colonne qui venait de Trente, et j'espère que cela n'aura pas de suites. J'ai été visiter hier les mines de plomb de Bleyberg ; j'ai endossé l'habit de mineur, et ai tout vu dans le plus grand détail, c'est fort curieux. Il n'est pas possible ni concevable que tu viennes me joindre, ma bonne amie, mais j'espère pourtant que le moment tant désiré de notre réunion ne tardera plus. »

« Je m'empresse de vous prévenir, monsieur le ministre de la guerre, comte d'Hunebourg, que la division du général Vial est entrée à Botzen le 5 de ce mois. Quelques partis d'insurgés ont cherché à arrêter sa marche, sous prétexte qu'ils attendaient les ordres de leurs chefs pour être autorisés à déposer les armes; mais ce général n'en a pas moins rempli son but. Sa division est donc entièrement réunie à Botzen et environs, sauf 1,200 hommes qu'il a laissés à Trente. Il m'assure que tout le pays à sa droite est tranquille, et qu'aussitôt qu'il aura pu opérer le désarmement il s'occupera des vallées de sa gauche. La vallée de Meran lui a déjà envoyé sa soumission.

<small>Eugène au ministre de la guerre. Villach, 10 novembre 1809.</small>

« De son côté, le général Baraguey-d'Hilliers est entré le 8 à Brixen. Cependant, pour y parvenir, il a dû faire enlever par un coup de main la Chiusa de Mulbach, défendue par 1,200 à 1,500 insurgés avec 5 pièces de canon. Cette affaire a coûté quelques braves, dont le général Baraguey-d'Hilliers me promet les noms, que je m'empresserai de vous transmettre avec le rapport du combat. Nos troupes se sont parfaitement conduites. Je ne pense pas que l'affaire ait des suites, puisque avec les positions qu'occupent les troupes en ce moment il serait difficile aux partis d'insurgés de se réunir pour entreprendre quelque chose de sérieux.

« Le général Drouet m'écrit, du 8, qu'il a porté son avant-garde un peu en avant sur Stenack, et que la division de Wrède sera, le 10, sur le Brenner. Il résulte de cet état de choses que nos troupes sont maîtresses des principales villes du Tyrol, et qu'aujourd'hui même toutes nos divisions se communiquent entre elles, et qu'il n'est pas présumable qu'il arrive de nouveaux événements. Les généraux s'occupent en ce moment à faire battre le pays par des colonnes mobiles pour opérer le désarmement. Ces colonnes n'auront pas de repos que tout le pays ne soit tout à fait désarmé. Nous avons délivré, tant à Brixen qu'à Botzen, un assez bon nombre de prisonniers français, bavarois, italiens et Saxons. »

*Eug. à Nap.*
*Villach,*
*8 novembre*
*1809.*

« Sire, je n'ai rien de nouveau à annoncer à Votre Majesté. Les affaires du Tyrol continuent à se passer aussi bien qu'on peut le désirer avec de pareilles gens.

« Le général Baraguey-d'Hilliers, dont les premières troupes sont à Mulbach, a employé, d'après mes ordres, les journées des 6 et 7 au désarmement des principales vallées aboutissant à celle de la Drave : plusieurs de nos colonnes ont rencontré des bandes armées, qui, au lieu de vouloir rendre les armes, ont répondu par des coups de fusil. On est parvenu à en prendre quelques-uns, et tous étaient ivres, et la plupart étaient d'autres vallées éloignées. Presque généralement les habitants qui ont quelque chose rentrent ou sont rentrés chez eux ; mais nous aurons pendant longtemps quelques bandes de brigands, qui, ayant pris, pendant la rébellion, ce genre de vie, le quitteront difficilement. Dans les différentes escarmouches dont je viens de parler à Votre Majesté, nous avons eu un homme tué et 14 blessés du 1er de ligne italien, 3 blessés des Dalmates, et 7 du 53e régiment.

« La troupe s'est conduite parfaitement bien dans tous les pays où elle a passé, et cela ne contribue pas peu à ramener les esprits. Je me féliciterai si, à force de patience et de douceur, j'ai pu éviter une guerre dans un pays dont le peu que j'ai vu donne la certitude qu'elle eût été longue, meurtrière et difficile. »

« Sire, j'ai l'honneur d'adresser à Votre Majesté une lettre que son sénat d'Italie vient de m'envoyer, en me priant de la transmettre à Votre Majesté.

*Eug. à Nap. Villach, 9 novembre 1809, 10 heures du matin.*

« Les nouvelles que j'ai reçues, hier soir, du général Vial m'annoncent que le général Peyri, qui commande son avant-garde, a été obligé d'en venir aux mains pour entrer à Botzen. Les insurgés ont voulu lui en disputer l'entrée, mais ils ont été repoussés de toutes parts. Cependant le général Peyri a eu une quarantaine d'hommes tués, et une soixantaine de blessés.

« Aujourd'hui je reçois la nouvelle que Hoffer a demandé au général Drouet des passe-ports pour faire rentrer chacun dans ses foyers, se soumettant à faire déposer à tous les armes, et à profiter de la générosité de Votre Majesté.

« J'attends d'un moment à l'autre des nouvelles du général Baraguey-d'Hilliers, qui ne peuvent manquer d'être dans le sens de celles du général Drouet. »

*Eug. à Nap. Villach, 10 novembre 1809.*

« Sire, j'ai l'honneur de rendre compte à Votre Majesté que ses troupes sont rentrées hier soir à Brixen. Elles ont dû cependant, pour y parvenir, enlever par un coup de main la Chiusa, défendue par 1,000 ou 1,500 insurgés avec 5 pièces de canon. Cette affaire nous a coûté quelques braves. Le général Baraguey-d'Hilliers me promet pour demain un rapport détaillé de l'affaire : il m'annonce seulement que le général Rusca a été blessé légèrement d'une contusion, et les chefs de bataillon Vesprier, du 53e, et Péraldi, du 1er léger italien, grièvement blessés. Notre artillerie de ligne s'est particulièrement distinguée : une seule pièce compte trois canonniers morts, et sept blessés. Les troupes paraissent s'être toutes bien conduites ; le combat a duré deux heures. Je crains que cette affaire ne rallume le feu qui commençait à s'éteindre. J'espère cependant que, vu la position qu'occupent les troupes de Votre Majesté en ce moment, il ne leur soit plus possible de rien entreprendre de sérieux. Le général Drouet m'écrit, du 8, qu'il porte son avant-garde un peu en avant, sur Stenack, et que la division de Wrède sera, le 10, sur le Brenner. Le général Vial me mande, du 7, qu'il a réuni à Botzen tout son corps, le 6, sauf 1,200 hommes qu'il a laissés à Trente ; il m'assure que tout le pays, à sa droite, était tranquille, et qu'aussitôt qu'il aurait pu en opérer le désarmement, il s'occuperait des vallées de sa gauche. Il m'annonce même que la vallée de Méran a déjà envoyé sa soumission. D'après les ordres que j'ai donnés, je dois penser que la communication aura été établie, hier, 9, entre le général Baraguey d'Hilliers et le général Vial.

« Aujourd'hui, 10, le général Baraguey d'Hilliers aura pu porter une division à Sterzing, pour établir la communication par le Brenner. Dans cette position, les différents généraux doivent organiser des colonnes mobiles qui battront le pays jusqu'à ce que le désarmement soit général. »

« Je dois prévenir Votre Majesté que cette opération entraînera des difficultés et des longueurs, car les Tyroliens tiennent beaucoup à leurs carabines, et les cachent dans les montagnes. Je compte bien employer la plus grande sévérité pour les obtenir; mais j'attends, pour cela, d'avoir déjà entre les mains toutes celles qu'ils voudront me livrer. On a délivré, tant à Botzen qu'à Brixen, un certain nombre de permis français, italiens, bavarois et saxons. »

*Eugène à la vice-reine. Villach, 10 novembre 1809.*

« Il n'est pas nécessaire que tu m'envoies, ma bonne Auguste, le grand écuyer, ni personne; j'espère bien pouvoir me mettre en route sous peu de jours. J'ai reçu des nouvelles du Tyrol il y a un quart d'heure. Nos troupes ont dû se battre pour entrer à Brixen ; elles ont enlevé un fort et 5 canons, nous avons perdu quelques bons officiers. J'espère pourtant que cela n'aura pas de suite. Il serait bien désagréable de devoir faire cette vilaine guerre. »

*Eugène
à la vice-
reine.
Villach,
11 novembre
1809,
7 h. du soir.*

« Je fais partir Leroy pour Milan, ma chère Auguste ; car, quand je me mettrai en route, j'espère aller grand train, et serais bien aise d'avoir un valet de chambre en arrivant.

« Je pense sérieusement à me mettre en route, et tu peux compter que je ferai tout mon possible pour arriver le 15, soit le matin, soit le soir. J'attends demain des nouvelles qui décideront la question. Si, enfin, je ne pouvais arriver pour ma fête, je t'engage très-fort à être gaie, et cela te sera facile, car je serai sûrement bien près de toi, et à l'instant de te serrer dans mes bras. »

*Nap. à Eug.
Fontaine-
bleau,
12 novembre
1809.*

« Mon fils, j'approuve la lettre que vous avez écrite au sieur Dauchy. Il est cependant nécessaire que le sieur Dauchy écrive au ministre des finances, avec lequel il doit correspondre. Il est également nécessaire que vous rendiez compte au ministre des finances pour ce qui regarde l'administration des provinces d'Illyrie. »

*Eug. à Nap.
Villach,
12 novembre
1809.*

« Sire, j'ai l'honneur de rendre compte à Votre Majesté que les affaires vont, de ces côtés-ci, aussi bien qu'il est possible de le désirer.

« 1° Affaire du Tyrol :

« Les dernières dépêches des généraux Baraguey d'Hilliers, Drouet et Vial sont très-satisfaisantes. Tous les habitants possédant quelque chose rentrent chez eux. Chaque jour on reçoit des armes. Il n'existera plus, sous peu de jours, que quelques bandes de brigands armés dont la destruction sera difficile, mais dont on va s'occuper sans relâche. J'ai cru devoir, à cet effet, prendre un décret un peu sévère, mais qui contribuera, je l'espère, au plus prompt désarmement : j'en joins ici la copie.

« 2° Affaires de Fiume et de la Croatie :

« Le 11° corps est arrivé les 1er, 5 et 6 à Laybach. Je l'y ai laissé reposer trois jours, et la 1re division s'est mise en marche le 9, pour arriver à Fiume, le 14 au matin (suivant la convention).

« J'ai fait emmener au général Clausel de Laybach 8 pièces en fer de gros calibre, pour le premier armement de Fiume et de Segna ; j'en enverrai un plus grand nombre à mesure que les pièces de Raab et de Gratz arriveront. La 2me division du 11e corps marchera sur Karlstadt, par Neudstadt à Motling, de manière à se lier toujours avec la première, et soutenir ses opérations.

« Le général Guilleminot, nommé par le prince de Neufchâtel commissaire pour recevoir les nouvelles cessions, est déjà arrivé à Fiume, ainsi que le général Bubna. Tous les rapports que je reçois de là donnent à croire que les Autrichiens feront de bonne foi l'évacuation de ces provinces. Le pays paraît généralement mécontent d'être cédé. J'ai envoyé deux aides de camp à Fiume : l'un partira sur-le-champ pour Vienne, et l'autre pour venir me trouver.

« 3° Évacuation de la Hongrie :

« Comme elle dépend de la remise de Fiume, et qu'elle doit aller de concert avec l'évacuation de Vienne, le maréchal Macdonald, que Votre Majesté a spécialement chargé de cela, a reçu tous ses ordres et ses instructions. On évacue à force Raab; mais je crains que tous les biscuits ne puissent être évacués. Il faudrait 800 voitures seulement pour les approvisionnements.

« Enfin, dans la position actuelle, j'ai cru pouvoir aller passer quelques jours à Milan. Le service de Votre Majesté n'y marche pas aussi bien que je le voudrais. Il y a de nouveaux directeurs généraux, de nouveaux ministres, de nouveaux préfets; et il est nécessaire de mettre chacun à sa place.

« D'ailleurs, je ne le cache pas à Votre Majesté, les affaires de finance de son royaume d'Italie ne sont point du tout en bon état. Des dépenses considérables, ordinaires et extraordinaires, ont été faites, et les rentrées, non-seulement n'ont pas été celles qu'elles doivent être, mais le séjour momentané de l'ennemi et les troubles de quelques départements ont sensiblement diminué les recettes.

« Depuis huit jours, de toutes parts, on crie argent, et le trésor m'assure qu'il est dans l'impossibilité de faire face à tous les besoins. J'attendrai à être informé exactement des détails pour faire un rapport spécial à Votre Majesté.

« J'ai l'honneur de la prévenir que, la communication par Botzen et Trente étant assurée et plus courte, j'ai fait porter le quartier général à Goritzia, car ce pays est sans aucune espèce de ressources, et je serai moi-même à Goritzia sous quinze jours, et plus tôt, si besoin est. »

Eugène à la vice-

« Je monte en voiture à l'instant même, ma bonne

Auguste, pour me rendre près de toi ; je remets cette lettre au courrier qui va commander mes chevaux. Je t'assure que je le suivrai d'aussi près qu'il me sera possible ; tu peux t'en rapporter au grand désir que j'ai de t'embrasser. »

<small>reine.
Villach,
12 novembre 1809,
5 heures après midi.</small>

« Monsieur le général Lauriston, je vous envoie la note du convoi qui n'a pu partir qu'hier. Cela n'empêchera pas qu'il vous arrivera demain 22. Ayez bien soin de ces munitions, car elles sont bien précieuses. Il me tarde d'apprendre que vous ayez fait l'impossible pour vous emparer de Raab, car j'ai besoin de savoir à quoi m'en tenir. *J'ai aussi besoin de vous avoir ici, pour commander l'immense artillerie, qui exige un officier d'une grande expérience,* » etc.

<small>Napoléon [1]
au général
Lauriston
21 juin 1809.</small>

[1] Bien que cette lettre, oubliée à sa date, ne se rapporte pas complétement à la vie militaire du prince Eugène, nous avons cru devoir lui donner place ici, car elle nous semble avoir un véritable intérêt historique, puisqu'elle prouve que déjà, à la fin de juin 1809, l'Empereur était dans l'intention de faire agir son artillerie en grande masse à la bataille de Wagram.

# LIVRE XVI

## DU 15 NOVEMBRE 1809 AU 15 FÉVRIER 1810.

§ I. — Campagne du Tyrol, d'avril 1809 à février 1810. — Considérations de nature à expliquer les causes qui portèrent les habitants du Tyrol à s'insurger. — Premier acte d'hostilité, le 10 avril, vers Brixen. — Le général Baraguey d'Hilliers se porte sur Trente. Arrivée de la division Fontanelli, dans cette ville, le 16 avril. Position qu'elle occupe autour de cette place sur les deux rives de l'Adige. — Organisation d'un corps de 9 à 10 mille hommes chargés de couvrir les débouchés du Tyrol. — Divisions Vial et Fontanelli. — Retraite de ces troupes sur Caliano, puis successivement sur Roveredo et sur Ala. — Rapport du colonel de Vaudoncourt sur la réorganisation de l'armée d'Italie. — La division Rusca, chargée seule de couvrir en Tyrol la gauche de l'armée du vice-roi. Marche de cette division, à partir du 2 mai, sur Ala, Trente, Primolano, Bellune. — Combats de Capo di Monte et de Cadore, les 8 et 9 mai. — Marche de la division sur le Tagliamento pour se rabattre sur Cividale au sud. Elle remonte vers le nord par Udine, Plezze et Spital, où elle prend position le 23 mai. — Attaque du 5 juin, de Chasteler sur Klagenfurth. — La division Rusca pendant le mois de juillet. — Le général Rusca fait occuper Sachsenburg à la fin de juillet. Sa marche sur Lienz le 2 août. — Combat de Lienz. — La division se replie, le 11, sur Klagenfurth, — Formation d'une division de 4,000 hommes, à Vérone, mise sous les ordres du général Peyri, en septembre. Elle occupe Rivoli, la Corona ; sa marche sur Trente le 23 septembre ; réoccupation de la ville le 28. — Combat du 25 octobre autour de Lavis. — Le général Peyri, entouré par l'insurrection, se replie sur Trente le 6 octobre. — Arrivée du général Vial pour commander la division. — Composition et force de la division Vial à la fin d'octobre. — Affaires dans la vallée de la Drave. — Les insurgés bloquent le fort de Sachsenburg (premiers jours d'octobre). — Combats de Sachsenburg à Villach. — Proclamation du prince Eugène aux Tyroliens. — Lettre du roi de Bavière au vice-roi. — Andreas Hoffer, ses lettres et ses proclamations. — Mission du commandant Tascher de la Pagerie, aide de camp du prince Eugène dans le Tyrol. — Lettre du vice-roi à son beau-père. — Réponse du roi.

§ II. — Position des troupes françaises dans le Tyrol au commencement de novembre 1807. — Opérations, marche et combats de la colonne du général Peyri; sa jonction avec le général Vial à Bolzano (ou Botzen). — Opérations du corps bavarois depuis le milieu d'octobre jusqu'à la fin de novembre. — Composition et emplacement des trois divisions bavaroises formant le corps du général Drouet au 11 octobre 1809. — Opérations dans le nord du Tyrol. — Concentration autour d'Inspruck. — Soumission des divers baillages. — Opérations du général Baraguey d'Hilliers dans la vallée de la Drave. — Composition de son corps d'armée, marche des troupes sur Lienz, Prunecken et Mulbach. — Affaire de Mulbach (le 8 novembre). — Les généraux Rusca, Séveroli et Barbou reçoivent l'ordre (14 novembre) de diriger des colonnes mobiles sur divers points. — Attaque de Méran par les insurgés. — Retraite de la division Rusca sur Terlan et Bolzano. — Malheureuse affaire de Saint-Léonard. — Belle défense du commandant Doreille. — Position critique du général Baraguey d'Hilliers jusqu'au 22 novembre, manquant de vivres et de munitions. — Attaques des 20 et 21 novembre par la division Rusca. — Sa marche en avant sur Méran. — Soumission des habitants du Wintschgau. — Révolte des vallées de l'Eysach, le chef Kolb. — Force dont dispose à la fin de novembre le général Baraguey d'Hilliers. — Désarmement du Wintschgau et du Passeyer. — Réunion de la division Séveroli à Bolzen. — Expédition du général Moreau sur Prunecken, où le général Almeyras est bloqué. — Opération entre Prunecken et Lienz. — Du 15 décembre au milieu de janvier, marche des colonnes françaises pour le désarmement du pays. Les troupes se replient sur le Tyrol italien. — Prise de Hoffer le 27 janvier. — Le Tyrol allemand remis, le 8 février, aux troupes bavaroises. — Fin de la campagne du Tyrol.

I

La campagne du Tyrol, pendant la plus grande partie de l'année 1809 et pendant les premiers mois de 1810, étant peu connue, nous croyons rendre un véritable service à l'histoire en donnant un certain développement à l'aperçu qu'il nous a été possible de rédiger à l'aide des documents officiels mis entre nos mains, et par l'analyse de la correspondance du prince Eugène avec les généraux qui opérèrent sur cette partie du théâtre de la guerre. Afin de ne pas scinder le récit de cette campagne, et bien que nous ayons déjà indiqué très-sommairement un petit nombre des faits principaux qui se sont produits d'avril à mai 1809, nous allons reprendre les opérations à partir du commencement des hostilités.

Le 10 avril 1809, ainsi qu'on se le rappelle, était le jour fixé pour l'invasion par les armées autrichiennes des pays soumis à la France ou à ses alliés. Ce même jour, et au moment où l'archiduc Jean dénonçait les hostilités dans le Frioul, le Tyrol, l'Évêché de Salzbourg, le cercle de Villach, dans la haute Carinthie étaient également foulés par les troupes de l'Autriche. Le général marquis de Chasteler, auquel le décret rendu contre lui par Napoléon a donné une sorte de célébrité, avait été chargé du commandement du corps ennemi destiné à opérer en Tyrol.

L'entrée dans le Tyrol du marquis de Chasteler fut le signal de l'insurrection qui éclata dès ce moment dans cette partie des États de la Bavière et du royaume d'Italie, insurrection, comme on le verra, qui se prolongea bien après la cessation de la guerre avec l'Autriche.

Les causes de cette levée de boucliers chez des populations religieuses, un peu fanatisées même, et fort dévouées à ses anciens maîtres, sont faciles à établir. En premier lieu, il faut mettre la haine des Tyroliens contre les Bavarois, haine qui se manifesta assez nettement par un mécontentement quasi universel lors de la cession de la province du Tyrol à la Bavière. Or, comme tout déplaît dans un gouvernement qui n'a pas les sympathies d'une nation, le cabinet de Munich eut beau s'ingénier, en plusieurs circonstances, à faire ses efforts pour contenter les populations nouvellement soumises à ses lois, il n'y put parvenir. Ce qu'il fit lui fut toujours imputé à crime. La haine, sentiment qui porte à dénaturer toute chose ici-bas, faisait exagérer en mal ce qui pouvait paraître une atteinte aux anciens priviléges de ces peuples, et l'effet des mesures les plus sages, les plus simples, même les plus bienveillantes, était annihilé par des commentaires malveillants. Beaucoup d'employés du nouveau gouvernement, gens du pays, défavorables à la Bavière, soit par des critiques injustes d'actes qu'ils auraient dû défendre, soit par la façon dont ils faisaient exécuter les ordres, soit par défaut de capacité dans leurs fonctions, soit enfin par mauvais vouloir, contribuaient chaque jour à augmenter les mécontentements d'un peuple déjà trop enclin à la malveillance. Les paysans, surexcités par le clergé et par les propriétaires, affectaient de considérer comme une domination étrangère, antinationale, le gouvernement bavarois. Il eût donc fallu un grand calme de la part de ce dernier, une grande prudence dans les mesures à prendre, une grande sagacité dans les choix des fonctionnaires publics. C'est ce qui n'eut pas toujours lieu. Aussi il fut facile de prévoir les troubles qui ne tarderaient pas à éclater, et qui devaient nécessairement faire explosion à la première levée de boucliers de l'Autriche.

Le prince Eugène signala de bonne heure cette tendance fâcheuse du Tyrol à se révolter et à s'affranchir de la Bavière.

Tout cela cependant, on doit le reconnaître, n'aurait peut-être engendré qu'un sourd mécontentement et une résistance passive qu'on fût parvenu à vaincre avec le temps et avec quelques mesures sages et efficaces, au besoin même énergiques, si, bientôt à ces motifs plus ou moins spécieux, il ne se fût joint une cause d'espérance pour les mécontents, un point d'appui pour les hommes qui voulaient pousser à la rébellion. Cette cause directe, efficace, qui détermina plus que tout le reste la levée de boucliers des paysans tyroliens, ce fut la conduite de l'Autriche, ses excitations, ses promesses, ses efforts pour soulever des populations détachées d'elle par l'effet des guerres précédentes et par suite des traités conclus après ses défaites.

Les mesures les plus adroites furent prises en-dessous par le cabinet de Vienne, dans le but de déterminer une explosion. La partie du pays principalement qui s'éloignait des provinces d'Italie et s'étendait au Nord fut travaillée très-activement par des émissaires habiles et intéressés. On promit aux paysans des armes, de l'argent, un appui moral, un appui matériel, et enfin l'aide d'un corps d'armée qui fournirait un centre autour duquel pourraient se grouper toutes les forces vives de ces contrées montagneuses et d'un difficile accès. Dès que le cabinet de Vienne fut décidé à une nouvelle coalition contre la France, il songea à se servir du Tyrol comme diversion importante. Des agents furent jetés dans le pays pour préparer doucement les esprits en les aigrissant contre le gouvernement du roi de Bavière. A propos de la conscription, on excita le mécontentement des populations. Se gardant bien de faire observer ce que cette mesure avait de juste, on la présenta comme une violation des droits du pays. Et cependant il était facile de se rendre compte que par cette mesure au contraire on obtenait un contingent moins fort que celui fourni jusqu'alors au gouvernement sous les lois duquel le Tyrol avait été rangé. On poussa ces fiers montagnards, esprits belliqueux, à déclarer que la loi nouvelle était oppressive. Puis, tout bas, on fit observer aux Tyroliens qu'il fallait refuser l'obéissance, puis que le temps n'était pas bien éloigné où la guerre déclarée par l'Autriche à la France allait permettre aux fidèles habitants de prendre fait et cause pour un gouvernement qu'ils regrettaient avec de justes raisons ; on leur fit observer que, service militaire pour service militaire, mieux valait encore être à celui de l'Autriche qu'à celui de la Bavière. Entre un gouvernement ennemi, aux lois duquel les chances mauvaises de la guerre les avaient contraints momentanément à se soumettre, et un gouvernement qui les aimait, les estimait, qu'ils chérissaient eux-mêmes, sous les lois duquel ils désiraient et pouvaient revenir, il ne devait pas y avoir, dans le choix, d'hésitation de leur part.

Le clergé, en Tyrol, était à cette époque aussi favorable à la maison d'Autriche que contraire à celle des princes de Bavière. Or les ecclésiastiques, qui jouissent habituellement d'un certain prestige dans les pays de hautes montagnes dont les habitants semblent plus éloignés en quelque sorte des grands centres de population, les ecclésiastiques, dans le Tyrol allemand et italien, étaient alors tout-puissants. Ils représentaient la cour de Munich comme une cour livrée à l'hérésie, n'ayant d'autre but que de s'associer à la France pour renverser le saint-père et détruire la religion. Quelques règlements particuliers, quelques suppressions défavorables, qui lésaient peut-être des intérêts privés, furent présentés aux Tyroliens comme de graves atteintes portées à la sainteté du culte.

Ainsi donc la haine naturelle des habitants du Tyrol contre les Bavarois, leur désir de retourner à l'Autriche, les excitations des agents de la cour de Vienne, les prédications fanatiques du clergé contre les nouveaux maîtres, les sottises de fonctionnaires malveillants, hostiles, inhabiles ou gagnés à l'ennemi, avaient merveilleusement disposé le pays à la révolte, lorsque le marquis de Chasteler envahit le côté de Villach au commencement d'avril 1809. Les vallées de Nos (au nord-ouest de Trente et de Lavis) et du Pusterthal s'étant fait remarquer dans les petites insurrections partielles relatives à la conscription, il fut facile à l'Autriche d'agir plus fortement de ce côté et de prévoir que là serait le véritable et premier foyer de la grande levée de boucliers. Ce fut donc vers ces points que le général de Chasteler eut ordre de se diriger.

Vers le commencement d'avril, quelques bataillons de marche et quelques escadrons formés de différents dépôts furent dirigés de l'Italie sur la grande armée française par le Tyrol. Deux de ces petites colonnes, destinées à être versées à leur arrivée dans les corps, se trouvaient aux environs de Brixen, le 10 avril, le jour même où l'on connut dans le pays l'entrée à Lienz du marquis de Chasteler, nouvelle qui fit éclater l'insurrection jusqu'alors comprimée. Les insurgés, trouvant une occasion de prouver leur zèle, s'empressèrent d'attaquer les deux petits corps français, et les coupèrent l'un de l'autre. Ce fut la première scène du drame qui se joua dans le Tyrol pendant près de dix mois. L'une des colonnes attaquées perdit beaucoup de monde et gagna avec peine Inspruck. L'autre, moins engagée dans le pays soulevé, se replia sans perte sur Trente.

Trois jours après, et dès que les hostilités eurent

été déclarées, le général Baraguey d'Hilliers, colonel général et chargé de commander l'aile gauche de l'armée d'Italie, arriva à Vérone pour rassembler ses troupes. Comme il avait mission de veiller sur le Tyrol, il s'empressa d'expédier l'ordre à la division Fontanelli, encore au camp de Montechiaro, d'en partir pour se porter à marche forcée sur Trente. Le général s'était rendu de sa personne et sans attendre la division italienne dans cette ville pour y organiser la défense des débouchés du Tyrol. Il trouva là les trois bataillons de la colonne coupée de Brixen établis en avant de la ville avec des avant-postes jusqu'à Gardolo. En même temps, n'ayant pas assez d'infanterie pour garder sa ligne par Civezzano, Levico et Pergine, il appela à lui et distribua sur ces divers points deux escadrons du 7ᵉ de dragons, alors à Roveredo.

Le 16 avril, la division Fontanelli arriva à Trente. Il était temps, car l'insurrection grossissait, gagnant de toute part. Les troupes de cette division furent placées en avant de Trente, sur les deux rives de l'Adige, la droite devant Lavis (sur le ruisseau du même nom), la gauche à Molven et Zambana, des montagnes à la rive droite du fleuve. Les trois bataillons de marche et la cavalerie furent chargés de garder en seconde ligne Civezzano, Pergine et Levico. Ces troupes entrèrent dans la composition d'une division dont le général Vial vint prendre le commandement le 17.

Il y eut vers Lavis quelques affaires d'avant-postes sans grande importance. Le pont sur le torrent fut brûlé par les troupes françaises. A la gauche, sur la rive droite de l'Adige, les choses prirent une tournure plus inquiétante. L'insurrection était devenue formidable. Elle se sentait soutenue par l'avant-garde du corps autrichien qui devait opérer en Tyrol ; il fallut donc abandonner Molven et Zambana. Le 19, après un combat des plus vifs, les troupes se replièrent du poste de Buco-di-Vela pour se retrancher à la tête du pont de Trente.

Au même moment le général Baraguey d'Hilliers reçut de Bassano, par un officier d'ordonnance du général Grenier, et du vice-roi lui-même, en retraite sur l'Adige, après Sacile, l'avis du mouvement rétrograde de l'armée d'Italie. Il se décida donc à se rapprocher de Vérone.

Le 21, Trente fut évacué, le pont brûlé, et les troupes se concentrèrent en avant de Caliano, un peu au-dessus de Roveredo, à la hauteur de l'extrémité du lac de Guarda.

Napoléon blâma beaucoup ce mouvement rétrograde prescrit par le prince Eugène. D'après lui, il n'y avait pas péril en la demeure, et les affaires du Tyrol n'étaient pas assez graves pour déterminer le vice-roi à se replier et appeler à lui les troupes de Baraguey d'Hilliers. Quoi qu'il en soit, le 22 avril, l'aile gauche de l'armée d'Italie couvrait Roveredo et les débouchés du Tyrol. Elle avait en ligne : 1° la division Vial (sans généraux de brigade), formée des 3 bataillons de marche, de 3 bataillons du 112ᵉ de ligne qui venait de rejoindre, de 2 escadrons de divers corps de chasseurs et de 4 escadrons du 7ᵉ de dragons; total 6 bataillons et 6 escadrons ; 2° la division italienne Fontanelli (généraux de brigade Julhien et Bertoletti), composée de 1 bataillon du 2ᵉ de ligne italien, de 3 du 3ᵉ, 2 du 4ᵉ, 2 du 1ᵉʳ léger, et 2 du 2ᵉ, du bataillon royal d'Istrie, de 2 escadrons de chasseurs du prince royal et de 10 bouches à feu de campagne, 11 bataillons, 2 escadrons. L'effectif de ces troupes du général Baraguey-d'Hilliers peut être évalué à 8,500 fantassins et 1,400 chevaux.

Le séjour de ces deux faibles divisions à Caliano ne fut pas de longue durée. Rappelé sur Vérone par le vice-roi, le général Baraguey-d'Hilliers, qui en était venu à craindre de ne pouvoir opérer sa retraite par la rive gauche de l'Adige, résolut de faire jeter un pont un peu au-dessous de Roveredo, à Ravazzone, afin de pouvoir opérer par les deux rives au besoin. L'adjudant commandant, Guillaume (plus tard général de Vaudoncourt), fut chargé de cette opération délicate, qu'il parvint à mener à bien en faisant une diversion par Mori, sur Riva et Arco, à l'extrémité du lac de Garda.

Le 25 avril, le détachement de 1,200 hommes mis sous les ordres de l'adjudant commandant Guillaume, attaqué à Caliano par la brigade autrichienne Fenner, avant-garde du marquis de Chasteler, et par 2,000 paysans insurgés, repoussèrent avec un avantage marqué les tentatives de l'ennemi. Le combat dura toute la journée, et dans la nuit suivante le général Baraguey-d'Hilliers se concentra à Roveredo pour pouvoir être à même de se replier sur Vérone, où l'armée d'Italie devait se réunir.

Le 24 au matin, l'ennemi attaqua de nouveau à Roveredo et à Mori. Sur tous les points il fut non-seulement contenu, mais repoussé. Le 25, Baraguey-d'Hilliers voulant assurer la position de Rivoli, point sur lequel déjà il avait détaché deux bataillons du 2ᵉ léger italien, se décida à laisser sur la rive droite l'adjudant commandant Guillaume avec ses deux bataillons du 4ᵉ de ligne et 1ᵉʳ léger italien, et une pièce de canon, tandis que lui ferait replier et descendre jusqu'à Cazano, entre Roveredo et Ala, le pont de Ravazzone, et tous les bacs sur le fleuve. Les troupes se mirent donc en marche sur Ala, à l'exception de l'arrière-garde du colonel Guillaume, laquelle resta en position le 26, pour soutenir la retraite. L'ennemi essaya de le débusquer, mais il n'y put parvenir et le mouvement rétrograde fut poussé le 27 jusqu'à Dolce.

Nous faisons suivre le récit de la première partie de cette campagne d'un rapport du colonel Guillaume de Vaudoncourt, rapport qui nous a paru résumer parfaitement les opérations depuis l'ouverture des hostilités en Tyrol jusqu'à la reprise de l'offensive par l'armée d'Italie.

« Dès le 10 d'avril, le corps d'armée autrichienne commandé par le général Chasteler, ayant pénétré dans le Tyrol, la division Fontanelli, qui s'était rassemblée à Montechiaro, reçut ordre de se porter à Trente, où elle arriva le 16. Cette division, composée de trois bataillons du 3ᵉ de ligne italien; deux du 4ᵉ; deux du 1ᵉʳ léger; deux du 2ᵉ léger; le bataillon d'Istrie; deux escadrons des chasseurs du prince royal, et deux compagnies d'artillerie servant 10 bouches à feu, se réunit à Trente, avec trois bataillons français de marche et environ 200 chasseurs qui, ayant été attaqués à Brixen, par l'avant-garde de Chasteler, et coupés d'une première colonne à peu près de même force, avaient été obligés de se replier sur Trente.

« L'avant-garde ennemie, commandée par le général Fenner, s'était avancée jusque vers Salures et Saint-Michel, et l'insurrection ayant éclatée depuis Inspruck jusqu'aux vallées de Fiemme et di Sole; ce petit corps d'armée, qui formait l'aile gauche sous les ordres de Son Excellence le colonel général Baraguey-d'Hilliers, fut obligé de se concentrer autour de Trente, ayant ses avant-postes entre Gardolo et Lavis, sa gauche à Vezzano, et sa droite sur Pergine et Levico, où se trouvait le noyau de la division du général Vial, alors composée de trois bataillons de marche, de 200 chasseurs à cheval et du 7e de dragons, qui de Roveredo s'était portée à Levico.

« Plusieurs combats nous ayant fait perdre les positions de Vezzano et de Buco di Velo, et les mouvements de l'armée d'Italie obligeant l'aile gauche à se rapprocher de Vérone, le général Baraguey-d'Hilliers songea à rétablir sa communication avec la droite de l'Adige et le lac de Garda, qui était alors interceptée. Le 20, je fus donc détaché avec 150 hommes du 4e de ligne italien pour établir un pont sur l'Adige à Ravazzone entre Roveredo et Mori.

« Le même jour, le 112e régiment, fort de 3 bataillons, rejoignit la division Vial, qui se réunissait à Caliano avec celle du général Fontanelli. Le 22, le pont, dont les matériaux avaient été très-difficiles à réunir, se trouva prêt; mais l'ennemi, menaçant d'attaquer avec des forces supérieurs le détachement qui le défendait, le général Baraguey-d'Hilliers mit à ma disposition trois compagnies d'élite du 1$^{er}$ léger, deux bataillons du 4$^e$ de ligne, deux pièces de canon et autant de dragons du 7$^e$ que je le croirais nécessaire. Ce jour-là, je me contentai de prendre position au pont. Le lendemain je pensai à faire une diversion qui attirât l'attention de l'ennemi sur la rive droite de l'Adige, et l'obligeât à retirer une partie des troupes qu'il avait portées sur le général Baraguey-d'Hilliers, et qui lui avait livré bataille à Caliano. Autorisé par ce général, je fis passer l'Adige au corps que je commandais; les deux bataillons du 4$^e$ avec une pièce de canon furent postés sur les hauteurs de Ravazzone, leur droite observant le chemin de Trente; le capitaine Carrara avec les 150 hommes du 4$^e$ furent envoyés à Nago avec ordre de recueillir des vivres à Drô et Arco, et tous les bateaux qui se trouvaient à Riva et Torbole; moi-même je me portai à Mori avec les trois compagnies du 1$^{er}$ léger, deux de voltigeurs du 4$^e$, formant environ 250 hommes, une pièce de canon et 30 dragons du 7$^e$, qui, dans la journée, furent remplacés par deux escadrons du prince royal.

« L'après-midi, je jetai en avant 30 chasseurs, ordonnant au lieutenant Bianchi, qui les commandait, de se porter à Nago, de maintenir la communication de Mori par des patrouilles, et de couvrir, en cas de besoin, la retraite du capitaine Carrara. Dans la nuit, je fus averti que l'ennemi se disposait à attaquer le poste de Nago; je me tins prêt à le soutenir, aussitôt que j'aurais eu avis que l'attaque était effectuée. Le 24 au matin, n'ayant eu aucune nouvelle, je me disposais à porter deux compagnies à Loppio, lorsque le bruit de la fusillade m'apprit que le poste de Nago était en pleine retraite et assez près de moi. Ce poste, comme je le vis un instant après, était attaqué par environ 2,000 insurgés, soutenus par un bataillon de chasseurs tyroliens.

« Je me débarrassai à l'instant des équipages qui avaient encombré la place de Mori, et je les fis filer lestement par la droite de l'Adige sur Avio et Rivoli.

« Je jetai le chef de bataillon Maffei en avant avec trois de mes cinq compagnies légères, une pièce de canon et 30 chasseurs, et je chargeai l'adjudant-commandant Pajni, qui se trouvait alors à Mori, de faire avancer de suite un bataillon du 4ᵉ de ligne. Le chef de bataillon Maffei fut obligé lui-même de se replier, et je vis les insurgés se porter à la Madonna del Monte, que son mouvement laissait à découvert; ils en descendirent de suite pour se porter dans les jardins à ma droite, en prolongeant vers le pont de Molicco.

« Avec le peu de troupes que j'avais, il m'était impossible de couvrir le front du village, et je craignais que la communication avec Ravazzone ne me fût coupée. Ne voyant pas arriver le bataillon du 4ᵉ (j'appris après que l'adjudant-commandant Pajni avait repassé l'Adige, occupé de tout autre chose que de ma commission), et ne voulant pas compromettre l'artillerie et la cavalerie qui ne pouvait plus me servir, j'ordonnai au chef d'escadron Bucchia de me laisser trente hommes et de se porter avec la pièce de canon à côté du 4ᵉ régiment, d'y attendre mes ordres, et surtout de m'envoyer un bataillon. Bucchia repassa également l'Adige et annonça aux généraux Baraguey-d'Hilliers et Fontanelli que j'étais entièrement enveloppé.

« Cependant de mon côté je me décidai à évacuer la partie antérieure de Mori et à me retirer dans les faubourgs vers Ravazzone, où je pouvais tenir avec un peu de forces. J'ordonnai au capitaine Carrara de se porter à Molino, avec les trente chasseurs que j'avais, et au chef de bataillon Maffei de prendre poste avec ses trois compagnies au pont entre Molino et Mori. Les deux compagnies qui me restaient avaient déjà été repoussées jusque sur la place. Lorsque je crus le mouvement de M. Maffei achevé, je commençai ma retraite sous un feu si violent, qu'il ne fallut pas moins que tous mes efforts réunis à ceux du capitaine Agazini du 4ᵉ et Desimoni du 1ᵉʳ et de l'adjudant Majorviani des chasseurs, qui était resté avec moi pour rallier les troupes débandées et leur faire prendre position près de la Municipalité, où je voulais attendre des renforts. J'y réussi enfin, et l'ennemi, continuant son mouvement sur ma droite, s'arrêta sur la place; la fusillade s'engagea alors en tête et sur les deux flancs. Sûr de ne pouvoir être forcé, j'envoyai encore une ordonnance au major Peri commandant le 4°, pour hâter l'arrivée de son 3° bataillon.

« Peu après le général Julhien, que M. le général Baraguey-d'Hilliers, inquiété par les rapports de MM. Pajni et Bucchia, envoyait pour me soutenir, arriva avec une compagnie de voltigeurs et suivi de près par les deux bataillons du 4° et par le chef de bataillon Maffei, à qui j'avais donné ordre de me rejoindre avec ses trois compagnies, aussitôt qu'il verrait le mouvement du 4°. Le général Julhien, en venant reconnaître un jardin où j'établissais la compagnie de voltigeurs qu'il m'amenait, fut blessé et se retira. La tête de la colonne du 4° régiment me joignant en cet instant avec 30 chasseurs, je fis attaquer à la fois la place, les jardins et la Madonna del Monte. L'ennemi fut culbuté partout, laissa plus de cent morts sur le champ de bataille, et fut chassé à environ trois milles; on ne lui fit que trois prisonniers, chefs d'insurrection, que je fis fusiller sur-le-champ. Le soir je repris tous mes postes, excepté Nago, trop éloigné pour le moment. Ma perte de la journée ne passa pas 10 morts et 20 blessés.

« Le 25 au matin, le général commandant l'aile gauche, voulant achever le mouvement de retraite sur Vérone, se décida à faire descendre à Rivoli le pont de Ravazzone, que j'avais fait ponter par bateaux pour faciliter le reploiement. Je reçus ordre de rester à la rive droite avec deux bataillons du 4° de ligne italien, trois compagnies du 1er léger, 16 chasseurs, une pièce de canon, faisant en tout 1,100 hommes; de replier ou détruire tous les ponts et bacs sur ma route ; de me battre partout où je pourrais (c'est-à-dire partout où l'ennemi se présenterait); de couvrir la position de Rivoli et enfin de me retirer à Peschiera si j'y étais forcé.

« Lorsque je vis le pont de Ravazzone replié et la division de la rive gauche en mouvement, je commençai le mien. Je ne pouvais pas prendre la route de Brentonico sans découvrir le flanc de la colonne de l'aile gauche. Ce motif me décida à suivre le bord de l'Adige par le pied du mont Crona ; mais, comme ce chemin offre, outre la difficulté de la montée, un défilé où le parti ennemi qui était à Brentonico pouvait m'arrêter court, j'y envoyai rapidement le chef de bataillon Maffei avec cinq compagnies légères, et je me mis en marche avec le reste de la colonne, obligé à chaque instant de frayer le chemin à l'artillerie. L'ennemi, prévenu au mont Crona, ne se fit voir que de loin, et j'arrivai sans obstacles à Chizzola, où je pris position pour laisser à l'aile gauche le temps de me devancer. Le soir, je pris position au château qui domine le village, et ce dernier fut de suite occupé par l'ennemi. Je le fis attaquer vigoureusement, pour lui faire perdre l'envie de me serrer de trop près, et il fut chassé encore jusqu'à un mille et demi, au pied du mont Crona. Vers minuit, je me remis en marche et j'arrivai à la pointe du jour à Pilcanto, en face d'Ala, où je pris position, ma droite à l'Adige et ma gauche appuyée à la montagne très-escarpée. J'étais alors à la hauteur des divisions de l'aile gauche.

« Quelques heures après, une avant-garde d'insurgés vint attaquer mes postes avancés; ils furent bientôt repoussés. Mais cette attaque, jointe aux rapports que j'avais reçus pendant la nuit, me fit prévoir que j'aurais bientôt devant moi les troupes que je savais être arrivées à Mori, le soir précédent; je rapprochai donc mes avant-postes et me concentrai. En effet, vers les deux heures après-midi, une ligne d'avant-postes de troupes réglées fut établie en face de moi, et un nombre d'insurgés parut sur la montagne à ma gauche. Je fis alors mes dispositions d'attaque. Je plaçai en avant-garde deux compagnies de voltigeurs du 4ᵉ et une du 1ᵉʳ léger avec mes chasseurs à cheval, sous les ordres du chef de bataillon Maffei, et je les fis soutenir par une de grenadiers et une de fusiliers du 4ᵉ. Quatre compagnies du même régiment étaient en deuxième ligne avec le major Peri. Les deux compagnies de carabiniers du 1ᵉʳ léger furent placées à la gauche du village et à mi-côte, avec ordre de se tenir couvertes et de n'attaquer que lorsque j'en donnerais le signal. Deux compagnies de fusiliers et une de grenadiers du 4ᵉ étaient en réserve à la tête du village, et une compagnie de fusiliers couvrait mes derrières. Le terrain, assez resserré en avant de Pilcanto, m'avait permis de me placer sur plusieurs lignes, sans cesser d'avoir mes flancs appuyés, le droit à l'Adige, et le gauche à la montagne. Pendant ce temps, l'ennemi déploya ses forces, consistant en un bataillon de Hohenlohe-Bartenstein, un de chasseurs, 2 pièces de canon, un escadron de chevau-légers de Hohenzollen et environ 2,000 insurgés. Il engagea de suite la canonnade, à laquelle je répondis en faisant avancer la pièce que j'avais, et la faisant soutenir par deux compagnies de la réserve, dont je renforçai l'avant-garde, qui avait été si vivement attaquée qu'elle fut obligée de prendre position un peu en arrière. L'effet de l'artillerie, très-bien servie par un détachement de la 6° compagnie italienne, fut d'obliger l'infanterie ennemie à reculer à son tour. Le combat se soutint avec un avantage à peu près égal sur le front et à ma droite, où mes 16 chasseurs, commandés par le lieutenant Scotti, suffirent pour contenir les chevau-légers ennemis. Mais à ma gauche, que j'avais refusée à dessein, les insurgés, longeant la montagne à mi-côte, vinrent s'établir au-dessus des premières maisons du village. Alors je résolus d'isoler les insurgés et de les couper, en profitant de l'avantage du terrain qui les obligeait, en se retirant, à passer par le chemin par lequel ils étaient venus, vu que la montagne était trop escarpée pour la monter directement. Je donnai donc le signal aux deux compagnies de carabiniers du 1er léger de se lever de leur embuscade et d'attaquer les insurgés ; en même temps, j'ordonnai aux capitaines Sirin et Carrara, qui étaient en seconde ligne, de se porter rapidement à la gauche de la première, d'attaquer, la baïonnette au bout du fusil, le bataillon de Hohenlohe, qui appuyait à la montagne, de le culbuter et de prendre position une demi-portée de canon en arrière. Ce mouvement fut très-bien exécuté, le bataillon plia et s'enfuit. Pendant ce temps, le reste de la première ligne chargea les chasseurs et la cavalerie, et les mit également en fuite. Les insurgés, coupés de la ligne, attaqués de front par les carabiniers, et en flanc par la compagnie de voltigeurs du capitaine Agazzini, furent mis en déroute et laissèrent plus de 200 morts. Leur épouvante fut telle, qu'ils n'opposèrent presque pas de résistance, et nos soldats, plus lestes qu'eux, les atteignirent avec facilité.

« Je fis cesser la poursuite à environ deux milles et revins prendre mes positions à Pilcanto. La perte des troupes de ligne ennemies fut d'environ 160 morts et 200 blessés ; on ne leur fit que 4 prisonniers. Nous n'avons eu que 2 morts et 18 blessés, parmi lesquels le capitaine Noè, du 4$^e$, qui le fut mortellement.

« Le 27 au matin je me retirai, par Avio, sur Bellune, où je pris position en attendant l'ennemi. Rien ne se fit voir de mon côté ; mais, à la gauche de l'Adige, il se présenta une colonne dont le projet était de suivre les divisions de l'aile gauche qui avaient pris position à Dolce. Quelques coups de canon à mitraille la firent rétrograder. Le même soir je vins prendre position à Parazolo.

« Le 28 au matin je vins prendre position à Incanale, couvrant le pont qu'on construisait au pied de la montagne de Rivoli. Le soir je fus rappelé à Vérone pour être chef d'état-major de la nouvelle division qu'on formait pour le général Fontanelli. »

Cependant, le corps du Tyrol allait subir de grandes modifications. Le général Vial était remplacé par le général Rusca, le vice-roi venait de donner à son armée, prête à reprendre l'offensive, une nouvelle organisation, arrêtée déjà en principe depuis le 22. Le 112ᵉ de ligne, les 2ᵉ et 3ᵉ de ligne italiens, avaient ordre de quitter leurs positions pour se rendre à la nouvelle division Fontanelli, qui se réunissait sous Vérone. Les chasseurs du prince royal avaient également l'ordre de gagner Brescia, le 7ᵉ de dragons celui de rejoindre une division de dragons.

A la fin du mois d'avril, au moment de la reprise de l'offensive par le prince Eugène, il restait donc vis-à-vis les débouchés du Tyrol, en position devant Chasteler, la division Rusca (général de brigade Bertoletti), composée de 10 bataillons des 4ᵉ italien, 1ᵉʳ et 2ᵉ léger, royal d'Istrie, de marche (français), 2 escadrons de chasseurs à cheval (français), et de 10 bouches à feu. Total : 5,000 fantassins, 250 chevaux.

Mais, à cette époque, les choses étaient bien changées, les victoires de la grande armée, les dispositions du vice-roi pour se porter en avant, ne donnaient plus aux opérations en Tyrol qu'une importance très-secondaire. La division Rusca avait, comme mission, plutôt de couvrir le flanc gauche de l'armée d'Italie que de guerroyer contre Chasteler et l'insurrection. En conséquence, cette division reçut, le 2 mai, l'ordre de se porter en avant pour gagner la vallée de la Brenta.

Le prince Eugène résolut d'employer les forces du général Rusca à tenir éloignés de la gauche de l'armée d'Italie les troupes, peu à craindre, de Chasteler et les paysans insurgés. Il était, en outre, dans ses intentions, dès qu'il aurait opéré lui-même sa jonction avec la grande armée, de placer la division Rusca vers Spital, face aux débouchés du Tyrol sur la Carinthie, pour empêcher Chasteler de rejoindre l'archiduc Jean.

C'est en effet ce qui eut lieu :

La division Rusca attaquant, le 2 mai, les Autrichiens et les insurgés à Ala, les repoussa, et réoccupa Trente deux jours après. On n'a pas oublié qu'à la reprise de l'offensive par le vice-roi le général Chasteler avait rappelé à lui la majeure partie de ses troupes régulières et s'était porté sur le Brenner, et que, le 17 mai, il reçut l'ordre d'abandonner entièrement le Tyrol pour rallier l'archiduc Jean. Le général Rusca n'avait donc plus en tête qu'un petit noyau de troupes réglées et des paysans insurgés, ce qui ne pouvait tenir contre ses bataillons. Cependant, le 4 juin, il eut un combat assez vif en avant de Trente. Il prit la route de Bassano, le long de la vallée de la Brenta, gagna, le 5, Borgo di Valsugana, où il entra sans coup férir, et, le 6, Primolano. Le 8, il abandonna la vallée de la Brenta pour entrer dans celle de la Piave, l'armée d'Italie étant prête à opérer de vive force le passage de cette rivière.

Le général Rusca, couvrant Bellune et la Piave, apprit, le 7 mai, qu'un petit corps de 800 hommes de troupes de ligne autrichiennes et 1,500 paysans, sous le commandement d'un major, étaient descendus par le Val de Cadore jusqu'à Capo di Ponte, à quelques pas au nord de Bellune. Il détacha aussitôt contre ce parti ennemi le bataillon royal d'Istrie aux ordres du commandant Salvatori, et le fit soutenir par d'autres troupes. Les Autrichiens et les insurgés culbutés se rejetèrent sur Longaro. Le général lança de nouveau contre eux, le 9 mai, le même bataillon d'Istrie qui les battit de nouveau, leur enleva leur position du pont de Perasolo, où ils s'étaient retranchés en avant de Cadore, et les força enfin, le 10, à battre en retraite.

Passant d'une vallée dans une autre pour suivre toujours les mouvements de l'armée d'Italie, par la gauche, le général Rusca se porta, le 11 mai, sur Ampezzo, vers le Brenner. Là, il reçut des instructions qui lui enjoignaient de se rabattre vers le sud, de passer le Tagliamento avec sa division à Valvasone et de se porter par Udine, Cividale, Plezzo et Tarvis, jusque sur Spital, débouché du Tyrol sur la Carinthie.

La division Rusca, toujours couvrant la gauche et le centre du prince vice-roi, arriva le 23 mai à Spital, jetant le bataillon d'Istrie sur Sachsenburg pour observer cette forteresse et lui servir d'avant-garde.

Le marquis de Chasteler, cependant, après avoir hésité longtemps à exécuter l'ordre de rejoindre l'archiduc Jean, abandonnait un peu tard le Tyrol, suivant la vallée de la Drave.

C'est alors que l'Empereur, qui ne connaissait pas encore bien la composition des troupes aux mains de Chasteler, se figurant que ce dernier n'avait avec lui que des insurgés et des landwhers, écrivit au prince Eugène pour lui dire que Rusca devait culbuter ces mauvaises troupes.

Le 30, sur l'avis de la retraite de Chasteler, Rusca

concentra sa division à Spital, le lendemain à Villach, le 3 juin à Klagenfurth. Il craignait de n'avoir pas assez de force pour tenir tête à l'ennemi, beaucoup supérieur à lui, et il espérait barrer le passage à Klagenfurth ou peut-être recevoir à temps les renforts qu'il avait demandés, au corps de Dalmatie, à Marmont.

Le 5, Chasteler, plus désireux de percer pour rallier l'archiduc Jean, avant l'arrivée de Marmont, que de battre Rusca, fit une démonstration sur Klagenfurth pour essayer de gagner la Drave, et de se mettre à couvert derrière cette ligne. Il y parvint en effet, mais après avoir été culbuté, après avoir perdu 600 hommes et avoir vu son corps diminué de toute une brigade d'arrière-garde, qui, coupée de lui, fut obligée de se replier précipitamment sur le Tyrol.

Ainsi, tandis que Marmont marchait vers le nord pour gagner la Drave, que le prince Eugène descendait sur Œdenburg pour chercher et suivre l'archiduc Jean en Hongrie, que Giulay essayait de remonter jusqu'à Gratz, Chasteler, laissant forcément la brigade Smidt dans le Tyrol, où elle avait été repoussée après le combat du 5 juin, essayait de rejoindre son général en chef, sans pouvoir y parvenir, errant tantôt sur les bords de la Drave, tantôt vers ceux de la Raab, et ne pouvant percer nulle part les postes du vice-roi.

A partir de ce moment, la guerre dans le Tyrol cessa pour ainsi dire jusqu'à la fin de juillet, du moins les opérations régulières. Il n'y eut plus que des engagements avec des paysans insurgés. A cette même époque (fin de juillet) le fort de Sachsenburg fut remis à nos troupes en vertu de la convention de Znaïm. Du côté de l'Italie, les frontières furent couvertes par quelques cordons de troupes. Les insurgés essayèrent quelques excursions insignifiantes. Vers la Carinthie, et du côté de la Bavière, bien que soutenus par la brigade Smidt, ils furent tenus en échec par la division Rusca, en sorte que leurs expéditions se bornèrent à quelques misérables escarmouches.

Le mois d'août se passa également sans fait bien saillant en Tyrol, si ce n'est une pointe de la division Rusca sur Lienz pour opérer le désarmement des vallées de la Drave. La convention de Znaïm ne donnait pas encore la paix, mais le traité de Schœnbrunn n'allait pas tarder à laisser les Tyroliens à la merci de la France et de la Bavière. Quoi qu'il en soit, et malgré tout le soin qu'on avait eu de publier partout les articles de la convention, les espérances d'une paix prochaine, les insurgés restaient en armes. Les communications avec le royaume d'Italie, interrompues quelque temps, avaient pu être dégagées; cependant les choses étaient encore bien loin d'être terminées.

Le 29 juillet, le général Rusca, toujours en position à Klagenfurth, ayant reçu le renfort de deux bataillons dalmates aux ordres du colonel Moroni, prescrivit à cet officier supérieur de se porter, avec ses troupes et un bataillon du 1$^{er}$ de ligne italien, le 30, sur Spital, pour de là passer la Drave et recevoir le fort de Sachsenburg qui devait être remis aux Français. Lui-même vint à Sachsenburg et y laissa le bataillon du 2ᵉ léger italien. Il voulut alors tenter une petite expédition sur Lienz. On lui avait fait espérer que sa présence dans la haute Drave déciderait les insurgés à déposer leurs armes et à se soumettre. Le 2 août, il vint prendre position à Ober Drainburg, à quelques lieues de Lienz. Le 3, effectivement, il reçut une députation de la ville qui lui déclara que les insurgés étaient prêts à se soumettre et que tout était tranquille. Le général crut pouvoir s'avancer vers la place; mais bientôt, remarquant sur la route et sur les hauteurs voisines un assez grand nombre de paysans armés, il comprit qu'il ne devait pas ajouter entièrement foi aux paroles de la députation. Il se tint donc sur ses gardes. Bien lui en prit, car, à quelque distance de Lienz, son avant-garde fut attaquée. Mais le combat ne fut pas bien long. Tandis que deux pièces de canon lançaient quelques projectiles sur les masses d'insurgés, que les compagnies d'élite du régiment dalmate couvraient les flancs de la troupe légère, le général s'avança avec le reste de la division déployée, repoussa les rebelles et pénétra dans la place. Il établit les Dalmates sur la route d'Inniching, en avant de Lienz, et resta sans être inquiété jusqu'au 8. Ce jour-là, les insurgés se portèrent avec des forces considérables sur le village de Leisach. Ils attaquèrent les avant-postes des Dalmates. Le colonel Moroni, prenant la direction de son régiment, auquel s'étaient jointes quatre compagnies du 1ᵉʳ de ligne italien, repoussa les paysans et les chassa jusqu'à Asling.

Toutefois, le général Rusca, craignant sans doute de se trouver entouré dans Lienz, et ne voyant pas possibilité d'arriver encore à une pacification dans les vallées de la haute Drave, crut inutile de rester plus longtemps dans cette position. Il abandonna donc la ville le 11 août et se replia sur Klagenfurt, occupant, par des détachements ou par des garnisons, les points intermédiaires et les débouchés du Tyrol.

Lorsque le gain de la bataille de Wagram et l'armistice de Znaïm permirent à Napoléon et au prince Eugène de donner plus d'attention aux affaires du Tyrol, l'Empereur prescrivit le rassemblement à Vérone d'un corps de troupes, destiné à mettre le royaume d'Italie à l'abri des courses des Tyroliens, et bientôt après à attaquer et à soumettre les insurgés de ces montagnes.

Ce corps de troupes resta en position entre Vérone et Dolce, jusqu'au 15 de septembre. A cette époque, le général de brigade Peyri vint en prendre le commandement en vertu des ordres du général Caffarelli, ministre de la guerre du royaume. Cette petite division était alors composée : d'un bataillon du 14$^e$ d'infanterie légère (français); d'un bataillon de la 15$^e$ demi-brigade provisoire (français), occupant Rivoli, la Corona et Brentino, entre l'Adige et le lac de Garda; d'un bataillon du 81$^e$ de ligne (français); d'un bataillon du 3$^e$ de ligne (italien); de 2 bataillons du 4$^e$ de ligne (italien); d'un détachement du 7$^e$ de ligne (italien); d'un détachement du bataillon des chasseurs du prince royal; de 9 bouches à feu, formant un ensemble de 4,000 hommes.

Le 23 septembre, le général Peyri reçut du général Caffarelli l'ordre de marcher sur Trente. Il fit aussitôt ses dispositions d'attaque. Les deux positions militaires importantes entre celles occupées par le général Peyri et Trente étaient : Ala, qui couvre la position de Saravalle et Roveredo, qui couvre celle de Caliano. Trente est aussi protégé par la Fersina, qui offre une bonne position militaire, et par Buco di Vela, qui assure la communication avec Vezzano. Se basant sur ces considérations topographiques, le général Peyri se décida à s'avancer sur Trente en trois colonnes. Une, par la rive droite de l'Adige, devait forcer successivement les positions de Pilcanto, Brentonico et Buco di Vela; la seconde devait attaquer de front par la grande route; et la troisième à la droite, ayant tourné par les montagnes les positions d'Ala et de Roveredo, devait, en avant de Volano (un peu au-dessous de Caliano), opérer sa jonction avec celle du centre, et attaquer de concert avec elle le pont de Fersina.

Le 25, le colonel Levié, avec la colonne de droite composée des 2 bataillons du 3º de ligne italien, se dirigea par le sommet du contre-fort qui renferme le haut du Val Pantena, et gagna Podestaria, situé au fond de cette vallée. Il y arriva très-tard, et s'y établit. Dans la nuit du 25 au 26, la colonne de gauche, commandée par le colonel Gavolti, de la 15ᵉ demi-brigade provisoire, et composée de ce corps et du bataillon du 14ᵉ léger, partit de Rivoli, la Corona et

Brentino en deux parties : la première se dirigeant le long de l'Adige, par Belluno et Avio; la seconde, passant par la Ferrara et Campion, toutes deux ayant leur point de jonction à Pilcanto. La mission de la colonne de gauche était de tourner Avio et de couper la communication de ce poste avec Brentonico. Dans cette même nuit du 26, la colonne du centre, commandée par le chef de bataillon Parceval du 31$^e$, et composée, outre le bataillon de ce régiment, de celui du 7$^e$ italien, du détachement du 4$^e$, de la cavalerie et de l'artillerie, marcha sur Ala. Le colonel Gavolti, ayant fait prévenir le général Peyri que l'ennemi s'était retranché à Avio, en reçut l'ordre d'attaquer vigoureusement, de rejeter et de passer par les armes tout ce qui ferait résistance. Toutefois le général Peyri, dans le but de protéger cette opération, se porta rapidement de ce côté. Guidé par le feu des insurgés, il fit placer en silence, et sans être découvert par l'ennemi, un obusier et une pièce de 3 en batterie sur les bords de l'Adige, prenant en flanc leur ligne de bataille et leurs retranchements. Un peu avant le jour, le colonel Gavolti commença son attaque, qui fut aussitôt soutenue par le feu des deux pièces du général Peyri. L'effet de cette artillerie, la surprise que causa aux insurgés une attaque à laquelle ils étaient loin de s'attendre, ne tardèrent pas à déterminer une fuite précipitée. Ils se sauvèrent en désordre du côté de Pilcanto, abandonnant morts, blessés, armes et bagages. La colonne de gauche et celle du centre continuèrent leur mouvement. Cette dernière trouva, entre Vo et Struzina, une coupure qui barrait la route et qui était défendue par un mur en pierres sèches. Cet obstacle ne retarda pas sa marche. Le colonel Lévié, cependant, s'était dirigé de Podestaria par le vallon qui descend de Campo-Brun pour tourner Ala. Arrivé dans cette ville, il y prit position à quatre heures du soir, au moment où le colonel Gavolti, de son côté, arrivait à Pilcante. Ce double mouvement permit à la colonne du centre d'arriver sans obstacle à Ala, où la division se trouva toute rassemblée. Le général Peyri fit désarmer aussitôt la ville, et réunir les barques à la rive gauche.

Le lendemain, 27 septembre, ayant laissé 146 hommes du 7ᵉ de ligne en garnison à Ala, le général Peyri se remit en marche avec sa petite division. La colonne de gauche reçut l'ordre de se fractionner de nouveau en deux parties. L'une devait suivre les bords de l'Adige, et l'autre gagner Brentonico par les montagnes. Le point indiqué pour la réunion était Mori, d'où les deux bataillons devaient se porter à Isera, en face de Roveredo. La colonne de droite devait passer par le val Cipriano et le mont Zuna, afin de tourner Roveredo. La colonne du centre continua son mouvement sur la grande route. En avant de Brentonico, le colonel Gavolti rencontra quelques postes des insurgés, qui se replièrent sur Brentonico, où l'ennemi s'était retranché. Le village fut attaqué et emporté à la baïonnette. Les insurgés y firent une assez grande perte, et leur chef resta parmi les morts. Le bataillon de droite de cette colonne, protégé dans sa marche jusqu'en face de Seravalle par la colonne du centre, n'éprouva aucune résistance. Les deux bataillons se réunirent à Mori et continuèrent leur marche sur Isera, où ils prirent position à une heure après midi, en jetant un poste de 400 hommes à Villa sur leur front. La colonne de droite ne rencontra sur sa route d'autre obstacle que la difficulté d'un terrain détrempé par les pluies. Elle arriva à la même heure à Roveredo. Par ce double mouvement de droite et de gauche, la position de Seravalle se trouvant tournée, les insurgés abandonnèrent le retranchement qu'ils y avaient construit. La colonne du centre n'éprouva, en conséquence, d'autre retard que celui d'une heure, qu'il fallut employer à rétablir la route coupée par l'ennemi en avant du retranchement. La division étant réunie à Roveredo, le général Peyri s'occupa aussitôt du désarmement de la ville, et fit descendre à Sacco, sur la rive gauche, toutes les barques trouvées depuis Ala.

Le 28, le général, ayant laissé une garnison de 252 hommes à Roveredo, se remit en marche pour Trente. La colonne de gauche se fractionna une fois encore. Un bataillon devait, par les montagnes, se porter à Buco di Vela et Vezzano, et s'emparer, par un coup de main, de ces deux postes. L'autre devait remonter l'Adige et se porter sur la tête du pont de Trente. La colonne de droite se mit en marche par la grande route, suivie et appuyée par la colonne du centre. Les insurgés, concentrés en avant de Trente, ne pensèrent pas à se maintenir dans la position de Castel di Pietra, près Caliano, que les Autrichiens avaient défendu avec tant d'opiniâtreté en 1796. Ils ne tentèrent pas davantage de tenir à Matarello. Les deux colonnes arrivèrent donc sans obstacle jusque près de la Fersina, où les grenadiers du 3ᵉ de ligne italien, qui formaient l'avant-garde, trouvèrent les insurgés opposant une résistance vigoureuse. Le général Peyri, s'y étant porté en personne, fit charger la 1ʳᵉ colonne avec tant de vigueur, qu'on entra pêle-mêle avec les insurgés, dans la ville de Trente, dont les rues furent un instant jonchées de leurs morts. Cependant la colonne, chargée d'occuper le pont de Trente, occupait déjà ce débouché, en sorte que cette retraite fut coupée aux insurgés. Près de 200 des leurs se noyèrent en voulant traverser l'Adige. La cavalerie sabra les fuyards jusqu'au delà de la ville. On évalua leur perte à 800 morts et à 160 prisonniers. Pendant que ceci avait lieu à droite et au centre, le bataillon chargé de s'emparer de Buco di Vela, à gauche, avait exécuté son opération, et s'était ensuite porté sur Vezzano, où les insurgés se défendirent jusque dans les maisons. Le village fut emporté, et il ne fut pas fait de quartier. Presque tous les défenseurs de ce village étaient des soldats autrichiens des régiments de Hohenlohe et de Lusignan.

Le général Peyri, voulant profiter de la terreur qu'il avait inspirée aux rebelles, envoya le 84ᵉ régiment sur la droite, à Pergine, pour les en chasser et y prendre position. Le colonel Lévié, avec son régiment, un obusier et une pièce de 3, fut dirigé sur Gardolo. Il y attaqua les insurgés, et les chassa jusqu'à Lavis. Le général ne s'arrêta pas là, il fit emporter les premières maisons de Lavis, et voulut tenter de passer le torrent; mais, le pont étant rompu et les eaux, grossies par des pluies, trop fortes pour être franchies à gué, sa tentative échoua. Toutefois elle lui donna la possibilité de reconnaître et d'évaluer les forces de l'ennemi. Les insurgés, sur ce point, étaient réunis au nombre de plus de 5,000. Le général, d'après cela, crut prudent de suspendre l'attaque de Lavis jusqu'à l'arrivée de quelques renforts qu'il attendait. Il se replia sur Trente, occupant cependant Buco di Vela, Santa-Croce, Gardolo, les hauteurs, et s'étendant à droite jusqu'à Pergine.

Le général, ayant confié le commandement de la place de Trente au chef d'escadron Bignanic, profita du moment de repos qu'il était obligé d'accorder à ses troupes pour s'occuper de la réorganisation politique de la province. Le 30 septembre, il reçut un renfort de deux bataillons du 5ᵉ de ligne français, et d'un détachement de la garde nationale de la Brenta, venant de Bassano; c'était environ 700 hommes. Cette colonne avait été inquiétée dans sa marche par les insurgés, en avant de Primolano, et aux environs de Borgo di Val Sugana et de Scurelle; mais, sans qu'on ait pu retarder sa marche. Le général plaça le 5ᵉ régiment à Cagnola et réunit la garde nationale au 84ᵉ.

Le 2 octobre, il crut devoir profiter de ce renfort pour exécuter son projet de chasser l'ennemi de Lavis. En conséquence, ses dispositions furent immédiatement faites. Laissant une partie du 14ᵉ léger

à Buco di Vela, il réunit le reste de ce régiment à
la 15ᵉ demi-brigade provisoire, aux deux bataillons
du 5ᵉ de ligne, et aux deux du 3ᵉ italien, pour attaquer de front la position de Lavis. Cette attaque
devait se faire sous la protection de l'artillerie et la
cavalerie. Le 81ᵉ avait ordre de tenter le passage du
Lavis au-dessous de Segonzano, et se porter sur Cembra, pour attaquer en flanc les rebelles en position
à Lavis et leur couper la retraite sur San-Michele et
Salurn. La position militaire de Lavis est le sommet
d'un triangle rectangle dont les deux grands côtés
sont formés par l'Adige et le Lavis et dont la petite
base est comprise entre Graun et Salurn. Toutes les
fois donc que l'ennemi qui la défend sera attaqué en
force par Segonzano, il sera obligé d'abandonner le
village de Lavis et même San Michele pour se replier
sur Salurn et Neumarkt. On peut considérer Cembra
et Graun comme les clefs de la position. Les insurgés, dans cette occasion, comprirent parfaitement
l'importance des deux points de Graun et de Cembra,
ainsi qu'on va le voir par le récit de l'affaire qui eut
lieu le 2 octobre.

Afin de donner le temps au 81ᵉ de se rendre à
Segonzano par le chemin difficile traversant les montagnes qui dominent Caravaggio d'un côté et Rizo-
laga de l'autre, le général Peyri résolut de n'attaquer
que l'après-midi. A trois heures, les deux bataillons
du 3ᵉ italien, soutenus par cinq bouches à feu, abor-
dèrent avec la plus grande vigueur le pont de Lavis,
afin d'attirer l'attention de l'ennemi sur eux et de
détourner ses forces principales des autres attaques,

surtout de celle sur Cembra. Les insurgés, qui avaient palissadé les bords du torrent des deux côtés du pont, se défendirent avec obstination, faisant un feu très-vif; mais, pendant ce temps, le 5ᵉ régiment de ligne français, la 15ᵉ demi-brigade provisoire et une partie du 14ᵉ léger avec deux pièces de canon, ainsi que la cavalerie, passaient le torrent à gué, au-dessous de Lavis, sous les ordres du major Bougault du 5ᵉ de ligne (le colonel Gavolti faisait les fonctions de chef d'état-major). Cette colonne ayant commencé à tourner le village et à attaquer à dos les insurgés, ces derniers prirent la fuite dans le plus grand désordre. C'était en grande partie des Allemands. Ils furent poursuivis par la cavalerie jusqu'au delà de San Michele; ils eurent 400 morts et 50 prisonniers. Quelques grenadiers du 5ᵉ régiment s'emparèrent d'une pièce de 4 en bronze, et tuèrent 20 hommes qui la défendaient.

Pendant que ceci se passait à gauche, le chef de bataillon Perceval, avec le 81ᵉ régiment et la garde nationale de la Brenta, arrivé à Segonzano, s'était porté au pont, qu'il trouva coupé. Des soldats de ce régiment, conduits par le capitaine de grenadiers Millier, se jetèrent résolûment à l'eau pour forcer le passage; mais l'ennemi, qui connaissait toute l'importance de sa position, tint bon et en force sur ce point. Le torrent d'ailleurs était profond et rapide; le chef de bataillon Perceval fut obligé de se replier après avoir éprouvé quelques pertes. La faiblesse de la division que commandait le général Peyri ne lui avait pas permis sans doute d'employer plus de troupes à cette diversion, car il est évident que les deux bataillons du commandant Perceval étaient trop faibles pour pouvoir espérer de forcer le passage du Lavis. Il n'était guère probable, en outre, que les insurgés se laisseraient surprendre, étant très-exactement avertis de tous les mouvements de leurs adversaires. La nuit approchant, le chef de bataillon Perceval prit position à Sevignano, d'où l'ennemi se retira. Le lendemain il reçut ordre de se réunir à Lavis au 3º italien.

Les journées du 3 et du 4 furent employées, à Trente, à Roveredo et à Ala, à rechercher et à arrêter un certain nombre de fauteurs de la rébellion, qui furent traduits à un conseil de guerre à Mantoue. Dans la nuit du 4 au 5, plusieurs compagnies allemandes descendirent de Bolzano et de Salurn, vinrent renforcer les insurgés, qui, le 5, à la pointe du jour, firent une attaque générale sur tous les postes, depuis Lavis jusqu'à Buco di Vela. Malgré leur grande supériorité numérique, ils furent partout repoussés avec perte. Des espions, envoyés à Bolzano, avertirent le général Peyri que le tocsin sonnait et que toutes les communes prenaient les armes, en jurant de se venger des journées du 28 septembre et du 2 octobre. En effet, les insurgés, qui dans la nuit du 5 au 6 reçurent encore des renforts nouveaux, renouvelèrent leur attaque générale au nombre d'environ 20,000 et avec la dernière fureur, le 6 au matin.

Le général Peyri, hors d'état de défendre avec succès des positions qui exigeaient beaucoup plus de troupes qu'il n'en avait, et qui embrassaient une grande étendue de terrain, se décida à concentrer ses forces à Trente, pour garantir cette ville, mettre en sûreté l'artillerie, et conserver les communications avec Vérone. La retraite s'exécuta en bon ordre, malgré les attaques réitérées et les efforts de l'ennemi. Les troupes firent bonne contenance et la perte fut presque nulle. Pour maintenir la communication de Trente à Vérone le général plaça, le 6, les deux bataillons du 81$^e$ au delà de la Fersina, et les deux du 5$^e$ un peu plus loin, à Matarello. Grâce à cette mesure, la communication ne fut pas interrompue. Le même jour, il reçut du ministre l'avis que le général Vial, nommé par l'Empereur au commandement de la division du Tyrol, allait arriver. Le 7, le 8 et le 9 furent employés à pourvoir les magasins de Trente de vivres et de fourrages pour un mois, à fortifier le château et à établir des batteries pour la défense de la place. Cependant, le chef des insurgés, Eiscustellen, aubergiste de Bude, près Bolzano, fit sommer la ville le 7. Le général Peyri ne répondit à cette sommation qu'en menaçant de faire fusiller le parlementaire s'il revenait. Le même jour, le commandant de Roveredo prévint qu'un corps de chasseurs de Massony, descendu de Levico, occupait les hauteurs du côté de la Folgaria, et qu'un corps de 2,000 insurgés s'était établi à Pilcanto, en face d'Ala. Ce dernier rapport fut confirmé par le major en position à Matarello. Le 9, l'ennemi, qui avait détourné l'eau des moulins de Trente, fit une vive fusillade sur la ville, et, ayant établi une pièce de 2 sur les hauteurs, il tira quelques coups de canon qui ne causèrent aucun dommage. Des bandes vinrent en même temps menacer le poste de Matarello. Les choses en étaient là lorsque, dans la nuit du 9 au 10, deux bataillons du 1er léger napolitain, commandés par le colonel Bay, et formant environ 900 hommes, plus 2 escadrons du 1er régiment de chasseurs à cheval de cette nation, fort d'environ 300 chevaux, entrèrent dans la ville de Trente.

Le général Peyri se crut en état, avec ce renfort, de reprendre ses positions ; en conséquence, le 10, dans l'après-midi, il fit sortir par la porte d'Aquila le chef de bataillon Eschenbrenner avec 800 hommes choisis dans les compagnies d'élite. Cette colonne se subdivisa ; la moitié se porta sur le couvent de cordeliers situé à un mille de la place, s'en empara brusquement et chassa le poste occupant la coupure faite aux canaux des moulins. L'autre moitié s'établit de vive force sur les hauteurs de Gazza qui dominait le couvent. Cette brusque attaque ayant déconcerté les insurgés, le général Peyri résolut de profiter de leur frayeur pour achever l'opération qu'il méditait. Il sortit avec la totalité de ses troupes et attaqua l'ennemi sur toute sa ligne. Malgré l'énergie de cette opération, la résistance dura près de deux heures ; mais, enfin, un bataillon napolitain, sorti de Trente du côté opposé, ayant tourné les rebelles et le général ayant fait battre la charge sur tous les points, ils furent culbutés et mis dans la déroute la plus complète. Le terrain resta couvert de leurs morts et de leurs blessés, et leurs magasins, établis à Martignano, où était leur quartier général, tombèrent entre les mains du général Peyri. Gardolo, Lavis et même Buco di Vela furent abandonnés par eux le 11. Le 12, le général Peyri fit occuper les hauteurs de Cagnola, Martignano, Meano et celles appelées Monte della Vacca.

Le 13 au soir, le général Vial arriva à Trente, et le général Peyri lui remit le commandement, laissant avec le général Vial le général Digonet, pour aller lui-même, ainsi qu'il en avait l'ordre, se mettre à la tête des troupes rassemblées dans le département de la Piave. Il partit donc pour Bellune, où il arriva le 25 octobre. Au moment où le général Vial remplaça le général Peyri, la division de Trente était composée de la façon suivante : 2 bataillons du 14ᵉ d'infanterie légère français, 763 hommes (à Buco di Vela); 2 bataillons du 1ᵉʳ napolitain, 1,005 hommes (à Monte della Vacca, Meano, et Trente); 2 bataillons du 5ᵉ de ligne français, 687 hommes (à Pergine et Civezzano); 1 bataillon du 81ᵉ français, 699 hommes (à Martignano et Cagnola); 1 bataillon de la 15ᵉ demi-brigade provisoire, 505 hommes (à Trente); 2 bataillons du 5ᵉ de ligne italien, 720 hommes (à Gardolo); 1 bataillon du 7ᵉ italien, 434 hommes (à Roveredo et Ala); 2 escadrons du 1ᵉʳ de chasseurs à cheval napolitain, 289 hommes (à Pergine et Trente).

En outre, à Trente : 41 hommes des chasseurs du prince royal, 78 hommes d'artillerie française et italienne, 77 hommes du train, 20 sapeurs; total, 10 bataillons et 2 escadrons, ou 5,315 combattants; 8 bouches à feu, dont 3 obusiers. Cette division reçut, peu de temps après et successivement, les renforts suivants : 2 bataillons du 101ᵉ de ligne français, 982 hommes ; 1 bataillon du 81ᵉ, 542 hommes ; 1 détachement du 4ᵉ italien, 377 hommes ; un détachement du 1ᵉʳ français, 288 hommes ; total, 2,189 hommes.

Se voyant à la tête d'une division nombreuse et assez bien organisée, le général Vial essaya, le 20, de reprendre l'offensive. Tandis qu'il lançait le général Digonet du côté de l'Adige, lui-même emportait Lavis. Toutefois, apprenant que l'opération du général Digonet n'avait pas eu le succès qu'il en attendait, le général Vial revint à Trente le 22 octobre, prêt à faire une nouvelle tentative le 24. Il s'était déjà emparé du poste de Segonzano, lorsqu'un ordre du prince Eugène lui fit suspendre ses opérations offensives. Il se maintint donc à Trente et à la Valsugana.

Tandis que les événements que nous venons de rapporter plus haut avaient lieu dans le Tyrol italien, les insurgés essayaient un mouvement dans la vallée de la Drave, pour bloquer le fort de Sachsenburg et s'en rendre maîtres. Le 4 octobre, le chef de bataillon Marin, du 2ᵉ léger italien, qui, comme on l'a vu plus haut, avait été laissé à Sachsenburg avec son bataillon d'environ 500 hommes, reçut l'avis que les Tyroliens, qui jusqu'alors n'avaient pas dépassé Lienz, s'avançaient par le Gail-Thal et le Moll-Thal. Il retira sur-le-champ les postes qu'il avait en observation dans différents villages et prévint le général Rusca, son chef, alors à Klagenfurt. Ce dernier connaissait déjà le mouvement des Tyroliens et leur projet de faire insurger la Carynthie. Il avait donné ordre au général Julhien de se rendre à Villach, où se trouvait un bataillon de 500 hommes du 1ᵉʳ léger italien, de marcher sur Sachsenburg, le faisant soutenir à Villach par le bataillon d'Istrie. Le 5, les insurgés tentèrent d'enlever un poste de la garnison de Sachsenburg sur la route de Lienz ; mais ils ne purent y réussir. Le 6, le général Julhien ayant prévenu le chef de bataillon Marin de son arrivée prochaine, lui prescrivit de pousser une reconnaissance sur Greifenburg. Cette reconnaissance rencontra l'ennemi à Steinfeld où il y eut un engagement insignifiant. Le soir, le général Julhien arriva à Sachsenburg avec le bataillon du 1ᵉʳ léger, qu'il dirigea, le 8, sur Greifenburg. L'ennemi, attaqué et repoussé avec perte sur ce point, était parvenu à jeter sur les derrières du bataillon un parti assez fort pour inquiéter sa retraite, si le général Julhien ne l'eût fait débusquer par un détachement de la garnison de Sachsenburg.

Le 9, le général Julhien revint à Villach avec la moitié du bataillon du 1ᵉʳ léger, laissant l'autre moitié à Sachsenburg, sous les ordres du chef de bataillon Peraldi, afin de pousser des reconnaissances en avant et de tâcher d'éloigner les insurgés de Greifenburg.

Le 10, une reconnaissance faite sur Steinfeld apprit que l'ennemi s'était retiré sur Ober-Drainburg; mais, pendant la nuit, un parti d'insurgés vint occuper le pont de Moll, près de Sachsenburg. Le chef de bataillon Levaldi s'y porta avec ses trois compagnies, par la grande route, pendant que deux compagnies du 2ᵉ léger débusquaient un corps en position sur les hauteurs qui se trouvent entre les deux rivières. Les troupes ayant opéré leur jonction près du pont de Moll, on essaya de rejeter les bandes qui empêchaient de le rétablir ; mais 500 insurgés occupaient un poste trop fortement retranché, pour qu'il fût possible de les en chasser sans s'exposer à une perte considérable. On y renonça. Pendant ce temps-là, un corps considérable de rebelles avait marché par Gemund sur Millstatt et jetait des postes jusqu'à Treffen, au nord de Villach. Ce mouvement obligea le général Julhien, revenu à Villach, à les faire attaquer. Ils furent repoussés avec perte. Le même jour, des bandes se firent voir à Spital et à Saint-Hermagor, au sud de Spital.

Le 12, l'ennemi ayant disparu de Greifenburg, les chefs de bataillon Peraldi et Marin tentèrent encore une fois de rétablir le pont de la Moll ; des partis d'insurgés étaient postés entre les deux rivières, ils furent battus, laissèrent du monde sur le terrain ; toutefois il ne fut pas possible de réparer le pont. Le soir du même jour, 12 octobre, le chef de bataillon Peraldi reçut ordre de partir de Sachsenburg avec ses compagnies pour se réunir au reste de troupe à Villach. La retraite fut exécutée par les hauteurs qui bordent la rive droite de la Drave, les insurgés rencontrés furent battus, ils perdirent même une pièce de canon et le commandant arriva en bon ordre le 13 à Paternion, où il trouva une compagnie que le général Julhien avait envoyée à sa rencontre. Tandis que les trois compagnies du 1ᵉʳ léger quittaient Sachsenburg, un corps d'insurgés s'établissait à Greifenburg. Ils ne tardèrent même pas à quitter ce poste pour occuper à Lind une position plus rapprochée du fort. Le blocus de Sachsenburg se trouva ainsi resserré autant que possible par les rebelles. Ils s'enhardirent au point de tourner le major Barbieri, qui les observait avec un bataillon, et qui dut, à l'approche d'une bande nouvelle, forte de 1,500 hommes, regagner Villach.

A cette époque, le général Julhien, hors d'état, par suite du délabrement de sa santé, de continuer cette guerre, remit le commandement de sa brigade au colonel Moroni. Les insurgés, cependant, de plus en plus audacieux, après avoir sommé le fort de Sachsenburg, voulurent l'enlever d'assaut, cette tentative ne leur réussit pas. Ils furent repoussés, laissant 200 des leurs sur les glacis.

Le 19 octobre, huit compagnies du régiment dalmate, aux ordres du colonel Moroni, fortes d'environ 800 hommes, partirent de Klagenfurt pour débloquer Sachsenburg, tandis que les insurgés essayaient de livrer un nouvel assaut à la tête du pont de la Drave, assaut qui échoua comme le précédent. Le 20, le colonel Moroni arriva à Paternion, où il fit sa jonction avec le bataillon du 1ᵉʳ léger. Le pont étant de nouveau coupé, il fallut employer une partie de la nuit pour consolider le seul qui restât. Le 21, le colonel Moroni se mit en marche pour Spital; les premiers tirailleurs des insurgés furent rencontrés à Molzbuhel, mais leur force principale était en bataille sur les hauteurs qui dominent Spital. Le colonel les fit attaquer et les culbuta presque à la première charge; il continua ensuite sa marche sur Sachsenburg. A Moll-Brück, il trouva encore les insurgés, qui firent une résistance opiniâtre, mais qui furent culbutés à la baïonnette.

La colonne s'établit immédiatement au bord de la Moll, et obligea par son feu les Tyroliens à abandonner une position qu'ils avaient à la rive droite. Ils prirent la fuite en désordre dans toutes les directions; mais il ne fut pas possible, faute de matériaux, de rétablir le pont de la Moll. La garnison de Sachsenburg, qui avait fait rétablir le pont de la Drave, opéra une sortie sur la route de Greifenburg, et ramena une pièce de canon abandonnée par l'ennemi. Le colonel Moroni s'aboucha d'un bord de la rivière à l'autre avec le commandant du fort, et le même jour les insurgés qui le bloquaient, après avoir échoué dans une tentative sur l'ouvrage établi le long de la Drave, laissèrent voir de l'hésitation et du découragement. Le colonel Moroni passa la nuit près du Moll-Brück; mais l'ennemi, maître de Gemund, menaçait ses derrières. Ne pouvant se procurer des vivres et ayant rempli le but de sa mission, qui était de débloquer Sachsenburg et de ravitailler ce fort, si cela était nécessaire, il pensa à se replier sur Spital.

Toutefois, le 22, il crut devoir rester en position à Spital. Les insurgés reprirent alors leurs postes autour de Sachsenburg. Le 23 au matin, ils attaquèrent les avant-postes du colonel Moroni, et après deux heures d'un combat très-vif ils furent repoussés.

Le 24, les insurgés, soutenus par deux pièces de canon, renouvelèrent leur attaque sur les hauteurs de Spital. Le colonel Moroni y envoya de suite le chef de bataillon Peraldi, et se porta lui-même au delà du pont. Cependant, les insurgés opposant une résistance opiniâtre au chef de bataillon Peraldi, le colonel revint à lui avec quelques troupes fraîches; le commandant fit battre la charge, et, unissant ses efforts à ceux des troupes que lui avait amené le colonel, il renversa les insurgés et leur prit un canon.

Le 26, les quatre dernières compagnies du 2e bataillon dalmate se réunirent à Spital au reste du régiment. Les insurgés, revenus devant Sachsenburg, s'établirent à Feistritz. Le 27, un chef des insurgés, qui prenait le titre de baron de Lunsheim et de colonel autrichien, somma le fort. A cette nouvelle, le colonel Moroni se dirigea vers le pont Moll-Brück, où il parut à midi, et, ayant fait établir un passage provisoire, il débarrassa le fort des malades et des blessés, et revint à Spital.

Cependant les choses allaient changer de face; la paix avec l'Autriche, signée depuis le 14 octobre à Vienne, laissait à l'Empereur toute latitude pour soumettre le Tyrol insurgé soit par la force des armes, soit par la persuasion. Le prince Eugène, qui estimait le peuple tyrolien, sa bravoure, ses bonnes qualités, qui plaignait ces populations fanatisées plutôt que coupables, penchait pour la clémence.

Résolu à tout tenter pour arriver par la persuation à terminer une guerre qui pouvait être fatale aux troupes de son beau-père le roi de Bavière, il ordonna de suspendre les opérations offensives sur tous les points, et le 25 octobre il adressa de Villach, son quartier général, la proclamation ci-dessous, qu'il fit répandre à profusion dans le Tyrol autrichien et dans le Tyrol italien :

« Tyroliens! La paix a été conclue entre Sa Majesté l'Empereur des Français, roi d'Italie, protecteur de la confédération du Rhin, mon auguste père et souverain, et Sa Majesté l'Empereur d'Autriche.

« La paix règne donc partout autour de vous; vous seuls ne jouissez pas de ses bienfaits. Égarés par des suggestions ennemies, vous recueillez aujourd'hui les tristes fruits de votre rébellion. La terreur est dans vos cités, l'oisiveté et la misère dans vos campagnes, la discorde entre vous, le désordre partout.

« Sa Majesté l'Empereur et Roi, touché de votre situation déplorable et des témoignages de repentir que plusieurs d'entre vous ont fait parvenir jusqu'à son trône, a expressément consenti, par le traité de paix, à vous pardonner vos égarements; je vous apporte la paix, je vous apporte votre pardon.

« Mais, je vous le déclare, votre pardon est à ce prix : que vous rentrerez vous-mêmes dans l'ordre, et que vous déposerez volontairement vos armes, que je ne trouverai nulle part aucune résistance. Chargé du commandement en chef des armées qui vous entourent, je viens recevoir votre soumission ou vous l'imposer.

« L'armée sera précédée par des commissaires que j'ai expressément chargés d'entendre vos plaintes, d'écouter les réclamations que vous aurez à faire.

« Mais, ne l'oubliez pas, ces commissaires ne sont autorisés à vous entendre que lorsque vous aurez mis bas les armes.

« Tyroliens! si vos plaintes et vos réclamations sont fondées, je vous le promets, justice vous sera rendue. »

Cette belle et noble proclamation, entièrement conforme aux vues de l'Empereur, déplut en Bavière ainsi qu'on le verra plus loin.

Tout en promettant aux insurgés justice et pardon, des corps nombreux pénétraient en Tyrol sur divers points.

L'armée bavaroise aux ordres du général Drouet-d'Erlon, un corps de 26,000 hommes de l'armée d'Italie aux ordres du général Baraguey-d'Hilliers, le tout sous la direction supérieure du vice-roi, commencèrent dès cette époque leurs opérations offensives.

Le général Rusca, qui réunit à Villach la division italienne (6,000 hommes) du général Séveroli, dont ce dernier conserva le commandement, la division Broussier et celle de Lamarque dont le général Barbou prit le commandement, se rendirent sur ce même point de Villach, alors quartier général du prince Eugène. Le général Vial, arrêté à Trente, dut, avec 6,000 soldats, marcher sur Botzen, tandis que les trois divisions bavaroises agiraient par le Nord, vers Inspruck.

Le vice-roi avait, de l'Empereur, la mission de charger le maréchal Macdonald de l'évacuation du territoire autrichien, et de porter lui-même son quartier général à Villach, pour diriger les colonnes destinées à opérer en Tyrol. Toutefois il devait entendre les réclamations des habitants et prendre des mesures pour les contenter, enfin employer la force si on voulait lui opposer de la résistance. Si le Tyrol paraissait disposé à la soumission, le prince pouvait charger le général Baraguey-d'Hilliers de l'expédition.

On voit donc que le vice-roi suivait bien exactement les instructions de l'Empereur. Cependant sa proclamation aux Tyroliens blessa la susceptibilité du roi Maximilien, car ce souverain écrivit à son gendre :

« Mon bien-aimé fils, on vient de me communiquer la lettre que le chef des insurgés vous a écrite, et dans laquelle il demande que mes troupes se retirent du Tyrol et qu'elles puissent s'assembler à Inspruck sans être gênées par mes officiers civils. Vous devez sentir, mon cher fils, qu'en acquiesçant à cette demande vous avilissez ma souveraineté. Je ne vous cache pas que c'est une suite de votre proclamation, en déclarant que vous nommeriez des commissaires pour entendre leurs plaintes ; ce n'est pas le langage qu'il aurait fallu tenir à des sujets rebelles, aussi recommenceront-ils à la première occasion.

« Je compte trop sur votre amitié et sur vos sentiments, pour ne pas être persuadé que vous ne compromettrez ni mon autorité ni les droits que chaque souverain a sur ses sujets. C'est une infâme engeance capable de toutes les horreurs, témoin la trahison qu'ils ont commise, il y a quatre jours, et dont le général Drouet vous aura rendu compte. Encore une fois, mon bien cher enfant, je m'en rapporte entièrement à votre amitié et à vos principes de justice. »

Pour bien faire comprendre les affaires du Tyrol à cette époque, il est nécessaire de remonter un peu plus haut, et de donner sommairement quelques aperçus sur la situation de ces contrées et sur les hommes qui étaient à la tête de l'insurrection.

Les principaux chefs des insurgés étaient Hormayer et Andreas Hoffer. Le premier, tout dévoué à l'Autriche et voulant la réunion du Tyrol à cet empire, le second rêvant une indépendance et une patrie tyrolienne, tous deux prêts à tout plutôt qu'à laisser le pays revenir sous la direction de la Bavière.

Après Znaïm, l'Autriche avait eu soin de faire savoir, par Hormayer et ses affidés, aux Tyroliens, qu'ils pouvaient continuer à se battre, que bientôt les hostilités recommenceraient, et que leur pays serait délivré des Bavarois. Des agents de l'Autriche, des ecclésiastiques dirigés par les cours de Vienne et de Rome, entretenaient donc les espérances, les illusions et aussi l'exaspération en Tyrol. En entrant dans ces contrées, les Autrichiens y avaient rétabli l'ancien système administratif, et, tant que leurs troupes purent se maintenir au milieu des populations, le comité organisé par Hormayer reçut de lui et des généraux Chasteler et Buol la direction à suivre. Mais lorsque l'évacuation dut avoir lieu par suite des conventions avec l'Autriche, Hormayer et tous les agents autrichiens qui s'étaient emparés des emplois se hâtèrent d'en sortir. Après leur départ, le pays, quelque temps livré, sans administrateurs, à une espèce d'état voisin de l'anarchie, finit par se livrer au second chef des insurgés, à Andreas Hoffer, qui devint général en chef de l'armée, ou plutôt des bandes tyroliennes. Guidé par deux moines, fanatique lui-même, ce malheureux n'avait ni les talents ni l'intelligence nécessaire pour tenir la haute position à laquelle l'appelaient les caprices d'une fortune aveugle et bizarre. Cependant il tenta d'organiser un certain ordre. Il établit à Inspruck une sorte de comité central dont l'autorité n'eut jamais grande puissance. Il décida la levée en masse, tandis que les nobles se tenaient à l'écart pour ne pas obéir à un homme qui avait été aubergiste. Le Tyrol aurait pu mettre sur pied 80,000 bons soldats, il ne mit que des insurgés, tantôt réunis en bandes, tantôt se dispersant au premier échec, bandes que le bruit du tocsin rassemblait et que bien souvent le bruit du canon dispersait en les rendant à leurs âpres montagnes.

Les Tyroliens insurgés, pendant l'espace qui s'écoula entre l'armistice de Znaïm et la paix de Schœnbrunn, n'avaient eu affaire qu'à des corps peu nombreux, ceux du général Peyri, du général Vial, du général Rusca. Ils avaient donc pu, jusqu'à un certain point, sans obtenir de succès importants, avoir quelques avantages dans quelques rencontres, intercepter des routes, briser des ponts, rompre des communications, délivrer des prisonniers autrichiens et les incorporer dans leurs rangs; mais tout cela devait disparaître le jour où des corps plus considérables aborderaient les montagnes. Ce jour était arrivé. Hoffer, resté seul chef des Tyroliens, le comprit-il, ou bien, touché par les promesses du vice-roi, voulut-il de bonne foi déposer les armes et aider à la pacification, ou bien encore voulut-il gagner du temps, c'est ce qu'il est assez difficile de décider. Mais, quel qu'ait été le motif en vertu duquel il ait agi, soit parce qu'il comprît l'impossibilité de prolonger la lutte, soit parce qu'il fût heureux de faire profiter sa patrie des bonnes dispositions du vice-roi, soit parce qu'il ne se sentît pas assez fort et voulût gagner du temps pour mieux organiser un peu plus tard la révolte, toujours est-il qu'après avoir lu la proclamation du 25 octobre il entra en pourparler pour déposer les armes.

Il adressa une première lettre au prince Eugène ; la voici :

« Monseigneur, un courrier expédié par Son Altesse le prince Jean nous avait apporté les nouvelles que la paix avait été signée, le 14 octobre, entre Sa Majesté l'Empereur des Français et Sa Majesté l'Empereur d'Autriche.

« Que Votre Altesse Impériale me permette de dire d'abord que, lorsque nous avons pris les armes, nous n'y avons pas été poussés par un désir aveugle de nous soustraire à l'autorité légitime. Les motifs qui nous ont portés à cet acte de désespoir sont, d'un côté, les injustices que nous avons éprouvées, l'abolition entière de nos priviléges et de nos statuts que des traités solennels nous avaient garantis jusqu'à ce jour, les traitements inhumains dont nous accablaient des étrangers qui méprisaient notre misère et négligeaient les intérêts de notre pays ; d'autre part, les promesses éblouissantes de la cour d'Autriche et l'espoir d'obtenir enfin la paix et la tranquillité de notre patrie.

« Monseigneur, nous méprisons aujourd'hui les détours honteux qu'on a mis en usage pour livrer et abandonner un peuple brave et bon à toutes les horreurs d'une insurrection, et nous sommes pleinement rassurés par la certitude que le sort du Tyrol dépend entièrement aujourd'hui de Sa Majesté l'Empereur des Français.

« Votre Altesse Impériale a daigné, dans sa proclamation, nous assurer du pardon et de la grâce de Sa Majesté; elle fait plus, elle veut bien écouter avec clémence nos réclamations et nos vœux. Les Tyroliens trouvent dans ces assurances la preuve certaine que Sa Majesté sait apprécier le caractère franc et courageux d'une nation qui fut fidèle à l'honneur, et conserva de la modération, même au milieu de l'anarchie.

« Les circonstances ont fait tomber dans mes mains le commandement en chef des Tyroliens, je ne m'en suis servi que pour le bien de mon pays.

« Que Son Altesse Impériale daigne regarder comme une preuve de cette vérité l'assurance que j'ai l'honneur de lui donner, que je n'emploie aujourd'hui mon influence sur les peuples que pour leur faire déposer les armes et faire rentrer toutes choses dans l'ordre et la tranquillité.

« C'est pour atteindre ce but que j'ai fait parvenir à toutes les autorités la nouvelle de la conclusion de la paix, et que je leur ai annoncé que le bien de notre pays dépend désormais de la générosité et de la clémence d'un monarque qui sait apprécier mieux qu'un autre la force et la grandeur d'âme, puisqu'il est lui-même le grand et le fort du siècle.

« J'ai aussi appelé auprès de moi des députés de toutes les autorités pour connaître par eux-mêmes le désir manifesté par toute la nation de rentrer dans l'ordre et la tranquillité, et pour les inviter à calmer les esprits.

« Monseigneur, daignez ralentir pour quelques moments la marche des troupes françaises; veuillez éloigner les troupes bavaroises des confins septentrionaux du Tyrol. Vous donnerez alors un peu de temps à ces peuples que des réflexions plus calmes suffisent pour ramener, et vous obtiendrez par la douceur le salut d'hommes qui se sont montrés grands et nobles au milieu même de leurs égarements.

« Il ne faut ni temps ni peine pour faire insurger un peuple irrité par l'oppression ; mais il en faut beaucoup sans doute pour le calmer. Une faible étincelle suffit pour embraser une ville entière, et des milliers de bras suffisent à peine pour éteindre cet incendie.

« Monseigneur, daignez accueillir la dernière prière que j'ose vous adresser, permettez qu'une députation se présente devant vous pour recommander le peuple du Tyrol à votre clémence, et pour vous prier de leur accorder votre puissante protection et médiation auprès de Sa Majesté l'Empereur des Français.

« Plein de confiance dans la générosité illimitée de Votre Altesse Impériale, j'ose espérer qu'elle écoutera favorablement mes humbles prières, lesquelles n'ont d'autre but que le bien de mon pays, et sont conformes à l'intention qu'a manifestée Votre Altesse Impériale dans la proclamation, de ramener par la douceur les peuples du Tyrol à l'ordre et à la tranquillité.

« C'est dans cette consolante espérance que je mets aux pieds de Votre Altesse Impériale l'expression de ma soumission. »

Cette lettre fut bientôt suivie d'une autre dont voici le texte :

« Monseigneur, le peuple tyrolien, confiant dans la bonté, dans la sagesse et dans la justice de Votre Altesse Impériale, remet, par notre organe, son sort entre vos mains. Il est prêt à déposer les armes, si, par ce moyen, il peut obtenir votre bienveillance et votre protection. Il a beaucoup à se plaindre de la cour d'Autriche, qui, par ses perfides insinuations, toutes récentes encore, l'a porté à l'insurrection.

« Chef d'une population naturellement guerrière, nous avons maintenu parmi elle une certaine discipline, un respect pour la religion et pour les personnes que le sort des armes a mis en son pouvoir; mais, comme notre seul désir est d'empêcher l'effusion du sang et de mériter votre estime, nous nous rendrons tous auprès de Votre Altesse Impériale, aussitôt qu'elle aura eu la bonté de nous le permettre.

« Le chef de bataillon Seveling, notre prisonnier et notre ami, nous assure de votre générosité et de votre indulgence. Nous brûlons d'aller déposer dans le sein de Votre Altesse Impériale les plaintes fondées du peuple que nous gouvernons, et nous sommes persuadé qu'elle voudra bien les prendre en considération. La stérilité des montagnes du Tyrol, le peu de commerce qu'il fait, ne lui permettent pas de payer les énormes contributions auxquelles il a été assujetti. Constant dans les principes de la religion chrétienne, le peuple désire qu'elle soit respectée. Ayant le bonheur de vivre contemporainement avec le plus grand homme qui ait existé, nous nous croirions coupables de nous opposer plus longtemps aux volontés du ciel qui l'a fait naître pour la régénération du monde. Le grand Napoléon et son digne fils Eugène Napoléon seront désormais les protecteurs du peuple tyrolien. »

Hoffer ne se contenta pas de ces deux lettres, et, pour prouver sa bonne foi, il adressa lui-même aux Tyroliens insurgés les proclamations ci-dessous :

« Tyroliens, mes chers frères, la paix entre Sa

Majesté l'Empereur des Français et Roi d'Italie et l'Empereur d'Autriche a été conclue le 14 du mois dernier ; nous en sommes informé à n'en pas douter. La magnanimité de Sa Majesté Napoléon nous a assuré grâce et oubli du passé. J'ai convoqué tous les députés que j'ai pu des différents cercles, et j'ai envoyé, avec leur consentement, comme députés à Sa Majesté le Vice-Roi, à Villach, le sieur Jean Danci de Schlanders, mon confident, et M. le major Sieberen de Untserlangkampfen, avec une lettre signée par tous les membres de la députation des cercles. Ces deux députés sont aujourd'hui de retour, munis d'une lettre autographe très-gracieuse de Sa Majesté le Vice-Roi d'Italie, que je crois être de mon devoir de vous communiquer. Ci-après, le contenu de la lettre de Son Altesse Impériale [1]. »

Seconde proclamation d'Hoffer :

« Nous ne pouvons faire la guerre à l'invincible Napoléon ; entièrement abandonnés de l'Autriche, nous nous rendrions très-malheureux. Je ne peux donc commander plus longtemps, ni répondre des désastres et de l'inévitable désolation qui les suivrait. Les victoires et les revers des États sont l'effet de l'invariable volonté de la Providence divine ; nous ne pouvons pas nous y opposer. Quel est le sage qui voulût essayer de nager contre le torrent? Veuillons donc, par la résignation à la volonté divine, nous rendre dignes de la protection du ciel, et, par un amour mutuel et la soumission demandée, de la

---

[1] Suivait la lettre du vice-roi, lettre qu'on trouve plus loin.

magnanimité de Napoléon, et de sa très-haute grâce. D'après les rapports bien sûrs, l'armée bavaroise a pénétré jusqu'à Steinach (dans Oberinthal, je ne sais jusqu'où). L'armée française est arrivée par Botzen, jusqu'aux hauteurs de Ritten, et trois divisions, par le Pusterthal, jusqu'au Klaüsl. Mon cœur est pénétré de douleur de devoir vous donner cet avis. Je me trouve cependant satisfait d'acquitter, par ce moyen, un devoir auquel j'ai été invité par Sa Grâce l'évêque de Brixen, sur l'assurance du général Rusca, que les armées nous quitteraient aussitôt que nous nous serions rendus. »

Hoffer ne se borna pas à ces démonstrations, il fit comprendre qu'il serait heureux de se rendre de sa personne auprès du vice-roi, mais qu'il lui fallait pour cela un sauf-conduit.

Le prince Eugène, fort désireux de terminer promptement et sans effusion de sang une guerre difficile et sans gloire, résolut d'envoyer auprès du chef tyrolien un de ses propres aides de camp. Il chargea de cette mission assez périlleuse et fort délicate le jeune chef d'escadron Tascher [1], qui reçut l'ordre suivant :

« Il est ordonné à mon aide de camp, chef d'esca-

---

[1] En quittant son fils adoptif, à Vienne, l'Empereur, qui, déjà peut-être, songeait au divorce, avait recommandé au prince Eugène de ne pas envoyer à Paris, Tascher (parent de l'Impératrice Joséphine). Le jeune Tascher, que des relations de famille appelaient en France, ayant sollicité du vice-roi la faveur de s'y rendre, ce dernier, ne se doutant alors encore nullement du malheur qui menaçait sa mère, n'avait trouvé d'autre moyen de satisfaire le désir fort naturel de son aide de camp que de l'envoyer faire la campagne du Tyrol, afin d'avoir un prétexte

dron Tascher de la Pagerie, de partir de suite pour se rendre auprès du général Baraguey-d'Hilliers; il restera plusieurs jours auprès de ce général; il prendra connaissance de l'esprit du pays, de tout ce qui s'y est passé depuis le principe de l'insurrection; il cherchera à en connaître les motifs et se mettra enfin en mesure de pouvoir répondre à toutes les questions qui lui seraient faites sur ce pays. Dans le cas où le chef Hoffer viendrait avec plusieurs des principaux du pays en députation près de moi, il pourrait les amener à mon quartier général. » (Villach, ce 6 novembre 1809.)

En conséquence de cet ordre, le commandant Tascher quitta, le 6 novembre 1809, le quartier général de Villach, où venait de se rendre le capucin Arckinger, secrétaire de Hoffer, ainsi que deux autres habitants du Tyrol, envoyés tous les trois en mission secrète par le chef des insurgés auprès du vice-roi. Il fut convenu que l'aide de camp du prince Eugène les attendrait à Prunecken, pour se concerter avec eux sur les mesures nécessaires à l'évasion de Hoffer alors, prétendaient ses émissaires, sous la surveillance du général Wolckmann. Il était décidé que Hoffer gagnerait d'abord le quartier général de Baraguey-d'Hilliers et ensuite celui du vice-roi. On devait indiquer, en cas de départ du prince pour

---

plausible pour l'expédier ensuite à Napoléon. Aussi on peut remarquer que, dans sa lettre du 15 novembre, le prince évite de nommer à l'Empereur l'aide de camp qu'il expédie en Tyrol. On verra plus loin comment Napoléon reçut le commandant Tascher au moment du divorce.

Milan, la direction à suivre afin de le rejoindre le plus tôt possible.

En pénétrant dans le Tyrol, le commandant Tascher ne tarda pas à s'apercevoir que l'effervescence était loin d'être calmée parmi les paysans. A Lenz, qu'il traversa, la population était paisible. Un détachement français occupait la ville ; mais sur la montagne, à droite et à gauche, dans la vallée même, l'insurrection grondait toujours. Les Tyroliens affirmaient que l'ordre du désarmement n'était pas encore venu de l'Autriche. Le commandant Tascher gagna Prunecken, quartier général de Baraguey-d'Hilliers, lui confia la mission dont il était chargé et lui remit ses ordres, qui consistaient, s'il ne pouvait ramener Hoffer, à rester auprès du général jusqu'à la jonction de son corps d'armée avec les Bavarois, commandés par le général Drouet. Ce dernier avait franchi le Brenner, et la jonction devait avoir lieu près de Mittenvald, point d'embranchement des routes de Brixen et de Lenz.

Le 7 novembre, les trois émissaires de Hoffer passèrent à Prunecken et eurent une entrevue avec le commandant, en présence du général Baraguey-d'Hilliers. On convint que, sur les neuf heures du soir, le commandant Tascher se rendrait dans une vallée voisine, près d'un petit village à droite de Prunecken, et attendrait là la réponse de Hoffer. M. Tascher, seul avec un guide, s'arrêta en avant du village désigné. Après deux heures d'attente, il vit venir à lui le secrétaire de Hoffer seul. Le capucin Arckinger lui dit que son général était gardé à vue par les ennemis les plus ardents des Français, que leurs projets avaient été éventés et qu'il n'y avait rien à faire. Était-ce la vérité, Hoffer agissait-il, en effet, sous une pression plus forte que la sienne, ou bien avait-il renoncé à faire sa soumission, ou sa conduite jusqu'alors avait-elle été dictée par l'unique désir de gagner du temps, c'est ce qu'il est difficile de dire ; toujours est-il que le commandant Tascher, après la déclaration du capucin, crut prudent de se rendre immédiatement auprès du général Baraguey-d'Hilliers, qui se mit en marche pour aller au-devant des Bavarois.

Après avoir assisté à plusieurs combats assez vifs livrés aux insurgés du Tyröl, après avoir pris sur la situation de ces contrées des renseignements assez précis pour pouvoir rendre compte au prince et à l'Empereur de l'état des choses ; enfin, après avoir vu opérer la jonction avec les Bavarois, à Mittenvald, le commandant Tascher prit congé du général Baraguey-d'Hilliers, sa mission étant accomplie, et il suivit la route qu'il avait tenue pour se rendre à Prunecken, celle plus directe par Botzen et Trente étant occupée encore en ce moment par les insurgés. Le général Vial rétablit quelques jours plus tard, comme on le verra, cette communication.

Arrivé à Villach, l'aide de camp du vice-roi, ne trouvant plus le prince dans cette ville, se rendit à Milan.

Avant de reprendre le récit des opérations militaires, et pour ne plus l'interrompre, nous relaterons ici ce qui a rapport au mécontentement témoigné par le roi de Bavière à son gendre, et aussi ce qui concerne Hoffer.

Après avoir reçu les envoyés du chef tyrolien, après avoir expédié auprès de lui son aide de camp Tascher, le vice-roi, persuadé que le Tyrol n'attendait qu'une assurance de pardon pour déposer les armes, suivit les instructions de l'Empereur, et fit répandre la décision suivante, datée de Villach le 12 novembre 1809 :

« Vu les actes de soumission qui nous ont été présentés par les députés des Tyroliens et de leurs ci-devant chefs et commandants;

« Vu également les rapports qui nous ont été transmis par tous les généraux commandant les troupes de Sa Majesté qui occupent en ce moment le Tyrol;

« Considérant qu'il résulte des actes et rapports ci-dessus indiqués, que, sur tous les points, les Tyroliens, pénétrés de leurs véritables intérêts et du sentiment de leurs devoirs, se sont empressés de se rendre dignes du pardon que Sa Majesté l'Empereur et Roi a daigné leur promettre par le traité de Vienne, et ont, en effet, déposé les armes;

« Considérant néanmoins que, s'il reste encore sur quelques points de petits rassemblements armés, ces rassemblements sont composés de brigands étrangers aux Tyroliens, qui n'avaient pris parti au milieu d'eux qu'à la faveur des troubles de l'insurrection, et dont les Tyroliens eux-mêmes sollicitent aujourd'hui avec instances le prompt désarmement et la prompte expulsion;

« Avons ordonné et ordonnons ·

« Article 1ᵉʳ. Les généraux commandant les troupes qui sont dans le Tyrol prendront, dès aujourd'hui, sous leur protection spéciale les personnes et propriétés des Tyroliens, et particulièrement de leurs chefs et commandants qui ont donné l'exemple de la soumission à Sa Majesté l'Empereur et Roi, et qui y sont demeurés fidèles;

« Art. 2. Tout individu qui, cinq jours après la publication du présent ordre, serait trouvé dans le Tyrol les armes à la main sera arrêté et fusillé;

« Art. 3. Sera également arrêté et fusillé tout individu qui, après la publication du présent ordre, serait convaincu d'avoir caché ses armes, après les avoir portées contre les troupes de Sa Majesté Impériale et Royale.

« Art. 4. Le général chef d'état-major et les généraux commandant les divers corps de troupes qui sont dans le Tyrol sont chargés de l'exécution du présent ordre, qui sera publié et affiché dans toutes les communes du Tyrol. »

Après ce qui venait de se passer, après la première proclamation de Hoffer, enfin, après la mission du capucin Arckinger, le vice-roi devait croire à la soumission prochaine et générale du Tyrol, et il se rendit à Milan, suivant les instructions que lui avait données l'Empereur. Son étonnement ne fut donc pas médiocre lorsqu'il apprit que Hoffer, encouragé par un petit succès remporté à Saint-Leonhard, venait de publier la proclamation suivante, pour engager les Tyroliens à reprendre les armes :

« Mes très-chers frères ! Voici un nouvel exemple de l'assistance divine : nous sommes à présent dans le Passeyer, où nous pouvons aisément atteindre l'ennemi qui est en déroute. Nous avons près de 1,000 hommes prisonniers ; ainsi vous voyez, mes très-chers frères, que Dieu nous a choisis pour son peuple chéri et nous engage à battre une nation étrangère, la plus forte qui existe sur la terre. Nous nous battrons comme les anciens chevaliers, et Dieu et notre sainte Vierge nous donneront leur bénédiction ; et après la guerre nous espérons vivre tranquilles et non délaissés de l'empereur d'Autriche qui, à n'en pas douter, redeviendra maître de notre pays ; surtout ne perdez pas courage : des troupes de la Carynthie viennent à notre secours. » (Passeyer, le 22 novembre 1809.)

Un autre chef, nommé Zingerlé, publia sous la même date, de Méran, l'ordre suivant, *ouvert*, afin que chaque commune ou comité pût en prendre communication, et qui devait être colporté par Mais, Haflingen, Véran, Mœllen, Flas, Afingen et Waugen (dans le Sarenthal, vallée au nord de Bolzano), et de là plus loin, si le besoin était :

« D'après la nouvelle qui vient d'arriver au commandant supérieur André Hoffer, de Passeyer, il assure que deux députés de Pusterthal lui apportent la nouvelle certaine que les troupes autrichiennes sont à Sachsenburg ; qu'en conséquence l'Autriche renaît et que nos peines n'auront point été infructueuses. M. le commandant supérieur annonce en outre que les actions qui ont eu lieu à Brixen et dans le Passeyer sont sur le point de terminer; et que la victoire nous est assurée.

« Il requiert tous nos environs à reprendre les armes; nul habitant n'est exempt de marcher, afin que tous les postes soient de suite occupés et qu'on combatte avec dévouement. Dieu est avec nous.

« *P. S.* Le porteur de la présente assure qu'il a rencontré un autre député du Pusterthal avec une dépêche pour M. le commandant supérieur, annonçant que les Autrichiens vont entrer dans le Pusterthal. »

On voit jusqu'à quel point les chefs tyroliens poussaient l'effronterie pour propager des nouvelles absurdes et tromper les habitants. Quoi qu'il en soit, à la suite de ces proclamations, l'insurrection se ralluma sur presque tous les points du Tyrol. Elle coûta la vie à André Hoffer.

La lettre du roi de Bavière avait profondément affecté le prince Eugène; il se hâta d'en envoyer copie à l'Empereur, à la princesse Auguste, et il répondit au roi :

« Mon bon père, je reçois à l'instant même votre lettre du 1ᵉʳ novembre, et je m'empresse d'y répondre. Je n'ai pas reçu la lettre des insurgés qui me demandent à retirer les troupes bavaroises du Tyrol[1], et Votre Majesté peut bien penser que j'aurais jeté au feu de pareils écrits. J'ai reçu les députés du Pusterthal; ils m'ont demandé un armistice,

---

[1] Cette demande, ainsi qu'on le verra plus loin, avait été faite par Hoffer au général Drouet, vers le milieu de novembre, sans doute dans le but de gagner du temps. On l'avait rejetée.

et je leur ai répondu qu'on n'accordait pas d'armistice à des rebelles; que j'étais chargé de les faire rentrer dans l'ordre de gré ou de force, et que je leur conseillais, pour leur propre intérêt, de prendre leur parti. Votre Majesté paraît se plaindre du dernier sens de ma proclamation; j'ai l'honneur de la prévenir que je n'ai fait qu'exécuter les ordres de l'Empereur. Je dois même dire avec franchise que j'aurais pris sur moi d'annoncer à des peuples rebelles qu'on écouterait leurs plaintes et qu'on leur rendrait justice. Il ne pouvait entrer dans ma tête de manquer à la dignité d'un trône auquel je tiens par tant de sentiments et dont la gloire me sera toujours aussi chère que la mienne; mais j'ai pensé que l'essentiel, dans une expédition du genre de celle-ci, était de réussir et d'épargner autant que possible l'effusion du sang. Or mon but a été de les engager à rentrer chez eux, à se laisser désarmer; mais il fallait bien pour cela leur montrer une lueur d'espérance, et c'est cette lueur d'espérance que j'ai voulu donner en leur disant qu'on écouterait leurs plaintes et leur rendrait justice. On ne s'engage à rien de positif d'avance, et cependant il est bien dans le cœur de Votre Majesté de rendre justice à tous ses peuples. Qui sait si la vérité est parvenue à son trône à l'égard des Tyroliens? Peut-être quelques agents infidèles auront traité ces peuples comme il n'était pas dans le cœur de Votre Majesté qu'ils le fussent; la souveraineté n'est pas avilie quand on écoute les plaintes des peuples. Ces peuples, il est vrai, étaient armés hier; mais aujourd'hui ils sont désarmés et demandent pardon de leur erreur en même temps qu'ils réclament justice, c'est le sens de ma proclamation. Je prie Votre Majesté de m'excuser si je m'échauffe sur cette matière; mais je tiens infiniment à ce qu'elle connaisse bien les sentiments qui m'animent et les intentions que j'ai eues dans toute cette affaire. Au reste, j'ai assez vu de ce pays et de ses habitants pour certifier qu'on n'obtiendra rien d'eux par la force. C'est une guerre où nous perdrons une grande quantité de braves, qui se terminera sans doute à notre avantage, mais qui offrirait pour résultat un pays en cendres et malheureux pour des siècles. Mes troupes sont entrées hier à Prunecken. Voilà cinq jours de marche dans le Tyrol, et l'on n'a pas tiré un seul coup de fusil. Tous les habitants sont rentrés chez eux, et déjà un bon nombre a déposé les armes. Sans doute ils ont fait mille questions sur leur sort futur; mais on leur a constamment répondu qu'on ne pouvait traiter cette matière qu'autant qu'ils auraient d'abord fait acte de soumission et jusqu'à ce que le désarmement général ait prouvé leur repentir et leur bonne foi. Voilà le point où nous en sommes. Je regrette infiniment que la lettre que j'écrivis à Votre Majesté, dès mon arrivée à Villach, ait été prise avec l'officier qui la portait. Votre Majesté y aurait déjà connu et le devoir qui m'était imposé et la pureté de mes intentions et la sincérité de mon attachement à sa personne. »

Le roi de Bavière répondit à cette lettre si franche et si noble du prince Eugène, le 9 novembre 1809 :

« Mon bien-aimé fils, le prince de Hohenzollern

m'a remis hier votre lettre. J'étais trop sûr de votre amitié pour moi, mon cher ami, pour douter un instant que vous n'agissiez pas d'après les ordres aussi de l'Empereur. Mes affaires sont en bonnes mains, je vous les abandonne entièrement. Le général de Wrede vient de m'envoyer la copie de quatre ordres de Hoffer, dont il tient les originaux, et qui sont datés du 1ᵉʳ novembre. Ce sont tout uniment des appels à des communautés pour se lever en masse et prendre les armes contre nous. Je vous demande si ce gueux-là est dans le cas de l'armistice? Vous ignorez peut-être que le courrier que l'archiduc Jean a envoyé en Tyrol est un nommé baron de Lichtenthurn, Tyrolien, et dont la famille, existant dans ce pays, est autrichienne dans l'âme. Je suis sûr qu'il était porteur d'instructions *secrètes verbales*. Aussi je parie ma tête que, si l'Empereur retire vos troupes avant que tout ne soit désarmé et les retranchements détruits, qu'ils recommenceront leur ancien train et que j'aurai la guerre civile; en un mot, que le Tyrol sera une Vendée. Ne croyez pas que je veuille justifier la conduite de beaucoup de mes employés civils; non, je vous le jure; mais je connais trop le système autrichien et le caractère faux et abominable des Tyroliens, pour ne pas prévoir les suites les plus fâcheuses de tout ceci.

« Adieu, mon bien cher ami, je vous embrasse et vous aime tendrement. Votre fidèle père et meilleur ami.

« Ma femme vous embrasse. »

## II

On a vu qu'immédiatement après l'armistice de Znaïm des mesures avaient été prises pour terminer par la persuasion ou par la force des armes la guerre du Tyrol.

Lorsque la paix de Schœnbrunn laissa à l'Empereur la faculté de disposer d'une partie de ses forces et des troupes bavaroises, la campagne fut poussée avec une activité nouvelle.

Au moment où le prince Eugène, encore indécis de savoir s'il se mettrait lui-même à la tête des forces dont il avait la haute direction, arrivait à Villach, l'ordre fut donné partout d'arrêter l'effusion du sang, pour voir si les Tyroliens viendraient à composition.

On était alors au commencement de novembre 1809. A cette époque, voici quel était l'emplacement des troupes prêtes à opérer contre les insurgés à peu près réduits à leurs propres forces :

1° La division Vial à Trente et autour de cette ville;

2° Les troupes du général Baraguey-d'Hilliers, dans la vallée de la Drave, en marche pour rallier les Bavarois du général d'Erlon;

3° La brigade Bertoletti, détachée du corps de Baraguey-d'Hilliers, à Spital;

4° Le général Peyri, avec 900 hommes, en marche de Bellune sur Bolzano, pour grossir la division Vial qui avait ordre d'opérer son mouvement vers ce point. Le général Peyri devait servir d'intermédiaire et donner la main d'un côté au général Baraguey-d'Hilliers, de l'autre au général Vial, plusieurs des divisions de l'armée s'avançant sur Brixen par la vallée de la Drave.

Cette diversion, en appelant l'attention des insurgés sur Bolzano, avait aussi pour but de dégager le général Vial.

Le général Peyri réunit, le 1er novembre, à Agordo, ses troupes, auxquelles il permit à un détachement de gardes de finances de se joindre, et annonça qu'il allait marcher à Pieve di Primiero, dans la vallée de Cismon, vers le sud-ouest. Au lieu de cela, le 2 au matin, il partit d'Agordo et se dirigea, au nord, sur Caprile, confin du royaume d'Italie, où il arriva de bonne heure, n'ayant pu obtenir aucun renseignement sur le Tyrol allemand dont les insurgés défendaient la sortie à qui que ce fût. Il continua sa marche en prenant les plus grandes précautions. Arrivé aux frontières, il trouva un corps d'insurgés commandé par un certain Francesco del Ponte, et en position sur des hauteurs. Une partie des Tyroliens fit aussitôt rouler des quartiers de rochers sur la colonne, tandis que d'autres l'assaillaient à coups de fusil. Le général Peyri ayant fait occuper les hauteurs voisines qui dominaient, les Tyroliens ne tardèrent pas à être débusqués et dispersés. Après ce petit combat, le général continua sa marche. Épouvantés par le mauvais succès de l'affaire qui venait d'avoir lieu, un petit corps ennemi de 160 hommes offrit à Buchenstein de déposer les armes, sous la seule condition, que le village ne serait point pillé, ni aucun des habitants molesté. Cette condition acceptée, la colonne prit possession de Buchenstein et des hauteurs voisines ; mais, malgré toutes les précautions que prit le général pour empêcher les troupes de commettre aucun désordre, et pour inspirer ainsi toute confiance aux habitants, ceux-ci ne rentrèrent pas dans leurs habitations. Les prêtres, entièrement dévoués à Hoffer, parvenaient à entretenir l'insurrection. Le général Peyri, craignant quelque trahison, retint le chef des insurgés de la commune et le força à lui servir de guide. Le lendemain, 3, de grand matin, la colonne se mit en marche en se dirigeant vers Arabla. Elle fut quelquefois inquiétée dans sa marche, mais sans éprouver de pertes. Après avoir franchi la montagne de Campolongo, elle descendit à Corfana, où le général Peyri fit faire halte à la troupe. Là il apprit que les insurgés des vallées voisines, en grand nombre, s'étaient réunis à Colfosco où ils l'attendaient pour l'empêcher de pénétrer dans le val Gardena par où elle devait nécessairement passer, soit pour arriver à Clausen, soit pour gagner Bolzano. La situation du général Peyri devenait dangereuse. Cependant, comme le moindre retard pouvait accroître les difficultés, il se décida à brusquer l'attaque. Il fractionna ses troupes en trois colonnes ; la première devait aborder l'ennemi par la gauche, et la seconde se porter sur ses derrières, tandis que le corps principal agirait de front et par la droite. Toutefois, comme le mouvement devait être combiné, et que les deux premiers détachements avaient un grand détour à faire, le général Peyri fut obligé de gagner du temps afin d'amuser l'ennemi; il engagea un prêtre qui retournait dans son village à se présenter aux insurgés en qualité de parlementaire et à leur remettre la proclamation du prince Eugène relative à l'amnistie. L'arrivée de ce parlementaire et la proclamation excitèrent des discussions parmi les Tyroliens. Leur chef, aubergiste de Saint-Ulrich, qui parlait français, demanda une entrevue. Elle lui fut accordée. Il proposa au général Peyri de se rendre avec toute sa colonne; mais, pendant que le général le retenait, discutant cette proposition, les deux détachements arrivèrent assez près des insurgés pour pouvoir commencer l'attaque. Alors le général Peyri renvoya le parlementaire et se porta rapidement en avant. Ce mouvement imprévu, et l'occupation des hauteurs sur lesquelles les détachements étaient arrivés épouvantèrent tellement les paysans, privés de chef, qu'ils prirent la fuite et ouvrirent le passage aux troupes. La colonne put gagner, successivement et sans obstacle, Santa-Maria, Santa-Christiana et Saint-Ulrich. A ce dernier point, le général Peyri accorda un peu de repos à ses troupes. Il leur dit même, croyant pouvoir le faire, qu'on y passerait la nuit, et que le lendemain on se rendrait à Clausen. Le soldat, extrêmement fatigué, aurait eu besoin d'un plus long repos que celui qu'il venait de prendre; mais le général Peyri, réfléchissant que les masses auxquelles il avait eu affaire, bien que dispersées, n'étaient pas détruites, et que le tocsin, qui sonnait dans tous les villages, allait soulever la population entière contre lui, se décida à continuer son mouvement à l'entrée de la nuit. Le bruit répandu qu'il se rendait à Clausen facilita sa marche par des chemins difficiles au travers de hautes et épaisses broussailles. A plusieurs reprises, il se trouva si près des insurgés, que le feu de leurs bivacs éclairait ses soldats. Il réussit à surprendre et à enlever, sans bruit, plusieurs patrouilles qui parcouraient les chemins avec des flambeaux, et il arriva ainsi à Bruck, village situé au-dessous de Clausen, presque à l'embouchure du Greduer. Ignorant les obstacles que pouvait présenter cette petite rivière, et ne connaissant les forces des rebelles que par leurs nombreux bivacs, le général Peyri résolut d'attendre le jour pour tenter le passage. D'ailleurs sa troupe, exténuée de fatigue par une marche de vingt et une heures, sans prendre de nourriture, avait besoin d'un peu de repos pour ne pas succomber. Le 4, au point du jour, le général, ne pouvant plus dérober sa marche à l'ennemi, descendit rapidement dans le village afin de prévenir son attaque. Les insurgés, protégés par le feu de ceux des leurs qu'ils avaient postés sur les hauteurs voisines dominant le village, firent une résistance opiniâtre ; mais enfin, chargés à la baïonnette, ils cédèrent le passage. On ne les poursuivit pas, attendu qu'ils avaient coupé le pont sur le Greduer et que le feu très-violent de ceux qui étaient embusqués sur l'autre rive empêchait d'approcher de la rivière. Heureusement ils demandèrent à parlementer, ce qui fut accepté, ainsi que la proposition de leur chef pour se rendre auprès du général Peyri. Ils firent jeter quelques planches sur le pont, et un détachement de paysans armés passa le ruisseau. Les députés sommèrent le général de poser les armes, et leur détachement se jeta sur un piquet avancé pour le désarmer. Aussitôt la charge est battue, les troupes se précipitent avec une telle ardeur, que les Tyroliens n'ont pas le temps de retirer les planches jetées sur le pont ni de couper celui de l'Eysach conduisant à Coliman.

La colonne perdit ses équipages entre les deux ponts, et cette circonstance retarda la poursuite de l'ennemi et dégagea un peu la queue qui était serrée de très-près. Ce combat fut sanglant pour les insurgés qui laissèrent sur le terrain beaucoup des leurs.

Le général Peyri ne jugea pas à propos de prendre position à Coliman, alors en état d'insurrection ainsi que les villages voisins. Malgré les dangers et les obstacles qui lui restaient à surmonter, il se décida à se rendre à Bolzano, où ses ordres lui prescrivaient d'arriver le même jour, et où il espérait trouver la division Vial. Les insurgés étaient en grand nombre sur les hauteurs à droite et à gauche, et, comme la colonne était trop faible pour pouvoir penser à les déloger, il fallut marcher sous le feu continuel qu'ils faisaient des montagnes de Ritten, et au milieu des pierres et des morceaux de rochers que roulaient les femmes et les enfants, couronnant les montagnes qui dominent la grande route.

A Cardaun, le feu des insurgés se ralentit, et à

Kentich il cessa tout à fait. Le général Peyri, après avoir fait occuper les hauteurs de Santa-Maddalena, entra, sans obstacle, dans Bolzano[1], à deux heures après midi. Il fut bien reçu par les habitants qui s'empressèrent de fournir aux besoins de ses troupes; mais il eût désiré trouver la division Vial, d'autant plus que les soldats manquaient de munitions. Réduit à défendre une ville ouverte, le général Peyri établit des postes, et fit fortement barricader toutes les avenues. Puis il dépêcha un émissaire au général Vial pour le prévenir de son arrivée à Bolzano et de la situation dans laquelle il se trouvait. Le soir, les insurgés forcèrent le poste qui était sur les hauteurs de Santa-Maddalena à se replier sur la ville. Pendant la nuit, les Tyroliens furent renforcés par les masses qui avaient quitté les bords du Lavis, et pour échapper au général Vial, et par la crainte d'être pris à dos par les troupes du général Peyri. Le 5 au matin, les paysans, en très-grand nombre, descendus des hauteurs de Santa-Maddalena, tentèrent de surprendre la ville; mais leur projet fut déjoué, et ils furent repoussés avec perte. Dans la journée, ils renouvelèrent leur attaque avec fureur sur tous les points, et furent également refoulés à coups de baïonnettes, car les troupes n'avaient plus de cartouches.

La marche difficile et les combats livrés par cette petite colonne du général Peyri étaient des opérations très-glorieuses.

[1] Bolzano ou Botzen.

Vial, en apprenant l'arrivée des troupes à Bolzano, ordonna au général Digonet de partir immédiatement avec la cavalerie de sa division et deux caissons d'infanterie attelés de chevaux de poste pour se rendre dans cette ville, où ce renfort arriva le 5, au soir, fort à propos pour rassurer les troupes et les habitants, et pour en imposer aux insurgés qui espéraient enlever la ville de vive force la nuit suivante. Le 14e léger et le 101e de ligne, qu'il avait mis en mouvement comme les moins fatigués, pénétrèrent également à Bolzano dans la nuit. Le 6, le général, avec le 1er léger napolitain, 5e et 81e de ligne français et l'artillerie, y arriva lui-même, dans la journée; puis successivement le 3e et le 7e de ligne italiens. Les insurgés occupaient encore les hauteurs qui couronnent la ville. Vial résolut de les chasser de celle de Loreto, à la gauche de l'Eysach, d'où ils faisaient une vive fusillade sur le pont. Le 1er léger napolitain remonta cette rivière afin de tourner la position par la gauche, tandis que le 5e régiment tentait l'attaque de front et que le 3e italien prenait par la droite. Les paysans ne tinrent pas, et, après avoir tué ou blessé quelques hommes à coups de pierres, ils prirent la fuite. Le 14e léger occupa Loreto; le 3e et le 7e italiens et la colonne du général Peyri restèrent à Bolzano. Le reste des troupes fut porté en avant de la ville.

Le 7, on devait attaquer les insurgés sur tout le front de la ligne; mais quelques piquets envoyés la nuit précédente les avaient tellement inquiétés, qu'ils s'étaient retirés avec précipitation. Alors le général

Vial fit prendre position à sa division entre l'Eysach
et l'Adige; la 1<sup>re</sup> brigade, commandée par le général Digonet et composée du 14<sup>e</sup> léger français, du
1<sup>er</sup> léger napolitain, du 84<sup>e</sup> et du 101<sup>e</sup> d'infanterie
de ligne français, appuya sa droite à l'Eysach, et sa
gauche à la Palser; le 14<sup>e</sup> léger resta à Loreto; la
2<sup>e</sup> brigade, commandée par le général Peyri et composée du 5<sup>e</sup> et du 7<sup>e</sup> régiment italiens et de la colonne
mobile, se lia par sa droite à la gauche de la 1<sup>re</sup>,
s'étendant jusqu'à l'Adige. La 5<sup>e</sup> resta à Bolzano
avec la cavalerie et les 6 bouches à feu de la division.

Les habitants des diverses communes et surtout
de Méran envoyèrent des députés pour faire leur
soumission, il leur fut répondu qu'elle ne serait
agréée que quand ils auraient rendu les prisonniers
de guerre français, italiens ou bavarois, et leurs armes. On désarma la ville ainsi que les villages voisins. Le même jour, un bataillon du 101<sup>e</sup> régiment
d'infanterie de ligne fut détaché pour tourner une
montagne voisine, et en expulser les insurgés. Il devait être de retour dans la journée. Ce bataillon
s'égara, rencontra l'ennemi, perdit du temps à
parlementer et fut obligé de passer la nuit dans une
mauvaise position. Le lendemain, il se trouvait enveloppé; mais les troupes que le général Digonet avait
envoyées pour en avoir des nouvelles, ayant entendu
la fusillade au point du jour, le dégagèrent. De Balzano, diverses colonnes mobiles furent jetées dans
plusieurs directions pour hâter le désarmement. La
droite du général Digonet détacha un bataillon sur

la route de Brixen, afin d'avoir des nouvelles du général Baraguey-d'Hilliers ; le 8 et le 9, les colonnes mobiles continuèrent à parcourir le pays.

Environ 150 prisonniers français, italiens, bavarois ou saxons avaient été délivrés à Bolzano ; beaucoup d'autres furent rendus. L'administration municipale de Bolzano fut organisée ; les communes envoyèrent de tous côtés leurs soumissions et les habitants rentrèrent dans leurs foyers, en sorte que bientôt, dans ce district, les gens sans aveu, les brigands reconnus ou les déserteurs, restèrent seuls les armes à la main.

Le 10, le général Digonet fit marcher par la rive droite de l'Eysach le 1$^{er}$ léger napolitain, qui se porta le lendemain à Colman par la rive droite de cette rivière, le 81$^e$ de ligne, qui se porta à Lengrustein. Le but de ce mouvement était d'avoir des nouvelles du général Baraguey-d'Hilliers, dont on apprit officiellement dans la journée l'entrée à Brixen, ainsi que celle d'officiers autrichiens, porteurs de la proclamation de Hoffer aux Tyroliens, pour les engager à poser les armes. Ce chef avait déjà envoyé deux fois des parlementaires au général Vial pour traiter de sa soumission et devait se rendre le 12 novembre à Bolzano.

Tandis que ceci se passait dans le Tyrol méridional, l'expédition, confiée par le prince Eugène au général Baraguey-d'Hilliers, était en marche dans les vallons de la Drave, et son avant-garde était même arrivée, le 11, à Bolzano. En outre, les troupes du roi de Bavière, occupant le pays de Salzbourg, recevaient l'ordre de pénétrer dans le Tyrol et d'attaquer les insurgés dans la vallée de l'Inn. Cette opération devait faciliter l'expédition du général Baraguey-d'Hilliers, dont la marche se trouvait flanquée jusqu'à la hauteur de Prunecken. Ainsi, d'une part, le corps d'armée détaché de l'ancienne armée d'Italie du prince Eugène occuperait Bolzano, Brixen, Méran, Prunecken, Sterzing ; d'une autre, la division Vial tiendrait le Trentin, et les troupes bavaroises opéreraient par les deux rives de l'Inn, jusqu'à l'Engadine et au mont Brenner. Le Tyrol se trouverait donc cerné de façon que l'insurrection ne pût agir longtemps sans être étouffée, ou au moins hors d'état de rien tenter de sérieux. C'est, en effet, ce qui arriva. Il y eut des rassemblements partiels, des attroupements assez considérables; il se livra des combats, dans quelques-uns desquels même les insurgés obtinrent des avantages; mais, dès l'instant que les deux corps d'armée, sous les ordres directs du prince Eugène, occupèrent les positions que nous venons d'indiquer, les troupes insurrectionnelles du Tyrol cessèrent de faire un ensemble de corps, et il n'y eut plus entre elles de liaison.

Nous devons maintenant revenir au milieu du mois d'octobre pour indiquer les opérations du corps bavarois, puis nous donnerons celles du général Baraguey-d'Hilliers.

Le 16 octobre, le corps d'armée bavarois aux ordres du général Drouet d'Erlon occupait les positions suivantes :

1<sup>re</sup> division (prince de Bavière); 2 bataillons d'infanterie, 1 régiment de cavalerie et 5 pièces de canon en avant de Hallem, sur la Salza, au-dessus de Salzburg; 2 bataillons à Bergtesgaden, 5 bataillons, 1 régiment de cavalerie, et 6 pièces de canon à Reichenhall, sur la Salza.

2ᵉ division (lieutenant général, baron de Wrede); 7 bataillons, 1 régiment de cavalerie et 22 pièces de canon réunis aux environs de Traunstein, à l'ouest de Salzburg.

3ᵉ division (général de Deroy); 8 bataillons, 2 régiments de cavalerie et 18 pièces de canon. Cette division, qui avait gardé les débouchés du Tyrol depuis le commencement de l'insurrection, avait ordre de se réunir sur l'Inn, entre Kuestein et Rosemheim.

Le général Drouet, ayant reçu l'ordre d'attaquer les insurgés qui menaçaient Salzburg, prescrivit à la 2ᵉ division de partir, le 17, pour se rendre à Saint-Joham, au haut de la vallée de l'Aich. La 3ᵉ division eut ordre de prendre position, le 18, sur l'Achenbach, en arrière de Voergl, la droite appuyée à l'Inn. La 1ʳᵉ division, fractionnée en plusieurs colonnes, devait tourner la position des insurgés dans la vallée de la Saal, où ils avaient un camp près d'Unken, leurs avant-postes en face de Reichenhall. Le 16, la colonne de droite de cette division, qui devait traverser les montagnes escarpées situées à la gauche de la Saal, se mit en marche, en se dirigeant sur Weissenbach, à l'ouest de Reichenhall, où elle prit position, le 17, de grand matin. Toutes les colonnes se mirent en marche. Le point de réunion était derrière Meleck et Unker. Elles avaient pour guide les habitants de Reichenhall.

Le mouvement fut si bien conduit que les troupes arrivèrent en même temps entre Meleck et Unken; les positions des insurgés furent tournées, on prit leurs canons, leurs munitions et environ 600 prisonniers. Ils eurent en outre 200 à 300 morts.

Aussitôt que la jonction fut faite, on détacha une partie de cavalerie et deux compagnie d'infanterie sur Lovers afin d'empêcher la destruction du pont de la Kimpah. Les insurgés coupés à Lovers furent surpris; on en tua beaucoup, l'on fit environ 60 prisonniers, et on les poursuivit jusqu'à Luftenstein, qui fut occupé; la 1$^{re}$ division vint prendre position à Lovers. La 2$^e$ division, qui avait passé par les chemins très-difficiles, ne peut prendre position qu'à Vœssen, en avant de Marquartstein (vallée de l'Aich).

Le 18, les deux bataillons de la 1$^{re}$ division qui occupaient Berghtesgaden, eurent ordre de se diriger sur Weissenbach, dans la vallée de la Saal. Pour seconder ce mouvement, on envoya de Lovers le général Rechberg avec deux bataillons et deux pièces de canon. La jonction se fit dans l'après-midi, au village de Weissenbach, après un engagement assez vif. La colonne en avant de Hallem, 2 bataillons, 1 régiment de cavalerie et 3 pièces de canon, eurent ordre de se porter à Golling, dans la vallée de la Salza, afin d'observer le poste de Luegpass et les débouchés occupés par les insurgés. La 2$^e$ division arriva à Saint-Joham, dans la vallée de l'Aich, et aussitôt les communications furent ouvertes avec la 1^re division et avec la 3^e qui, le même jour, arriva à la position qui lui avait été indiquée en arrière de Voergl.

Le 19, les habitants des vallées de la haute Salza et de la Muhr, voyant les rebelles expulsés de la vallée de Saal, envoyèrent des députés offrir leur soumission pour assurer le désarmement de ces districts. Les troupes qui étaient dans la vallée de la Saal eurent ordre de se porter en avant jusqu'à Salfelden, afin de prendre en même temps à dos les insurgés postés à Lueg-Pass. Le 20, une brigade de la 1^re division vint prendre position à Saint-Joham, et occupa Kizbuhel. L'autre brigade avait deux bataillons à Golling et trois dans le Puitzgau à Salfelden. Ces cinq bataillons avaient ordre de faire leur jonction par Daxembach, dans la vallée de la Salza. La 2^e division partit de Saint-Joham et vint prendre position sur l'Inn à Kundt, entre Voergl et Rattenberg, la 3^e division resta en arrière de Voergl. On prit dans toutes les communes occupées par l'armée, des ôtages qui furent envoyés à Kufstein.

Le 21, la 2^e et la 3^e division marchèrent sur Rattemberg, occupé par environ 3,000 insurgés qui se retirèrent à l'approche des troupes bavaroises, et coupèrent les ponts derrière eux. La 2^e division se porta au pont du Ziller, près du village de Strass, et l'ayant fait réparer elle prit position. La 3^e division se plaça en arrière de Rattenberg. Les retranchements élevés par l'ennemi entre Voergl et Rattenberg, et au pont de Ziller, furent détruits. On s'occupa alors du désarmement du Zillerthal, ainsi que de celui des baillages de Rattenberg et de Kufstein. Les troupes qui étaient à Golling firent également leur jonction avec celles du Puizgau, et les insurgés de ces vallées se soumirent. Le désarmement fut opéré, des ôtages exigés, et les ponts sur l'Inn rétablis.

Le 22 et 23, les 2$^e$ et 3$^e$ divisions restèrent en position.

La brigade de la 1$^{re}$ division, qui occupait Saint-Joham et Kizbahel, vint, le 23, prendre position à Kundt.

Le 24, cette même brigade et la 2$^e$ division se portèrent à Hall; on ne rencontra que de très-petits postes d'insurgés, une brigade de la 3$^e$ division occupa Rattenberg. La seconde brigade fut répartie ainsi qu'il suit : 1 bataillon, 1 escadron et 3 pièces de canon à Schwatz, 1 bataillon à Veerberg; 2 bataillons, 1 escadron et 3 pièces de canon sur les hauteurs du pont de Wolderc ou Venaper.

Cependant ces premières opérations firent craindre aux insurgés que le corps d'armée bavarois, en faisant un mouvement par la gauche, ne vînt occuper Maitray et Steinach, et les couper du corps qu'ils avaient à Lienz et devant Trente. Ils songèrent donc d'abord à couvrir ces positions en abandonnant Hall et Inspruck. Afin d'attirer l'attention du général Drouet sur ces deux villes, et de lui ôter l'idée d'un mouvement général sur Sterzing, ils continuèrent à occuper la rive gauche de l'Inn jusqu'en face d'Inspruck, menaçant ainsi les communications directes du général Drouet avec la Bavière. Leurs forces principales étaient concentrées dans leurs retranchements, sur la montagne, sur la route de Brixen. Ils avaient une réserve à Steinach. Le 25, une forte reconnaissance fut poussée sur Inspruck ; les insurgés avaient détruit le pont de Mühlu sur l'Inn. Ce pont fut promptement rétabli, la ville fut occupée, et l'ennemi se retira dans ses retranchements de la montagne. La position fut reconnue, mais on se contenta de placer à l'entrée de la ville, du côté de Hall, une forte avant-garde qui devait défendre et garantir le pont. Le même jour, un officier d'ordonnance du prince Eugène apporta au général Drouet la nouvelle de la marche des troupes, qui entraient par la vallée de la Drave et le Pusterthal. Plusieurs exemplaires des ordres et des proclamations du vice-roi furent de suite envoyés à Hoffer, qui était alors à Steinach. On lui signifiait de faire connaître ses intentions dans les quarante-huit heures.

Le 26, la brigade de la 1re division qui était restée dans le Puizgau rejoignit le corps d'armée. Elle se réunit à la division, à Hall. Le même jour, le poste de Scharnitz fut enlevé par le colonel Oberndorf. Pendant les journées du 26, 27 et 28, il y eut des engagements continuels avec la ligne des postes des insurgés, qui s'étendaient des hauteurs en face d'Inspruck, jusqu'en avant de Veerberg.

Le 29, Hoffer annonça au général Drouet qu'un courrier de l'archiduc Jean avait apporté aux Tyroliens l'assurance que la paix avait été conclue le 14. Il demanda en même temps une suspension d'armes de quinze jours, sous la condition que les troupes bavaroises se retireraient en arrière de Kufstein. Il sollicita aussi des sauf-conduits pour envoyer des députés au prince Eugène; ceci témoignait d'une sorte de mauvaise foi de Hoffer, car, la proclamation du vice-roi ayant été signifiée aux troupes qu'il avait en avant de Lienz, il lui était plus facile d'envoyer par là des députés au quartier général, à Villach. Son but, en sollicitant des sauf-conduits du général Drouet, semblait donc être de gagner du temps. Le général refusa la suspension d'armes, mais accorda les passe-ports pour les députés, décidé à occuper jusqu'à leur retour Inspruck.

Le 30, l'avant-garde du corps à Inspruck fut vivement attaquée, mais inutilement. Toutefois, des émissaires des insurgés ayant été arrêtés, colportant l'ordre aux habitants d'Inspruck de reprendre les armes, le général Drouet se décida à les prévenir immédiatement.

Le 1$^{er}$ novembre la 2$^e$ division fut chargée d'attaquer la position de la montagne défendue par environ 8,000 paysans fortement retranchés. Après un feu d'artillerie bien soutenu, l'infanterie emporta d'assaut le retranchement, les insurgés furent dispersés ayant perdu beaucoup de monde. On leur prit 8 pièces de canon et toutes leurs munitions.

Tandis que la 2$^e$ division attaquait le retranchement de la montagne, le général Raglowich avec 2 bataillons, 2 escadrons et 6 pièces d'artillerie de la 1$^{re}$ division, empêchait les insurgés devant Hall de se porter au secours des leurs; mais, en même temps, les insurgés à la gauche de l'Inn, voulant faire une diversion favorable à ceux de la montagne, attaquèrent Inspruck par les hauteurs de Hœltingen. Le général Rechberg, qui y fut envoyé avec une brigade de la 1re division, 2 escadrons et 3 pièces de canon, repoussa cette attaque et chassa les insurgés des hauteurs. Le soir, le général Drouet fit venir à Hall le général de Deroy avec 3 bataillons ; Volders fut occupé par 1 bataillon, 1 escadron et 3 pièces ; Weerberg par 1 escadron et 3 pièces ; Rattenberg et le Zillerbruck par 2 bataillons, 1 escadron et 4 pièces ; de la cavalerie fut envoyée par le Zillerthal pour tâcher de communiquer avec les troupes du général Baraguey-d'Hilliers ; de cette manière la communication avec Kufstein se trouvait couverte ; celle par Radstadt (dans le pays de Salzburg) l'était par de l'infanterie et par deux escadrons de cavalerie.

La 2e brigade fut placée à Zirl pour assurer la communication avec Scharnitz, une avant-garde occupa Schonberg et les hauteurs environnantes sur la route de Brixen ; les villages d'Altrans, d'Ampas, de Will, et les hauteurs voisines qui étaient encore aux mains des insurgés furent balayées, et une avant-garde fut poussée jusqu'à Patsch et Mühlthal, à la hauteur de Schonberg.

A la suite de ces diverses opérations on envoya des troupes dans la haute vallée de l'Inn, et les baillages qui se trouvent de ce côté donnèrent des ôtages et firent leur soumission. Des troupes furent placées entre Unter-Miemingen et Imst pour observer la vallée d'Oez, vallée d'autant plus intéressante, qu'elle pouvait être utile aux insurgés pour faire une diversion dans la vallée du haut Inn. Deux ponts placés au bas de cette vallée ouvrent la communication avec Imst. Le chemin remonte la vallée par Umhausen, Ober-Lengenfeld, Sœlden, et conduit au col de Passeyer-Alpen, d'où l'on communique avec le Passeyer-Thal, Meran et Stertzing. De Sœlden, deux autres chemins peut-être un peu difficiles pendant l'hiver conduisent par Pillberg et Fender dans le Wintschgau, au-dessus de Meran.

Le 4, la position du corps d'armée bavarois était la suivante : la 1$^{re}$ division dans la plaine d'Inspruck, occupant les hauteurs et ayant ses avant-postes à Schonberg et Muhlthal, sur la route de Brixen; la 2$^e$ division, ayant une brigade à Zirl, communiquant par sa droite avec Scharnitz, occupé par les volontaires du comte d'Oberndorf; l'autre brigade s'étendant sur l'Inn jusqu'à Landeck; la 3$^e$ division (quartier général à Hall) sur la rive droite de l'Inn, depuis Wolders jusqu'à Rattenberg.

Hoffer fit prévenir ce jour-là le général Drouet qu'il avait ordonné à ses postes de mettre bas les armes. Le 5 et le 6 il n'y eut aucun mouvement.

Le 7, l'avant-garde de la 2$^e$ division, qui avait échangé ses positions avec la 1$^{re}$, s'étant portée à Steinach sur la route de Brixen, eut à en chasser 1,500 insurgés qui, loin de poser les armes, ainsi que l'avait annoncé Hoffer, se défendirent de position en position. En même temps, un rassemblement de paysans reparut dans le haut du Ziller-Thal.

Le général Minucci, qui venait joindre le corps d'armée avec trois bataillons, un régiment de cavalerie et de l'artillerie, y fut envoyé; il les battit et les dispersa.

Le 10, l'avant-garde de la 2ᵉ division occupa le village de Brenner sur la route de Sterzing, et fit réparer tous les ponts qui avaient été coupés. En conséquence de ce mouvement, la communication fut ouverte, le 11, avec les troupes que le général Baraguey-d'Hilliers avait envoyées à Sterzing. Celles qui étaient à Imst furent attaquées deux fois dans la journée par les insurgés du haut Inn: ces attaques furent repoussées; mais, comme il paraissait que la vallée d'Ocz et le haut Inn du côté de Landeck ne voulaient pas se soumettre, toute la division eut ordre de s'y porter.

Le 14, toute la première division était à Imst. Des colonnes s'avancèrent par OErzell et Wens, pour se porter sur Kiem et tourner la position des insurgés; ceux-ci, probablement instruits du mouvement, se dispersèrent; le lendemain le baillage de Landeck se soumit et fut occupé. Il en fut de même les jours suivants pour les vallées d'Ocz et d'OErzell, où l'on prit les mesures les plus promptes pour le désarmement.

Les insurgés occupaient toujours en force le poste de Funstermanz sur l'Inn, aux confins de l'Engadine; ce poste leur était de la plus grande nécessité pour couvrir la vallée du haut Adige qu'ils tenaient encore, et pour empêcher qu'on ne prît à dos les troupes qu'ils y avaient. Cependant l'insurrection ne tarda pas recommencer dans plusieurs petites vallées secondaires de l'Inn, en face de Landeck. Les rassemblements reparaissaient sur les hauteurs de la rive gauche de cette rivière. On dut y renvoyer des troupes de la 1<sup>re</sup> division.

Le 25, on arrêta des émissaires des insurgés colportant les ordres pour une attaque générale. Bientôt des partisans du gouvernement bavarois dévoilèrent le projet des insurgés qui était de surprendre les troupes dans la nuit du 27, et de s'en défaire d'un seul coup. En effet, il y eut des rassemblements; mais les précautions étaient prises, ils furent dispersés, et l'ordre rétabli.

Présumant que des troupes du corps d'armée du général Baraguey-d'Hilliers avaient pénétré dans le Winschgau, qui venait de faire sa soumission, des partis furent envoyés, le 28, sur Nauders, pour communiquer avec elle. Depuis cette époque la partie du Tyrol occupée par les troupes bavaroises resta tranquille et soumise.

Hoffer n'avait jamais été reconnu par un acte public et solennel chef suprême de la nation; cependant il avait acquis tant d'influence, que le Tyrol entier prenait les armes à sa voix, et qu'il était bientôt parvenu à dominer tous les autres chefs. Habituellement il marchait avec 8 à 10,000 hommes, divisés par compagnies de 100 à 150 insurgés; mais, quand il avait quelque expédition à faire, il en rassemblait 20 à 30,000 qu'il licenciait ensuite. Il paraît certain que ce chef de bande avait songé à profiter de son ascendant sur le Tyrol allemand pour organiser le pays d'une manière à peu près régulière, puisque, ainsi que nous le disions plus haut, il avait constitué à Inspruck une espèce de gouvernement ou comité central composé en grande partie d'employés du gouvernement bavarois. Cette dernière circonstance prouve que le gouvernement du roi Maximilien avait été trompé par la plupart de ses employés en Tyrol. L'insurrection, au surplus, n'avait pas eu le même caractère partout. Dans le Tyrol allemand elle était générale; les habitants de toute classe et de tout âge s'y étaient portés avec enthousiasme et fanatisme. Le Tyrol italien, au contraire, plus civilisé, y prit une part moins active, surtout dans la position moins voisine du territoire allemand. Dans la partie italienne aucune famille considérable par sa position ne s'en mêla, et il ne fut jamais possible d'y organiser une levée en masse comme dans le nord du pays. Les forces des insurgés du Tyrol italien consistaient en quelques compagnies composées de gens sans aveu et commandées en partie par des étrangers comme Garbino, marchand de Vienne, qui avait été obligé de s'enfuir pour un assassinat; Dalpoute de Brescia, accusé d'avoir fabriqué des fausses lettres de change. Il s'y joignit bon nombre de brigands et de déserteurs; aussi les compagnies du Tyrol italien commirent-elles plus de crimes et de désordre que les compagnies allemandes.

Cependant, le 28 octobre, le général Baraguey-d'Hilliers reçut l'ordre d'entrer en Tyrol par le vallon de la Drave, avec un corps composé ainsi qu'il suit :

Division Séveroli, 1$^{re}$ brigade, général Bertoletti,

à Spital et Sachsenburg; 1ᵉʳ léger italien, 1 bataillon, 656 hommes; 2ᵉ léger, 1 bataillon, 603; régiment dalmate, 2 bataillons, 730; artillerie, 60; chasseurs royaux, 25; pièces de canon, 2; 2ᵉ brigade, colonel Rossi, à Villach; 1ᵉʳ de ligne italien, 3 bataillons, 1,580 hommes; 4ᵉ de ligne, 1 bataillon, 450; artillerie du 1ᵉʳ, 62; chasseurs royaux, 2 escadrons, 120; chasseurs de Prince-Royal, 60; 5ᵉ compagnie d'artillerie à pied italienne, 60; bouches à feu, 4; total 4,386.

Division Barbou, 1ʳᵉ brigade, général Moreau, près de Villach; 13ᵉ de ligne français, 3 bataillons, 2,128 hommes; 2ᵉ léger français, 3 bataillons, 1,771; artillerie régimentaire 124; pièces de canon, 4; 2ᵉ brigade, général Huard, près de Klagenfurt; 35ᵉ de ligne, 2 bataillons, 1,253 hommes; 53ᵉ de ligne, 3 bataillons, 1,851; artillerie, 156; 4ᵉ compagnie du 2ᵉ régiment d'artillerie à pied, 69; bouches à feu, 4; 8ᵉ régiment de chasseurs à cheval, 650. Total 7,962; total général, 12,348.

La division Broussier, qui devait également faire l'expédition, s'assemblait dans les environs de Klagenfurt. Elle était composée ainsi qu'il suit : généraux de brigade Garreau et Teste, 9ᵉ de ligne français, 3 bataillons; 84ᵉ de ligne français, 3 bataillons; 92ᵉ de ligne français, 3 bataillons; artillerie, bouches à feu, cavalerie.

Le 29 octobre, les deux divisions Sévéroli et Barbou commencèrent leur mouvement; la brigade Bertoletti détacha le régiment dalmate à Gemund avec 60 chasseurs à cheval; le reste de la brigade se réunit à Sachsenburg ; la brigade Rossi, qui, le 28, s'était avancée de Villach à Paternion, se porta, le 29, à Spital avec le quartier général de la division Sévéroli. La division Barbou se porta à Villach, où elle s'établit; le 8ᵉ de chasseurs fut placé au nord de Villach, l'état-major du général Baraguey-d'Hilliers à Spital. Le 30, un bataillon du régiment dalmate fut envoyé avec un détachement de 25 chasseurs à cheval du 8ᵉ régiment, à Gemund, sur la route de Salzburg, pour entrer en communication avec les troupes bavaroises, qui, après avoir soumis l'évêché de Salzburg, avaient des postes à Saint-Michel dans la vallée de la Muhr ; le 8ᵉ régiment de chasseurs à cheval détacha 200 hommes à la division Barbou, et 50 hommes à Paternion pour la correspondance ; les divisions Sévéroli et Barbou restèrent en position.

Le 31, la brigade Bertoletti se porta de Sachsenburg à Greiffenburg ; la brigade Rossi de Spital à Sachsenburg ; la brigade Moreau de Villach à Spital ; le 3ᵉ régiment avec le général Huard, de Villach à Paternion ; le détachement du 8ᵉ de chasseurs avec le quartier général de la division, de Spital à Sachsenburg ; la division Barbou avait détaché de Villach le 53ᵉ régiment avec 2 pièces de 3 et 50 chasseurs pour former l'avant-garde. Cette colonne devait être le 3 novembre à Sillian ; la brigade Moreau détacha 240 hommes du 3ᵉ régiment d'infanterie de ligne pour flanquer la division dans la vallée de la Moll. Ce fut à ce moment que les chefs des insurgés demandèrent à envoyer des députés au prince Eugène. On accorda des passe-ports à six d'entre eux, qui le même jour se présentèrent au vice-roi à Spital; ils en reçurent des promesses consolantes et garantirent de leur côté la soumission du pays de Lienz.

Le 1ᵉʳ novembre, la brigade Bertoletti se porta de Greiffenburg à Ober-Drauburg; la brigade Rossi et l'état-major italien, de Sachsenburg à Greiffenburg; la brigade Moreau avec le général Barbou, de Spital à Sachsenburg; le 35ᵉ régiment avec le général Huard de Paternion, à Spital; l'état-major, à Greiffenburg. Tout paraissant tranquille dans le pays, le régiment dalmate quitta Gemund, pour se rendre à Sachsenburg. Le 92ᵉ régiment se mit en marche de Klagenfurt, pour se rendre à Spital, où il arriva le 3.

Le 2 novembre, la brigade Bertoletti marcha sur Lienz; la brigade Rossi suivit son mouvement. La divison Séveroli se trouva toute dans cette ville, à l'exception d'un régiment, qui prit position à Ober-Drauburg. La brigade Moreau avec le général Barbou vint de Sachsenburg à Ober-Drauburg; le 35ᵉ régiment avec le général Huard, de Spital à Greiffenburg; le quartier général de la division s'établit à Lienz; le 8ᵉ de chasseurs fut chargé des postes de correspondance à Villach. Paternion, Spital, Sachsenburg, Greiffenburg, Ober-Drauburg et Lienz ayant été occupées sans résistance, on établit le même jour un bataillon à Ober-Lienz et un à Leisach, sur la route en avant de la ville. Le général Rusca avec son avant-garde, arrivé à Manterdt, avait été obligé, par le mauvais état des chemins, de renvoyer son artillerie et ses bagages sur Ober-Drauburg. Il se rendit le 2 à Luckan, d'où il continua sa marche sur Sillian.

Le 3, la brigade Bertoletti se porta de Lienz à Pauhendorf, en arrière de Sillian, où arriva également le général Rusca; la brigade Rossi avec l'artillerie et la cavalerie de la division, de Lienz à Reid et Mittelwaldt; le régiment dalmate, de Ober-Drauburg à Opfalterbach, entre les deux brigades; la brigade Moreau avec le général Barbou, d'Ober Drauburg à Alleng en avant de Lienz; le 35° régiment avec le général Huard et deux pièces de canon, de Greiffenburg à Lienz. Le quartier général fut établi à Mittelwaldt.

Le 4, le général Rusca avec son avant-garde s'avança sur Prunecken. On reconnut que l'insurrection était en armes dans la vallée; le gros des rassemblements occupait Windisch-Matray. Le général se porta, dès le lendemain, de Niederasen sur Kiens. Il eut sur ce point un petit engagement, à la suite duquel il pénétra dans Prunecken.

Le chef de bataillon Barbieri, du 1ᵉʳ régiment, attaqué à Gais par les insurgés, se replia sur Prunecken. Le colonel Rossi reçut l'ordre de se porter à son secours avec un autre bataillon de son régiment, et l'ennemi, qui s'était emparé de Aufhosen, au nord de Prunecken, en fut chassé.

Le 6, le général Rusca poussa des reconnaissances sur Unterwints, vers Mühlbach, dans la vallée de la Drave; le général Bertoletti au sud de Prunecken. On envoya des détachements sur plusieurs points pour annoncer la paix, publier la proclamation du prince Eugène et obtenir le désarmement.

Un de ces détachements, aux ordres du colonel Rossi, ayant reçu l'ordre de se rendre à Taufers, au nord de Prunecken, se trouva à Gais en face des insurgés qui avaient coupé le pont et s'étaient mis en défense. La rivière fut passée à gué et l'ennemi poussé jusqu'à Unteinheim, où il se retrancha. Là, il voulut parlementer et proposer qu'on différât l'occupation de leur pays. Pour toute réponse, les voltigeurs tournèrent les retranchements, et les insurgés, culbutés avec perte, furent poursuivis jusqu'à Taufers. Environ 500 hommes se renfermèrent dans le vieux château de Taufers, déclarant qu'ils se défendraient jusqu'à la mort, et menaçant le colonel Rossi d'une attaque générale des habitants des trois vallées de Taufers, de Rauten et de Mühlwald. Le tocsin sonnait dans tous les villages ; mais, pendant la nuit, le château ayant été investi, les 500 insurgés perdirent courage. Néanmoins, ils trouvèrent au point du jour le moyen de s'échapper. La vallée se soumit, rendit ses armes et environ 700 prisonniers, parmi lesquels beaucoup de Bavarois et de Saxons. Le 7, dans la journée, le 1$^{er}$ régiment de ligne italien se réunit à Gais.

Pendant ce temps, les insurgés qui avaient fortifié la gorge de Mühlbach (Mühlbach Clausel), s'y préparaient à une vigoureuse résistance. Quoique attaqués de front par les deux divisions du général Baraguey-d'Hilliers et en flanc par le corps bavarois qui s'était avancé jusqu'à Steinach, ils avaient encore l'espoir de résister au Brenner, et de repousser l'attaque sur Mühlbach. Ils songeaient même, en faisant reprendre les armes aux habitants du Pusterthal et du vallon de la haute Drave, à faire une diversion sur les derrières de l'armée française. C'est ce qui semble résulter d'un ordre du 6 novembre, adressé par le comité de l'insurrection aux peuples des vallées de la haute Drave et de l'Ober-Pusterthal et daté de Mitterolang (entre Niéterndorf et Prunecken). Cet ordre annonçait que les compagnies de l'Adige et de l'Eisach venaient au secours de celles qui défendaient Mühlbach, et demandait que les juridictions de Ober-Pusterthal, dont les chefs n'avaient point de nouvelles, fissent une diversion sur les derrières des troupes françaises. On enjoignait en outre aux compagnies de déclarer s'ils voulaient ou non avoir part à l'insurrection; et, dans le premier cas, de pousser des troupes sur Luckan, dans le vallon de la Gail, et vers Hochkreutzberger, au midi de Lienz; d'occuper la gorge de Lienz (Lienzes Clausel), en avant de Leisach. Si la gorge de Mühlbach est forcée, était-il dit dans cet ordre, le commandant en chef qui se trouve à Sterzing est pris par derrière et tout est perdu. Une autre pièce sans signature, datée d'Eheuburg (à gauche de la Rienz, en face de Kiens), le 6, et adressée au comité d'Asling et à Michel Pusching, prescrivait aux habitants d'Asling de prendre les armes, et annonçait qu'en vertu des instructions venues de Clausen, il était enjoint de faire résistance. Un troisième ordre enfin, signé Pierre Kemmoten, daté d'Unterwints et adressé à Michel Pusching, disait que les fortifications de la gorge de Mühlbach étaient achevées, et engageait les peuples des juridictions voisines à prendre les armes. Il résultait clairement de ces pièces interceptées, que la soumission du Pusterthal, du vallon de la haute Drave et des vallées adjacentes, n'avait été rien moins que sincère, et que les habitants n'avaient pas, à beaucoup près, livré toutes leurs armes.

Le projet de faire une diversion sur les derrières du corps du général Baraguey-d'Hilliers aurait pu avoir des conséquences favorables aux insurgés, s'il eût été exécuté en grande force, mais trop de motifs tendaient à le rendre illusoire. D'abord, le manque d'ensemble dans les opérations et dont ces ordres même étaient une preuve. En effet, les insurgés reconnaissaient bien, en quelque sorte, un chef supérieur dans la personne de Hoffer, mais chaque chef particulier ou comité d'une juridiction donnait des ordres en son propre nom. Le premier qui se croyait menacé appelait des voisins à son secours, et cette espèce d'anarchie devait immanquablement nuire à l'ensemble de la défense. En second lieu, le corps du général Baraguey d'Hilliers occupait tout le pays, depuis Prunecken jusqu'à Lienz, assez en force sur chaque point pour ne pas craindre d'être culbuté nulle part. Enfin, les insurgés, menacés par trois divisions bavaroises réunies à Inspruck et qui avaient leur avant-garde à Steinach, et par la division Vial, qui était à Bolzano depuis le 6 au matin, étaient contraints à diviser leurs forces. Le nœud de la question se trouvait donc dans le triangle de Prunecken, Steinach et Bolzano.

Le 7, la brigade Rossi, réunie à Gais, y resta en

position. La brigade Bertoletti, à Saint-Lorenzin et l'avant-garde du général Rusca, à Kiens. La brigade Moreau se porta à Prunecken; la brigade Huard, partie le 6 de Lienz, vint occuper Percha; le régiment dalmate réuni à Niderasen se porta également à Prunecken; le 92ᵉ, parti le 1ᵉʳ novembre de Klagenfurt, sous les ordres du général Garreau, arriva à Lienz les 6 et 7. Deux bataillons de ce régiment restèrent à Lienz et un fut placé à Sillian. Le même jour, les trois bataillons du 84ᵉ régiment débouchèrent à Spital, et, le lendemain, un bataillon fut envoyé à Sachsenburg. Le 8, le général Baraguey-d'Hilliers, qui avait concentré ses deux divisions aux environs de Prunecken, se mit en marche pour attaquer la gorge de Mühlbach [1]. A la tête de la colonne marchait l'avant-garde, commandée par le général Rusca et composée du 53ᵉ d'infanterie de ligne avec ses deux canons et un obusier du parc. Cette avant-garde était soutenue par les bataillons des 1ᵉʳ et 2ᵉ léger et du 4ᵉ de ligne italien, aux ordres du général Bertoletti, les deux pièces du 1ᵉʳ régiment d'infanterie de ligne italien et les deux des Dalmates. Le général Séveroli suivait avec le régiment de Dalmates et le parc de sa division, tandis que le 1ᵉʳ régiment de ligne italien, passant par Pfalzen et Terenten, couvrait le flanc droit de la colonne jusqu'à Unterwints, où il devait la rejoindre. Le général Barbou venait avec la brigade Moreau et le parc à la suite de

---

[1] On se rappelle que la mission du commandant Tascher auprès de Hoffer venait d'échouer.

la division Sévéroli. Le général Huard avec le 35ᵉ régiment resta à Prunecken. La marche des troupes fut inquiétée par les paysans postés sur les hauteurs voisines de la route, sans être retardée, jusqu'à 500 toises au delà d'Unterwints, où l'avant-garde, ayant trouvé la route coupée par des abatis, fut assaillie par une vive fusillade des tirailleurs des insurgés, embusqués sur les berges rapides des montagnes de droite et de gauche. Toutefois, le chemin fut ouvert de vive force et la colonne continua sa marche jusqu'à une portée de carabine de la Chiusa, où deux coups de canon et une décharge générale de la mousqueterie des remparts prouvèrent le dessein de l'ennemi de s'y défendre. La Chiusa de Mühlbach, située dans un endroit très-resserré du vallon de la Rientz, était appuyée d'un côté au lit de cette rivière rapide et inguéable, et de l'autre à des rochers à pic. Le passage était fermé par un ancien mur, encore très-épais, lié par quatre tours hérissées de meurtrières et d'embrasures. L'enceinte était couverte par un fossé profond. Dans la direction de la route se trouvait une grande porte très-épaisse avec un pont sur le fossé. Ce pont était couvert par un tambour en palissades, et le fossé était palissadé depuis la montagne jusqu'à la rivière. Bref, cette position offrait un obstacle des plus sérieux.

Le 53ᵉ régiment fut placé dans un bois, à la droite de la route et à 200 toises de la Chiusa; la brigade Bertoletti se forma par échelons en arrière; et les sapeurs débarrassèrent la route des abatis qui l'obstruaient, afin de mettre en batterie 4 pièces de 3 et

2 obusiers sur une éminence qui avait un peu de commandement sur le fort. Pendant ce temps, le 2ᵉ régiment d'infanterie de ligne italien rétrogradait sur Unterwits, où il devait passer la Rientz sur un pont, et venir prendre position sur les hauteurs de la gauche de cette rivière, en face et en arrière de la Chiusa; deux compagnies de voltigeurs du 53ᵉ régiment gravissaient les rochers de la droite, pour tourner le fort et une batterie de deux pièces que les insurgés avaient de ce côté. Au bout d'une heure, l'artillerie réussit par son feu à mettre le désordre dans le fort; et les tirailleurs du 2ᵉ léger parurent sur la hauteur à la gauche de la Rientz. Alors, une forte colonne des insurgés fut aperçue sur la route, en désordre en arrière du fort. Le général Rusca, qui venait d'être blessé, ordonna aux deux bataillons du 53ᵉ régiment de s'élever sur son flanc droit, afin de tourner la Chiusa, et le général Bertoletti reçut l'ordre de jeter de suite quelques compagnies à sa gauche le long de la rivière, pour profiter de la terreur répandue parmi les insurgés, et pour tâcher, à la faveur d'un mur, de pénétrer dans le fossé. Il devait alors former en colonne le reste du 1ᵉʳ léger et le bataillon du 4ᵉ de ligne italien, pour enlever à la baïonnette le tambour en palissade qui couvrait la porte. Ce mouvement fut exécuté avec vigueur, et, malgré la mitraille de trois pièces de canon placées dans les tours du fort, et une fusillade meurtrière, les palissades furent emportées. Mais l'ennemi avait coupé le pont et barricadé la porte avec des poutres et des pierres de taille. On ne put l'enfoncer. Cepen-

dant les voltigeurs du 53ᵉ régiment avaient, malgré une grêle de pierres, gagné la mi-côte des montagnes de droite et descendaient sur les derrières de l'ennemi, et le bataillon du 1ᵉʳ léger avait enlevé les deux canons placés également à la droite. Les insurgés abandonnent alors leurs pièces; ils fuient à toutes jambes partie vers Sterzing, dont ils brûlent le pont, partie vers Clausen, en traversant Brixen. Les voltigeurs du 53ᵉ régiment ayant ouvert la porte, cinq bataillons passèrent sur les travées du pont détruit et poursuivirent l'ennemi, le général Rusca, en remontant l'Eisach et le général Bertoletti, en descendant la Rientz, tous deux sans obstacle, mais sans succès, n'ayant pu atteindre les fuyards. Le pont fut réparé vers deux heures après-midi, et le reste des troupes y passa avant la fin du jour. Le bataillon du 2ᵉ léger italien, qui avait pris deux pièces de canon, rejoignit sa division. Le général Rusca ayant trouvé le pont de Sterzing brûlé, vint prendre position sur la route d'Inspruck; la division Sévéroli bivaqua en avant de Brixen; la division Barbou occupa par un régiment de la brigade Moreau les hauteurs entre Mühlbach et l'Eisach et par l'autre régiment, Mühlbach, la vallée de Wale (Waller Thall) et la Chiusa. La brigade Huard resta à Prunecken pour le désarmement; les Dalmates, à Unterwints. La perte des insurgés, quoique très-considérable, ne put être évaluée, attendu qu'ils enlevèrent leurs morts et leurs blessés. Les troupes françaises eurent 18 officiers blessés, 31 soldats tués et 116 blessés. Parmi les blessés se trouvaient le général

Rusca et le lieutenant Mathieu, du régiment dalmate, qui remplissait auprès de lui les fonctions d'officier d'ordonnance, les chefs de bataillon Peraldi, du 1ᵉʳ léger, et Veissières, du 53ᵉ régiment, et M. Vassali, aide de camp du général Bertoletti [1].

Le 9, la brigade Bertoletti fut portée sur Clausen pour entrer en communication avec le général Vial, qui était à Bolzano; le général Rusca marcha au sud sur Brixen. On reconnut que les insurgés dans leur retraite avaient brûlé les ponts sur l'Eisach, au nord de Lienz. Le général Garreau, voulant réduire les habitants de Windisch-Matray, et des communes environnantes, en armes depuis le 4, détacha de Lienz 300 hommes du 92ᵉ régiment, sous les ordres du chef de bataillon Gougeon. Cette colonne vint, le 9, prendre position à San Johann im Wald, dans la vallée d'Ils. Le commandant ayant appris que les insurgés étaient retranchés à Unter-Peischlach, et ayant ordre d'employer d'abord la voie de la douceur, leur fit connaître la proclamation du prince Eugène. L'approche de ce détachement décida les insurgés à se retirer, et il ne resta plus que quelques hommes sans aveu qui se réunirent à 600 rebelles du pays de Salzburg, sous les ordres d'un aubergiste de Windisch-Matray. Le chef de bataillon Gougeon,

---

[1] C'est à la suite de ce brillant coup de main que Hoffer publia, de Sterzing, la fameuse proclamation par laquelle il engageait les Tyroliens à déposer les armes. Cette proclamation n'eut d'autre résultat que de faire cacher les armes dans les bailliages occupés par les troupes françaises. Le reste du Tyrol resta en insurrection. Hoffer lui-même ne tarda pas à violer sa parole et à exciter les peuples à une nouvelle levée de boucliers.

dès qu'il fut instruit de ce fait, se porta en face d'Unter-Peischlach, et fit inviter le chef des rebelles, nommé Waler, à une entrevue. Waler répondit :

« J'ai reçu votre lettre à une heure et demie, où vous m'invitez de m'aboucher avec vous. Il me fait plaisir d'avoir l'honneur de vous parler; si vous le désirez je me présenterai avec six hommes armés, et l'abouchement se fera chez le paysan, à Rehervurg. Je désirerais, comme on le donne par écrit à votre général, de donner les positions des gorges et des vallées, ainsi que votre général les a déjà dans les mains; au reste, je ne suis que pour délivrer les vallées, et non pour être préposé à une armée réglée, je vous salue. »

L'entrevue eut lieu, mais sans effets; Waler s'obstinait à vouloir commencer les hostilités le lendemain si les troupes ne se retiraient pas. Le chef de bataillon Gougeon le voyant ivre, l'engagea à revenir le lendemain matin dans son bivac; il fit prévenir le général Garreau, qui lui répondit de gagner du temps jusqu'à l'arrivée d'un renfort, et ordonna en même temps à 200 hommes du bataillon qui était à Sillian de partir, le 10, en se dirigeant par Hopfgarten, afin d'attaquer en flanc la position des rebelles.

Le 10, Waler revint trouver le chef de bataillon Gougeon, mais ne voulut d'abord entendre aucune proposition, prétendant que les troupes françaises étaient enveloppées et ne pouvaient échapper. Le commandant prolongea l'entretien jusqu'à l'arrivée du général Garreau, qui se présenta tout à coup avec 200 hommes. La vue du général et le mépris qu'il fit des paroles de Waler réduisirent ce dernier à demander que le pardon accordé par Sa Majesté aux Tyroliens s'étendît aux siens. Le général lui en donna l'assurance, et tout rentra dans l'ordre; le chef de bataillon Gougeon prit possession des retranchements d'Unter-Peischlach qui, par des parapets en terre ou en pierre sèche et des abatis, fermaient la vallée de Windisch-Matray et de Hopfgarten. Le même jour, le général Bertoletti, qui s'était porté sur Bolzano, opéra sa jonction avec le général Vial. Un bataillon du 1$^{er}$ de ligne avait remplacé sa brigade à Clausen.

Le 11, il n'y eut aucun mouvement. La jonction avec l'armée bavaroise se fit en avant de Mittelwaldt, entre Brixen et Sterzing, dans la vallée de l'Ils. Garreau ayant fait rentrer à Lienz les 200 hommes qu'il avait amenés, et à Sillian ceux qui en étaient partis, laissa à Unter-Peischlach le chef de bataillon Gougeon, qui poussa des partis de 60 hommes sur Virgen, Windisch-Matray et Hopfgarten; ces détachements furent bien accueillis, mais le désarmement fut illusoire. On ne put recueillir qu'environ 100 fusils. Le 13, le chef de bataillon Gougeon rentra à Lienz.

Le 21, l'avant-garde fut dissoute; le 53$^e$ avec ses pièces et quelques chasseurs se rendit en face de Sterzing; le général Huard quitta Purnecken, avec le 35$^e$ régiment, pour se rendre à Sterzing; la brigade Moreau se rendit de Spencer et Mühlbach à Brixen, en laissant un bataillon à Unterwints; le parc, le quartier général de la division Barbou; la brigade

Bertoletti, en marche pour revenir à Clausen, reçut ordre de retourner à Bolzano ; le 1ᵉʳ de ligne italien avec l'état-major de la division Séveroli se rendit à Clausen; le régiment dalmate avec ses pièces à Brixen.

D'après un ordre du prince Eugène, le général de division Vial devait partir de Bolzano pour se rendre à Trente, où il avait à prendre le commandement du Tyrol italien, laissant à Bolzano le 1ᵉʳ régiment léger napolitain; le 81ᵉ de ligne français; le 14ᵉ léger, idem; le 5ᵉ de ligne, idem; le 1ᵉʳ régiment de chasseurs napolitain, et ce qui se trouverait de la colonne mobile de la Piave, dissoute, une pièce de 3 et 1 obusier. En conséquence de ses dispositions, la division Vial partit composée ainsi qu'il suit :

Général de brigade Digonet, 101ᵉ régiment d'infanterie de ligne français, 2 bataillons; général de brigade italien Peyri, 3ᵉ régiment de ligne italien, 2 bataillon; 7ᵉ idem; 1 bataillon, 15ᵉ demi-brigade provisoire, 1 bataillon (à Trente); 1ᵉʳ de ligne français, 1 bataillon; 4ᵉ de ligne italien, 1 bataillon (à Roveredo); chasseurs du Prince-Royal, détachement (à Trente); artillerie 6 bouches à feu.

Les troupes que le général Vial avait laissées à Bolzano, à l'exception du 14ᵉ léger français qui était encore à Neumarckt, partirent le même jour pour se rendre à Méran, où elles composèrent l'avant-garde sous les ordres du général Rusca. Le même ordre du prince Eugène, qui s'occupait du placement des trois divisions, prescrivait au général Baraguey-d'Hilliers d'établir son quartier général à Bolzano, où il réunirait la division italienne, et ferait détacher de chaque division des colonnes mobiles pour opérer le désarmement en employant d'abord les voies de douceur. Un autre ordre de même date donnait au général de brigade Almeyras le commandement de la division du général Broussier, malade. Cette division, qui passait également sous les ordres du général Baraguey-d'Hilliers, était composée ainsi qu'il suit : général de brigade Teste, à Spital; 9ᵉ de ligne, 3 bataillons, 1 à Villach, 2 à Klagenfurt; 84ᵉ idem, 3 bataillons, 1 à Sachsenburg, 1 à Spital, 1 à Gemund; 92ᵉ de ligne, 3 bataillons, 2 à Lienz, quartier général, 1 à Sillian.

Le 13, la division Séveroli fut réunie à Bolzano, ayant le régiment dalmate à Clausen, où il arriva le même jour. Le général Vial, en route pour se rendre à Trente, fit passer l'Adige à Saint-Florian aux 101ᵉ régiment français et 7ᵉ de ligne italien; des colonnes mobiles aux ordres des généraux Digonet et Peyri devaient se porter dans les communes de l'évêché de Trente, pour y opérer le désarmement.

Quoique le Tyrol fût en apparence tranquille, l'insurrection fermentait toujours dans le haut des vallées, surtout dans celles de Windisch-Matray, de Passeyer et le Wintschgau. Nulle part les armes n'avaient été livrées fidèlement, et le peu qu'on en avait recueilli, la plupart vieilles et hors de service, ne l'avait été que grâce à la présence des troupes envoyées sur les lieux. Le manque de vivres se faisait sentir, et les Tyroliens souffraient avec impatience la présence des troupes françaises. Ce sentiment est clairement exprimé dans une remontrance de la ville et bailliage de Lienz, adressée à Villach au prince Eugène, en date du 10 novembre ; dans cette lettre, après des plaintes générales sur la présence des troupes, on demande que les passages ne soient pas si fréquents, et que le nombre des cantonnements soit diminué.

Le vice-roi, en considération de l'acte de soumission présenté par les députés envoyés par Hoffer ; en raison des premiers rapports des généraux ; des bonnes intentions que manifestait la saine partie des habitants du Tyrol ; et, dans la persuasion que les rassemblements qui pouvaient encore exister n'étaient composée que de brigands étrangers au pays, ainsi que le déclaraient les habitants qui demandaient leur désarmement et leur expulsion, avait pris l'arrêté dont nous avons parlé plus haut. Cependant, dès cette époque, Hoffer essayait de pousser le Tyrol dans les hasards d'une nouvelle insurrection générale à la tête de laquelle il se mit.

Le 14 novembre, le général Baraguey d'Hilliers adressa aux généraux de division Rusca, Sévéroli et Barbou les ordres relatifs à la distribution et à la marche des colonnes mobiles prescrites par le général en chef. En conséquence, le général Barbou devait faire partir de Sterzing, où il avait envoyé le général Huard, deux colonnes. Le général Rusca devait faire partir de Méran, le 17, deux autres colonnes ; l'une de 400 hommes devait remonter par Saint-Pangraz, l'autre de 800 hommes devait, par Saint-Martin et Saint-Léonhard, remonter à Moos dans le Passeyer. Le général Sévéroli devait envoyer, le 15, le 1ᵉʳ léger italien à Calteru, d'où ce régiment devait détacher quatre compagnies dans la vallée d'Obernousberg; le 35ᵉ régiment à Prunecken était occupé du désarmement de ce côté; le général Vial était chargé de balayer les vallées du Tyrol italien.

Comme les insurgés occupaient encore la hauteur au-dessous de Méran, le général Rusca les fit chasser par un bataillon du 81ᵉ régiment. Le chef de bataillon qui le commandait, s'étant porté sur le Passeyer, y fut si vivement attaqué, qu'il fallut envoyer deux bataillons pour protéger sa retraite.

Le 15, le général Baraguey d'Hilliers reçut l'avis d'un rassemblement assez considérable d'insurgés dans le Passeyer; 14 compagnies, formant environ 1,500 hommes, s'étaient réunies dans cette contrée. Il crut, en conséquence de ce fait, devoir changer quelques-unes de ses dispositions. Un bataillon du 13ᵉ régiment d'infanterie eut ordre de se rendre, le 16, de Brixen à Sterzing, d'où il devait partir le 17 pour suivre à deux heures de distance et appuyer la colonne dirigée sur Saint-Léonhard. Le général Rusca eut ordre de faire appuyer la colonne de 800 hommes, qu'il envoyait dans le Passeyer, par celle de 400 qui devait d'abord se rendre dans le Viterthal.

Le colonel du 35ᵉ régiment français détacha de Prunecken 300 hommes qui devaient remonter jusqu'à Saint-Léonhard.

Le général Baraguey d'Hilliers fut encore informé, le 15 au soir, que les insurgés du Passeyer et du Wintschgau menaçaient Méran. Il fit partir, à minuit, de Bolzano, les bataillons du 2ᵉ léger et du 4ᵉ de ligne italien sous les ordres du général Bertoletti, pour soutenir le général Rusca. Ces deux bataillons arrivèrent à Méran le 16 au matin. Un bataillon du 1er léger, qui avait été envoyé à Calteru, eut ordre de prendre position au pont de Sigmundskron. Le même jour, vers dix heures du matin, le général Rusca avait fait partir de Méran le colonel Boy, commandant le 1er régiment léger napolitain avec un bataillon de son régiment, deux du 5e et un détachement du 81e français, en tout 1,200 hommes, pour exécuter l'opération prescrite par le général Baraguey d'Hilliers dans le Passeyer. Malheureusement ces dispositions manquaient d'ensemble. Le général Baraguey d'Hilliers, averti de la présence de 1,500 insurgés au moins dans le Passeyer, et craignant que les deux colonnes, l'une de 500 hommes, partant de Sterzing, et l'autre de 800, partant de Méran, ne fussent pas suffisantes, résolut de faire appuyer la première par un bataillon, et la seconde par une colonne de 400 hommes. Ces quatre colonnes, dont deux devaient descendre le Passeyer depuis Walten jusqu'à Saint-Martin, et deux le remonter par Saint-Martin jusqu'à Moos, se croisant à Saint-Léonhard, il se trouvait dans le Passeyer des forces capables d'imposer aux insurgés, et en état de disperser leurs rassemblements. Le général voulait que, ces colonnes, arrivant successivement le même jour et à peu d'intervalle l'une de l'autre, l'ennemi fût effrayé par l'idée qu'on prononçait contre lui un mouvement général. L'événement fut loin de justifier les prévisions de Baraguey d'Hilliers. Soit fatalité, soit inadvertance dans la manière dont furent donnés ou interprétés les ordres, il y eut une erreur de date qui donna lieu à une affaire des plus fâcheuses, par suite de laquelle une des colonnes fut compromise. Cette colonne, au lieu de pénétrer dans le Passeyer le même jour que les autres, ne parut que vingt-quatre heures plus tard [1].

Ainsi que nous l'avons dit, le colonel Boy, après avoir formé une réserve composée des grenadiers et des voltigeurs du 5°, et d'un détachement du 81°, en tout 350 hommes, sous les ordres du major Bougault, du 5°, sortit de Méran, le 16 au matin, pour marcher vers le nord sur le Passeyer. Il ne tarda pas à apercevoir les insurgés qui se dirigeaient en force sur le pont de Méran. Il aperçut en outre sur le plateau de Tyrol, sur sa gauche, une masse ennemie qui venait de chasser de cette position un bataillon napolitain. Le colonel Boy, laissant sa réserve au château situé sur la route, se porta vers le plateau à

---

[1] Une lettre du général Baraguey d'Hilliers au général Barbou, en date du 15 novembre, lui prescrit de faire arriver le 16, à Sterzing, un bataillon de la garnison de Brixen, lequel bataillon devait, le 17, suivre le mouvement de la colonne de 500 hommes dirigée sur Saint-Léonhard. Une lettre du même jour, au général Rusca, lui prescrit d'employer comme réserve, à la suite de la colonne de 800 hommes qu'il devait diriger sur Saint-Léonhard, celle de 400 hommes destinée pour la vallée de Velten, et le prévient qu'une colonne doit partir de Sterzing le 16 pour venir à la rencontre des deux autres. Si les deux colonnes étaient effectivement parties de Sterzing le 16, il est probable qu'elles auraient fait diversion au mouvement des insurgés sur Méran, et que le général Rusca, dégagé, aurait pu les appuyer. Au lieu de cela, se trouvant seules dans le Passeyer depuis le 17, elles succombèrent le 22 sous les efforts réunis des insurgés qui avaient contraint le général Rusca à abandonner Méran.

la tête de sa colonne bientôt assaillie par les insurgés.
Le général Rusca, de son côté, était sorti de Méran
avec le reste des troupes de sa division, afin d'attaquer l'ennemi à Steinach et de le jeter dans le Wintschgau. Il ne put vaincre la résistance des Tyroliens
qu'avec beaucoup de peine. Il parvint cependant à
les culbuter, tandis que le colonel Boy chassait les
autres de Tyrol. Vers le soir, le général Rusca rentra
en ville; le colonel resta aux prises avec l'ennemi
du côté de Tyrol. Le major Bougault, voyant son chef
engagé fortement et comprenant la nécessité d'occuper de nouveau le plateau de Tyrol, y dirigea un
détachement du 81e régiment soutenu par une compagnie de grenadiers. Ce détachement, réuni aux
Napolitains, réussit à chasser les insurgés jusque
dans les montagnes; mais il ne put parvenir à leur
couper la communication avec Steinach. Pendant
que ceci se passait au nord de Méran, l'ennemi faisait une tentative pour passer le pont de Marlingen
et pour attaquer la ville de ce côté; mais le général
Bertoletti, qui était resté à Méran, s'y porta avec ses
troupes, et, après un combat de deux heures, les
insurgés furent mis en déroute. Peu après l'ennemi,
descendu par le nord-est, parut près du pont, sur le
Passeyer; le général Bertoletti se porta à sa rencontre avec sa brigade, et, l'ayant battu vigoureusement, le contint jusqu'à la nuit. Cependant, l'ennemi
recevant des renforts et faisant plier la gauche du
colonel Boy, le major y envoya encore une compagnie
de grenadiers qui rétablit les affaires et coupa la
communication des rebelles avec Steinach. Le 5e ré-

giment avait battu les insurgés et les avait chassés jusqu'au delà d'un ravin près de Tyrol; ses tirailleurs les empêchaient de traverser le Passeyer. Le colonel Boy, convaincu qu'il ne pouvait pas se maintenir dans sa position, n'attendait que la nuit close pour se concentrer sur le plateau. Malheureusement, ce mouvement dut se faire plus tôt. Les Napolitains, manquant de cartouches, lachèrent pied, et furent poussés si vivement par les insurgés, que le major ne put les arrêter qu'en les faisant appuyer par les quatre compagnies de voltigeurs. La position du plateau fut conservée; mais le 5ᵉ régiment, qui se trouvait découvert sur sa gauche, souffrit beaucoup, et à la nuit il fut obligé également de se replier sur le plateau. Le major fut alors contraint de se couvrir par deux compagnies. Le colonel Boy, tombé malade, laissa le commandement au major, qui se hâta d'envoyer deux officiers, l'un après l'autre, rendre compte au général Rusca de l'état des choses et le prévenir que les Napolitains et le 81ᵉ manquaient de munitions, et que le 5ᵉ en avait très-peu. La première réponse du général Rusca fut qu'il fallait se servir de la baïonnette, la seconde un ordre de se retirer. D'après cela, la colonne du colonel Boy, sous le commandement du major Bougault, rentra dans Méran à onze heures du soir. Le général Rusca, croyant alors les insurgés établis sur les hauteurs en arrière de lui et en grand nombre, à en juger par leurs feux, présuma que leur intention était de lui couper la communication avec Balzano. N'ayant pas de munitions, il ne pouvait songer à renouveler son attaque le lendemain ; il craignait d'ailleurs avec raison que celles qu'il avait envoyé chercher à Bolzano par un détachemeut de chasseurs à cheval ne lui arrivassent pas ; ces motifs le déterminèrent à profiter de la nuit pour se replier. Sa retraite fut inquiétée par un feu très-vif qui cependant lui fit perdre très-peu de monde. Laissant à Vilpian un poste qui fut aussitôt attaqué et culbuté, le général Rusca, avec sa division, vient prendre position à Terlan, le 17 novembre au matin.

Le même jour, ayant appris par un aubergiste que les insurgés marchaient par les montagnes sur Bolzano, et ne se croyant pas en sûreté à Terlan, il se replia sur Cries, où il prit position, couvrant ainsi Bolzano. Il avait perdu 295 hommes tués, blessés ou faits prisonniers.

Cependant, le 17 au matin, le chef de bataillon Klippfel, du 53° régiment, quitta Sterzing avec 500 hommes pour se rendre dans le Passeyer ; le 1ᵉʳ bataillon du 13° régiment partit deux heures après sous les ordres du chef de bataillon Doreille (qui, comme le plus ancien, commandait toute l'expédition) pour appuyer la première colonne. A deux heures de Sterzing, près d'un petit village, la première colonne fut attaquée par 300 paysans qui furent presque aussitôt culbutés et se jetèrent dans la vallée de Sterzing. Après ce petit combat, la colonne, éclairée à droite et à gauche, parvint sans obstacle au sommet du contrefort que renferme le Passeyerthal, et de là jusqu'à Walten, village situé au fond de la vallée et au pied de la montagne. Un sentier très-étroit et très-difficile obligea les soldats à marcher un à un ; le bataillon du 53ᵉ régiment arriva à Walten à l'entrée de la nuit, et le bataillon du 13ᵉ deux heures plus tard ; le village était entièrement abandonné. Le chef de bataillon Doreille fit prendre position à sa colonne, plaçant le 53ᵉ à la tête du village et le 13ᵉ en arrière. Le 18, au matin, le bataillon du 53ᵉ se remit en marche pour Saint-Léonhard par un sentier très-difficile, et resserré entre des rochers couverts de neige sur la droite, et un torrent escarpé qui porte ses eaux dans le Passeyer sur la gauche. Ce bataillon, qui avait ordre de pousser jusqu'à Saint-Martin pendant que le 13ᵉ tiendrait le village de Saint-Léonhard, arriva à un quart de lieue de ce dernier village sans rencontrer d'obstacle, ayant sa droite flanquée par un détachement d'un officier et 40 hommes, qui s'était jeté dans le bois de sapins sur le penchant de la montagne. Arrivé là, on rencontra un abatis qu'il fallut déblayer ; ce fut un premier retard. Le bataillon du 13ᵉ partit de Walten deux heures plus tard, après y avoir laissé pour garder le défilé une compagnie dont le chef devait avertir le commandant de tout ce qui se passerait et attendre le retour des colonnes. Après une heure de marche, ce bataillon atteignit la gauche du 53ᵉ. Le déblayement des abatis fut achevé par les sapeurs, et les colonnes réunies se mirent en marche de nouveau. La tête du 53ᵉ étant arrivée à Saint-Léonhard, et la gauche du 13ᵉ étant engagée dans les abatis, ce dernier bataillon fut vivement attaqué à coups de fusil et à coups de pierres ; les 40 hommes du 53ᵉ qui flanquaient la tête de colonne furent pris ou tués; 200 hommes du 13ᵉ, qui en faisaient l'arrière-garde et flanquaient la droite, furent culbutés sur la colonne qui entrait à Saint-Léonhard, et n'eurent que le temps de se mettre en bataille à l'entrée du village, pour arrêter les paysans forcenés dont quelques-uns vinrent mourir sur la baïonnette. Aussitôt, un corps d'environ 400 insurgés barra le sentier par lequel les colonnes étaient venues. Le commandant Doreille crut qu'en se portant au-devant de la colonne de 1,200 hommes qui devait venir de Méran il se dégagerait. Il ordonna au 53ᵉ de pousser vers Saint-Martin, de culbuter tous les obstacles, tandis qu'il répartit le 13ᵉ dans les maisons du village pour éloigner l'ennemi par son feu. Cette disposition n'eut et ne devait avoir aucun succès. Le chemin s'élargissant un peu au-dessous de Saint-Léonhard, il valait mieux réunir les deux bataillons pour se faire jour; mais ce mouvement se fût trouvé encore inutile par suite de la retraite du général Rusca sur Bolzano et, parce que la majeure partie des insurgés avaient abandonné la poursuite de la division à Terlan pour remonter au nord dans le Passeyer, en sorte que les deux colonnes engagées à Saint-Léonhard eurent bientôt sur les bras des masses énormes. Après avoir fait beaucoup de mal à l'ennemi, le commandant Doreille fut contraint de rentrer dans le village de Saint-Léonhard le soir vers dix heures. La nuit du 18 au 19 les insurgés reçurent encore des renforts; les abatis furent augmentés sur la route de Walten, et des postes placés sur les rochers environnants, d'où ils roulaient des quartiers de rocs sur tout ce qui paraissait. Le 19, la compagnie restée à Walten fut attaquée et faite prisonnière, et le même jour le commandant Doreille fut sommé de se rendre. Non-seulement il refusa, mais il fit une tentative pour regagner Sterzing ; il ne put réussir. Les voltigeurs formant l'avant-garde firent d'inutiles efforts ; on les repoussa dans le village. Un détachement d'un officier et 30 hommes, qui avait attaqué sur un autre point, fut pris. Le soir, tous les conduits qui portaient de l'eau à Saint-Léonhard furent coupés, les postes des insurgés avancés, 2 petites pièces de canon placées en batterie devant le cimetière où étaient retranchés les grenadiers. Le 20, au matin, le commandant Doreille fut encore sommé et ne répondit à la sommation qu'en ordonnant une attaque générale. Elle réussit d'un côté, et les insurgés furent dispersés ; mais, de l'autre, on perdit quelques maisons du village qu'il fallut faire reprendre par les grenadiers du 53°. Le 21, vers midi, on tenta une nouvelle attaque aussi infructueuse que les précédentes. Deux émissaires que le commandant Doreille avait expédiés au général Huard furent arrêtés par les insurgés et fusillés. Le 22, la matinée fut tranquille. Le soldat, depuis trois jours sans pain, sans eau, sans vivres d'aucune espèce, attendait des secours avec impatience ; les munitions commençaient à manquer ; les blessés imploraient assistance ; tout à coup le feu prit à une maison avancée ; les soldats qui l'occupaient s'en échappèrent avec peine sous les coups de fusil de l'ennemi. Au même instant, les insurgés s'élancèrent de toutes parts avec la dernière fureur, et forcèrent l'entrée du village. Malgré la fusillade qui les criblait, ils allaient commencer le carnage, quand un prêtre, un de leurs chefs les plus puissants (le P. Joachim, ami de Hoffer), les arrête, les éloigne, et demande à parler au commandant. Il annonce au commandant que, s'il tarde à se rendre, il est perdu, parce qu'il ne peut plus retenir ses gens. Cet officier supérieur refusait, lorsque le prêtre lui fit remarquer que déjà les paysans avaient violé ses ordres. Le commandant Doreille ne peut que l'engager à empêcher le massacre des soldats. Bientôt les deux bataillons furent désarmés et dépouillés. On les réunit aux autres prisonniers des mêmes colonnes, et on les envoya à Moos, où ils arrivèrent le 24.

Dans la journée du 17, le général Baraguey d'Hilliers avait prévenu le général Barbou de la retraite de la division Rusca sur Terlan et Cries, le chargeant d'avertir le général Huard de se tenir sur ses gardes, parce qu'il était à craindre que l'ennemi ne se portât sur les deux bataillons qui avaient été envoyés à Saint-Léonhard, mais il n'était déjà plus temps.

Le général Baraguey d'Hilliers, manquant de vivres et surtout de munitions, ne put faire faire aucun mouvement offensif pour reprendre Méran. Ce ne fut que le 22 qu'il reçut enfin des cartouches et du biscuit. Cependant, pour ne pas se laisser resserrer tout-à-fait dans Bolzano, Baraguey d'Hilliers prescrivit au général Rusca de reprendre la position de Terlan avec son avant-garde et la brigade du général

Bertoletti. Ce mouvement fut exécuté; les Dalmates eurent ordre de se porter de Clausen à Cries, et furent relevés dans le premier poste par un bataillon du 29ᵉ régiment venu de Brixen.

Le 19, les insurgés occupèrent Jenesien dans la vallée de Tolfers, et se jetèrent par Cries sur Botzen; ils furent repoussés. Le 22, le général Baraguey d'Hilliers ayant été ravitaillé, se détermina à nettoyer le Passeyer et le Wintschgau. Il le pouvait d'autant mieux, que la division Broussier, commandée par le général Almeyras, venait de commencer son mouvement sur Prunecken. Déjà trois bataillons se trouvaient avec le général lui-même dans cette ville, ayant relevé le général Barbou qui s'était porté avec cinq bataillons de la brigade Moran sur Sterzing, tandis que le reste de cette brigade se dirigeait sur Brixen. Ainsi, de toute part, les troupes françaises resserraient l'un des principaux foyers d'insurrection.

L'attaque générale étant décidée, le général Huard (qui remplaçait le général Rusca blessé, et parti pour Milan) quitta Terlan, le 23, avec l'avant-garde, protégé sur son flanc droit par le général Bertoletti et trois bataillons, suivi par le général Séveroli et trois bataillons, flanqué lui-même sur sa gauche par deux autres bataillons. Tandis que cette forte colonne marchait vers le nord, le général Barbou avec cinq bataillons descendait sur Saint-Léonhard, où avait eu lieu la triste, mais glorieuse affaire du commandant Doreille. En même temps, les Bavarois, qui occupaient Landeck, firent une démonstration sur Fiustermüntz. Ces dispositions déterminèrent les insurgés à abandonner sans combat Méran, qui fut réoccupé de suite par les troupes françaises venant du nord et du sud.

Le jour suivant, 24 novembre, ce déploiement de forces fit réfléchir les Tyroliens du Wintschgau et du Passeyer, car ils envoyèrent des députés au général Baraguey d'Hilliers pour traiter de la soumission du pays. Le général leur accorda jusqu'au 2 décembre pour déposer les armes. Ses trois divisions occupèrent Méran.

Pendant que ceci se passait du côté du Wingtschgau, la révolte reprenait dans la vallée de l'Eysach. Les insurgés se jetaient sur Clausen, et une de leurs bandes, sous le nommé Kolb, un de leurs chefs les plus hardis, bloquait Brixen. Cette nouvelle rébellion, suite des prédications fanatiques et des proclamations de Hoffer, étant venue à éclater au moment où les compagnies d'élite du 53ᵉ remontaient sur Sterzing, elles furent obligées de s'ouvrir passage à Clausen.

A cette nouvelle, le général Baraguey d'Hilliers envoya le général Sévéroli et trois bataillons à Brixen, puis, voulant en finir avec le Passeyer et Wintschgau avant de s'occuper sérieusement de la vallée d'Eysach, il concentra toutes ses forces à Méran.

Baraguey d'Hilliers à cette époque (fin novembre) disposait de 33 bataillons répartis de la manière suivante : 17 à Méran sous les généraux Barbou et Sévéroli, 2 à Botzen (colonel Moroni), 2 à Sterzing (colonel du 53ᵉ de ligne), 5 à Brixen (général Morau), 2 à Prunecken (général Almeyras), 2 à Lienz (général Teste) et 3 à Sachsenburg et à Vlilach (colonel Vautré). La division Vial était occupée, dans le Tyrol méridional, au désarmement. Là, les choses se passèrent plus tranquillement, les habitants ayant reçu l'espoir de la réunion de ces contrées au royaume d'Italie.

La malheureuse retraite du général Rusca sur Méran et la fatale affaire de Saint-Léonhard avaient naturellement rendu une grande confiance aux insurgés. Leurs chefs répandaient de nouveau le bruit de secours qu'ils allaient recevoir de l'Autriche. Des bruits ridicules étaient jetés en pâture aux esprits simples et crédules des habitants du Tyrol allemand qui détestaient la Bavière, en sorte que de toute part renaissait l'insurrection. Après la vallée d'Eysach, ce fut, le 30 novembre, le tour de la vallée d'Antholz, au nord-est de Prunecken, puis celle de Taunfers. Le comité tyrolien étendit ses moyens d'action jusque dans la vallée de la haute Drave, vers Lienz.

De ce côté, les insurgés essayèrent de couper par Issingen, un bataillon détaché à Uter-Wintel, en avant de Prunecken. Le général Almeyras se replia avec ses troupes sur ce point. Enfin, le 2 décembre, ils s'enhardirent au point de se jeter au nombre de 6,000 sur Prunecken, dont ils emportèrent les premières maisons du faubourg, tandis que Kolb tentait d'enlever d'assaut Brixen. Sur tous ces points les bandes indisciplinées échouèrent.

Enfin, le désarmement ayant pu être opéré sans beaucoup de difficulté dans le Wintschgau et le Passeyer, le général Baraguey d'Hilliers put réunir la division Sévéroli à Botzen. Cette division emporta Clausen le 5, et arriva le 6 sur Brixen. Dans le nord, du côté de Lienz, le général Teste avec deux bataillons de renfort du 9ᵉ de ligne, battit les Tyroliens à Amblach, sans pouvoir toutefois rouvrir la communication avec Prunecken.

Les insurgés, battus par Sévéroli à Brixen, se rejetèrent sur Prunecken, où le chef Kolb les rallia. Le général Moreau reçut alors l'ordre de se porter sur ce point important, tandis que la division Sévéroli opérerait le désarmement du district de Brixen. Le général Moreau, indécis, ou n'agissant pas avec assez de fermeté, échoua; mais, ayant eu des instructions précises et sévères, il dut se porter sur Prunecken.

Devant cette ville, le chef de rebelles Kolb, prévoyant une défaite pour sa troupe, tenta une dernière sommation dans laquelle il exagéra au général Almeyras les succès obtenus par les insurgés. Il lui annonça la révolte de la Carniole, la déroute des armées en Carynthie, de celles du général Baraguey d'Hilliers poursuivies par Hoffer; enfin, il finissait par déclarer que le Tyrol entier était en armes et ne voulait pas se séparer de la maison d'Autriche, et que lui, Kolb, serait obligé de passer la garnison au fil de l'épée si le général Almeyras refusait de se rendre. Cette sommation n'obtint pas plus de réponse que les précédentes.

Sterzing n'avait pas été inquiété pendant tous ces mouvements à cause du voisinage d'une division bavaroise qui avait ordre d'y porter secours au premier avis.

A Lienz, le général Teste, voulant, par un coup hardi, en imposer à la tête de la colonne des insurgés du Windisch-Metray, qui s'était avancée jusqu'à Aineth, forma le projet de les surprendre dans ce poste. En conséquence, dès le 7 au soir, un bataillon du 9° régiment eut ordre de partir de Lienz de manière à arriver à Aneth, le 8, à trois heures du matin, d'attaquer le village et tous les postes qui le couvraient à la baïonnette, de passer au fil de l'épée ceux qui seraient trouvés les armes à la main, et d'arrêter, pour servir d'otage, les hommes désarmés. La difficulté du chemin fit que ce bataillon n'arriva qu'à six heures du matin; l'éveil était donné, le tocsin sonnait de toutes parts, et les hauteurs environnantes se couvrant d'insurgés, le bataillon dut se retirer après avoir tué plus de 60 hommes à l'ennemi dans les différentes affaires qui eurent lieu devant Lienz; on prit aux insurgés deux petites pièces.

Revenons au général Almeyras, bloqué à Prunecken par Kolb.

Le 9, le général Sévéroli, avec le 1ᵉʳ de ligne italien, étant arrivé à Brixen, le général Moreau reçut ordre de partir avec le 35° régiment et deux bataillons du 92° pour se rendre à Prunecken et de rouvrir à tout prix la communication. Le mouvement s'exécuta sans aucun obstacle; les insurgés se retirèrent à la nouvelle de la marche des troupes. Tout resta tranquille devant Lienz. Le général Baraguey d'Hilliers, d'après les ordres du prince Eugène, nomma, dans les deux cercles de l'Adige et de l'Eysach des commissions administratives en remplacement des administrations bavaroises.

Le 10, le général Teste poussa de Lienz une forte reconnaissance sur la Chiusa, en avant de l'Eysach ; il y eut un engagement assez vif qui coûta aux insurgés un bon nombre de morts, parmi lesquels un de leurs chefs.

Le 11, le général Almeyras partit de Prunecken avec deux bataillons, dont un du 84° pour couvrir la communication avec Lienz ; il arriva à Inniching sans obstacle. Le même jour, les insurgés évacuèrent la Chiuza de Lienz ; il ne resta plus sous les armes que ceux de Windisch-Matray ; les autres se hâtèrent de faire leur soumission au général Teste, offrant de fournir des vivres, de livrer leurs armes et de donner des otages. Le général, ayant appris l'arrivée du général Almeyras, fit partir, dans la nuit, un bataillon pour aller au-devant de lui. Le 12, le général Almeyras entra à Lienz avec le bataillon qui avait été au-devant de lui et qui le rencontra à Sillian. Les deux bataillons du 92° restèrent à Sillian, où le colonel Nagle s'occupa du désarmement avec tant de vigueur, que, le 16, il avait déjà obtenu la restitution de 80 fusils pris aux voltigeurs du 84° régiment, et de beaucoup d'effets, et la remise de plus de 500 armes à feu. Le même jour, le général Teste se porta à Aineth avec 2 bataillons et 2 pièces de canon.

La brigade Bertoletti, qui était à Clausen, fut rejointe par le bataillon du 4° régiment italien qui était à Bolzano.

Le 13, au matin, la vallée d'Aineth se soumit et

livra son chef ; les insurgés salzbourgeois se retirèrent sur Windisch-Matray. Le même jour, le général Broussier revint à la tête de sa division et prescrivit les mesures les plus rigoureuses pour opérer l'entier désarmement des vallées, tandis que le général de division Barbou partait de Saint-Léonard avec le 13ᵉ et le 29ᵉ, et venait prendre position à Méran et Tyrol.

Dès cette époque le Tyrol se trouva à peu près pacifié. Aucun mouvement général d'insurrection ne s'y manifesta plus ; le désarmement fut poussé avec vigueur, et surtout dans le Pusterthal qui avait pris une part si active dans la dernière insurrection.

Du 13 au 21 décembre il n'y eut d'autre mouvement de troupes dans le Tyrol allemand que la rentrée du 5ᵉ de ligne italien de Méran à Bolzano, et la formation, le 18, à Lienz, d'un bataillon d'élite composé d'une compagnie de grenadiers et une de voltigeurs de chaque régiment de la division Broussier ; le 19, la marche du bataillon du 14ᵉ léger français de Cries à Sarenthal, et, le 21, la réunion à Mülhbach des deux bataillons du régiment dalmate. Le Winstgau et le Valtenthal étaient soumis, et il n'y avait plus dans le Passeyer d'autre opération à tenter que de s'emparer de la personne de Hoffer. Ce chef influent, pour lequel les ordres de l'Empereur étaient de la dernière sévérité, s'était réfugié sur les cimes du Brenner, entre le Passeyer et la vallée d'Ocz, occupée par les troupes bavaroises.

Le 24, le général Broussier, qui, dès le 21, avait, par une proclamation, annoncé aux habitants de

Windisch-Matray son arrivée avec de la troupe, et leur avait enjoint la soumission et la remise de leurs armes, partit de Lienz avec deux bataillons du 9° régiment, deux du 84° régiment, et toute son artillerie, pour se rendre à Windisch-Matray, où il arriva le même jour malgré la difficulté du chemin. Sur-le-champ il fit appeler quatre notables de chaque commune de l'arrondissement; deux furent renvoyés pour retirer les armes, les deux autres furent gardés comme otages. Le 26, le général détacha un bataillon du 84° à Wirgen, où le désarmement ne se faisait pas assez vite; le 27, ce bataillon fut relevé par un du 9° régiment, qui rentra le 28. Le 1$^{er}$ bataillon du 92° se rendit, avec le général Teste, dans la vallée de Kalz, et, le 29, le général Broussier porta le 1$^{er}$ bataillon du 92° régiment sur le même point, le 3° bataillon du même régiment à Saint-Vital, et le 1$^{er}$ du 92° à Hopfgarten; le 30, toute l'expédition rentra à Lienz; le 31, le 92° se réunit à Sillian; les 9° et 84° régiments restèrent à Lienz. Pendant l'expédition, plusieurs chefs d'insurrection, parmi lesquels celui d'Aineth, deux de Windisch-Matray et un de Virgen, furent fusillés.

Dans le Tyrol méridional tout était depuis longtemps fort tranquille; aussi crut-on pouvoir dissoudre la 15° demi-brigade provisoire et faire rentrer à leurs corps les détachements qui la composaient. Sept bouches à feu de la division Vial furent renvoyées à Vérone.

Dans la partie du Tyrol occupée par les divisions Barbou et Sévéroli, tout resta également dans la plus grande tranquillité ; le désarmement continuait toujours. Plusieurs chefs, arrêtés sur l'indication de papiers pris à Kolb, furent jugés et fusillés. Le général Baraguey d'Hilliers, ayant l'avis que le prince Eugène avait ordonné à deux bataillons de la division Durutte, qui était à Villach, d'occuper Lienz et Sachsenburg, fit ses dispositions pour porter successivement la division Broussier à Prunecken, Brixen et Sterzing, et la division Barbou à Clausen, Bolzano et Méran, laissant à Lienz le général Teste avec un bataillon, jusqu'à l'arrivée des troupes du général Durutte. Le bataillon du 4ᵉ de ligne italien, qui était dans la division Sévéroli, fut dirigé sur Trente.

Le 1ᵉʳ janvier, la division Broussier commença ce mouvement, qui fut exécuté en peu de temps, et en trois colonnes :

La première colonne, sous le colonel Vautré, se rendit à Assling ; la deuxième, avec le colonel Nayle, en avant de Lienz, vers Saint-Léonard ; la troisième, avec le général Almeyras, de Sillian à Wilgarten. Une quatrième colonne, composée du bataillon d'élite et du 2ᵉ bataillon du 84ᵉ avec le reste de l'artillerie de montagne, partit de Lienz, sous les ordres d'un chef de bataillon, pour se rendre à Toblach.

Chacune de ces colonnes devait fouiller les maisons situées sur les montagnes qui bordent la route ; la plus sévère discipline était recommandée. Elles avaient chacune 10,000 cartouches en réserve.

Le général Teste resta à Lienz avec un bataillon et quelques détachements. Le général Broussier porta son quartier général à Toblach.

Le 3, les 1ᵉʳ et 3ᵉ bataillons du 84ᵉ régiment se rendirent à Prunecken, et le 2ᵉ à Nieterndorf; le même jour, le nommé Nicolas Hamoss, de Sillian, chef principal de ces vallées, fut arrêté à Maria-schul, au-dessus de Vilgraten, et envoyé à Toblach pour y être jugé. La commune de Sillian livra tous les autres chefs au général Almeyras; le curé de Lienz, celui de Virgen et son vicaire avaient été arrêtés et étaient soumis au jugement d'une commission militaire. L'évêque de Klagenfurth les réclama au général Broussier par une lettre insolente qui lui obtint une réponse analogue. Le 1ᵉʳ fut condamné à cinq ans de réclusion, et les deux autres fusillés, ils avaient été aussi réclamés par une lettre de l'évêque de Brixen au général Broussier, et leur pardon imploré par une supplique des habitants de Lienz au prince Eugène; mais ils étaient trop coupables pour que le vice-roi pût faire grâce. La sentence fut exécutée.

Le général Broussier continuait à s'occuper du désarmement de l'Ober-Gaithal et de la vallée de Cortina dont il avait mandé les députés.

Le 4, le général Teste avec le 2ᵉ bataillon du 9ᵉ et les 15 hommes par compagnie, restés à Lienz, en partit pour se rendre à Sillian, et une compagnie fut placée au château; le général Broussier porta son quartier général à Nieterndorf.

Le général Moreau partit de Prunecken avec le 35ᵉ régiment pour se rendre à Brixen; le 1ᵉʳ bataillon dalmate se rendit de Saint-Laurenzen à Mülbach, et le 2ᵉ de Mülbach à Clausen; ce régiment continua sa marche pour gagner Trente, où il arriva le 8 et le 9, il fut envoyé de suite dans le val Sugana, où il occupa Pergine et Borgo.

Du 5 au 10 inclus, le général Broussier continua le désarmement, établissant, le 7, son quartier général à Prunecken, dont la division se rapprochait successivement. En conséquence, le 1ᵉʳ bataillon du 9ᵉ régiment se porta, le 6, d'Inniching à Toblach, et de là avec le quartier général à Prunecken; il employa les journées, des 8, 9 et 10 à parcourir la vallée de l'Eysach entre Brixen et Sterzing, et celle de Drasferg-Leigraben et Taufers; les deux autres bataillons de ce régiment se réunirent au général Teste à Silliau; le 84ᵉ porta, le 6, son 2ᵉ bataillon à Nieder-Rasen, le 8 à Dietenheim, et le 9 à Taufers, où il fut rejoint par le 3ᵉ bataillon; le 92ᵉ se porta le 5 à Toblach, et le 10 à Prunecken, d'où le 1ᵉʳ bataillon, avec le colonel Nagle, se rendit dans le Fauferethal.

Le général Barbou conserva sa position de Méran, éclairant toujours le Passeyer; le général Moreau resta à Brixen avec le 35ᵉ, ayant le 53ᵉ à Merzing; la division Séveroli commença son mouvement pour se rendre dans le Tyrol méridional, où tout continuait à être tranquille.

La division Broussier, marchant ainsi de l'ouest à l'est, puis du nord au sud, tendait à se rapprocher du Tyrol méridional vers lequel toutes les troupes du général Baraguey d'Hilliers se repliaient pour rentrer dans le royaume d'Italie, opérant successivement et commune par commune le désarmement des Tyroliens qui s'étaient insurgés.

Vers le 26 décembre, il ne restait plus de Sterzing

à Brixen, et à Prunecken, que la division Broussier; la division Barbou était à Méran, à Bolzano et à Clausel; la division Vial dans le Tyrol italien depuis longtemps, en sorte que les troupes du corps du général Baraguey d'Hilliers occupaient enfin les positions indiquées, dès le milieu de novembre, par le vice-roi, positions que la deuxième levée de boucliers des Tyroliens avait empêché de prendre à cette époque.

Enfin, le 27 janvier, le fameux Hoffer fut pris sur le sommet du Brenner, au fond de la vallée de Passeyer, par un détachement composé de cinq compagnies d'élite, des 13e et 29e régiments, sous les ordres du chef de bataillon Luntier. Il fut envoyé à Trente.

Le prince Eugène désirait lui sauver la vie; on engagea ce chef, dont le nom avait acquis une certaine célébrité, à désavouer ses secondes proclamations; mais, se posant en martyr, il refusa d'avoir recours à ce moyen qu'il regardait comme indigne de lui. Napoléon envoya à son fils adoptif alors auprès de lui, à Paris, l'ordre formel de faire juger et fusiller Hoffer.

En effet, ce malheureux, transféré à Mantoue, paya de sa tête son manque de foi.

Le 8 février, un ordre du vice-roi, en date du 31 janvier, prescrivit au général Baraguey d'Hilliers de remettre aux troupes bavaroises le Tyrol allemand.

Ainsi fut terminée cette campagne, suite de petits combats de troupes régulières luttant contre des paysans insugés, mais ayant moins à redouter l'ennemi, quelque brave et fanatisé qu'il fût, que les obstacles d'un pays aussi propre à la défense que difficile à parcourir et à soumettre. Des cours d'eau torrentueux et encaissés, des positions militaires pouvant être défendues jusqu'à la dernière extrémité, des montagnes arides, des gorges profondes et dangereuses pour passages; pour routes, des sentiers à travers des rocs escarpés: telles étaient en réalité les difficultés que présentait cette lutte, offrant peu de gloire, autant de dangers et plus de misère que les grandes guerres contre les armées de l'Autriche.

# CORRESPONDANCE

### RELATIVE AU LIVRE XVI

#### DU 15 NOVEMBRE 1809 AU 15 FÉVRIER 1810.

---

« Sire, j'ai l'honneur de rendre compte à Votre Majesté, que je suis arrivé hier soir à Milan. J'ai passé la journée d'aujourd'hui en réceptions, et demain je reprends le cours ordinaire de mon travail.

« J'ai reçu, ce matin, une lettre du général Baraguey d'Hilliers, en date du 12. Il m'annonçait que ses troupes arrivaient, le même jour, à Sterzing, et qu'il venait de recevoir une estafette du général Drouet, laquelle était partie d'Inspruck, et avait trouvé la route parfaitement tranquille. Ainsi, la grande communication de Munich à Milan, par le Tyrol, est rouverte. L'article des subsistances paraît seul inquiéter le général Baraguey d'Hilliers. J'ai donc cru convenable, indépendamment de plusieurs centaines de mille de rations de biscuit que j'avais envoyées de Vérone et de Villach, d'ordonner un en-

*Eug. à Nap. Milan, 15 novembre 1809.*

voi de 10,000 quintaux de grains qui partiront de Mantoue. J'espère que Votre Majesté approuvera cette mesure.

« Le fameux Hoffer a dissous entièrement sa troupe et a fait une grande proclamation pour les engager à rentrer dans l'ordre et à rester tranquilles. Il est parti de Sterzing lui-même le 10, et on croit qu'il s'est dirigé vers les Grisons. Il reste encore cependant quelques bandes particulières d'insurgés ayant un chef connu, et composées, en grande partie, de déserteurs et de gens sans aveu. Pour les extirper entièrement, il faudra du temps, de la patience et de l'adresse.

« J'aurai l'honneur d'envoyer à Votre Majesté les premières nouvelles que je recevrai de ce pays-là par un de mes aides de camp que j'y ai envoyé exprès pour prendre connaissance de l'état du pays, de l'esprit de ses habitants, et enfin pour se mettre en état de répondre à toutes les questions de Votre Majesté à ce sujet. »

*Eug. à Nap. Milan, 17 novembre 1809.*

« Sire, je m'empresse de rendre compte à Votre Majesté que ses troupes sont entrées, le 14, à Fiume. Tout se passe avec le plus grand ordre pour la remise du pays que l'Autriche doit céder. Mon aide de camp, le général d'Anthouard, est parti de Fiume quelques heures après l'entrée de nos troupes, avec des lettres du commandant nommé par le prince de Neufchâtel pour porter cette nouvelle aux maréchaux Macdonald et Davout.

« La marine autrichienne devait, d'après les ordres de ses supérieurs, rentrer à Fiume. Mais les Anglais, suivant leur habitude, se sont emparés de deux bricks et de deux canonnières. On croit que ces deux dernières sont parvenues à se sauver pendant la nuit. Le général autrichien a vivement réclamé sur cette conduite et avait déjà défendu, avant l'arrivée de mes troupes, toute communication avec les Anglais. Il paraît que la croisière anglaise dans l'Adriatique est composée de la frégate l'*Amphyon*, de 44 canons, d'une corvette de 32 canons, de 2 bricks de 18 canons, de 2 bâtiments siciliens de 10 canons chacun, et enfin de la frégate espagnole, la *Paix*, de 36 canons.

« Les affaires du Tyrol continuent à se tranquilliser. Il se tire bien encore quelques coups de fusil dans les vallées, mais cela ne paraît pas être d'une conséquence majeure.

« J'ai reçu, ce matin et cette nuit, deux officiers venus en ligne droite d'Inspruck, sans empêchement. Le général Drouet me mandait, sous la date du 14, qu'il allait former ses colonnes mobiles pour opérer le désarmement dans les hautes vallées de l'Inn, et que, d'après mes ordres, il s'entendrait avec le général Baraguey d'Hilliers pour agir de concert dans le mouvement de leurs colonnes mobiles. »

Eug. à Nap.
Milan,
18 novembre
1809.

« Sire, aussitôt mon arrivée à Milan, je me suis fait rendre compte de l'état des services de l'administration de l'armée française dans l'intérieur du royaume, et je m'empresse de faire connaître à Votre Majesté les objets qui réclament son attention. Il ne faudrait pas moins de 1,500,000 fr. pour aligner les dépenses du service des hôpitaux au 1er décembre prochain. Il est dû plus de 500,000 francs à l'entrepreneur général : les hospices civils du royaume d'Italie sont en avance de près de 600,000 francs, et, dans l'impossibilité où ils se trouvent de continuer à faire des avances, ils sont au moment d'être forcés à refuser les malades et les blessés auxquels ils ne pourraient rien fournir. La solde de tous les employés et les dépenses de toute nature sont arriérées pour des sommes considérables, et il est impossible au Trésor italien de venir au secours de la caisse militaire française.

« Je suis sûr que Votre Majesté ne verra pas sans peine l'état d'abandon et de misère dans lequel se trouve ce service si intéressant, et qu'elle daignera donner des ordres pour qu'il ne reste pas plus longtemps en souffrance.

« Le service des fourrages n'est point assuré. On n'a trouvé des entrepreneurs que pour quelques départements; dans d'autres on serait obligé de s'adresser, pour le service, aux communes qui ne pourraient le soutenir, le ministre directeur n'ayant encore adopté aucun mode positif et assuré dans les payements; il voudrait que le royaume d'Italie s'en chargeât, mais cela est impossible; il n'a pas le moyen de faire des avances, desquelles, d'ailleurs, il ne serait pas remboursé, ou le serait trop tard. »

*Eug. à Nap. Milan, 18 novembre 1809.*

« Sire, Votre Majesté a daigné, par son décret du 15 octobre, me confier l'expédition du Tyrol. En conséquence, je me suis rendu à Villach, où je suis arrivé le 28. Déjà la division Sévéroli avait été dirigée sur Spital et Sachsenburg, où je la passai en revue. Le lendemain elle continua sa route vers Lienz et Prunecken, tandis que le général Rusca marchait avec le 53ᵉ d'infanterie de ligne par la vallée du Gail et avait ordre de faire sa jonction avec la division Sévéroli. A une journée derrière cette division, marchait celle du général Barbou, que je fis suivre ensuite par celle du général Broussier. J'avais donné le commandement de toutes ces forces au général Baraguey d'Hilliers. J'avais fait précéder ces troupes par une proclamation tendant à calmer et à éclairer les esprits agités, et par des copies du traité de paix. Pendant mon séjour à Spital, je reçus une députation du Pusterthal qui m'annonçait non-seulement pour cette vallée, mais pour le Tyrol tout entier, des dispositions à profiter des bontés de Votre Majesté. Aussi ces troupes s'avancèrent-elles dans la vallée du Pusterthal sans rencontrer aucun obstacle. Partout elles étaient bien accueillies par les habitants demeurés paisibles, et la plupart de ceux qui avaient pris les armes se séparaient pour rentrer dans leurs foyers, ou, du moins, se retiraient devant nos troupes sans commettre aucune hostilité, et l'on opérait à mesure le désarmement du pays que nous occupions. Le général Baraguey d'Hilliers serait sans doute ainsi arrivé à Brixen, et aurait opéré sa jonction avec les troupes bavaroises sur le Brenner, si le général Rusca qui, depuis qu'il avait rejoint le général Baraguey d'Hilliers à Sillian, avait formé l'avant-garde, n'eût, par trop d'ardeur et de précipitation, attaqué les insurgés à la position de Mülbach qu'ils tenaient encore, et qu'ils auraient sans doute abandonnée si on leur en eût donné le temps, et qu'on eût voulu employer avec eux les moyens de persuasion. Il en a coûté une centaine d'hommes, la majeure partie hors de combat, pour les déloger de cette formidable position. Nos troupes sont ensuite entrées à Brixen, et, dès le 12, la libre circulation par le Brenner était rétablie.

« Le général Vial qui, sans obstacle, par la vallée de Trente et de Botzen, était arrivé dans cette dernière ville et y avait trouvé le général Peyri qui y était déjà depuis deux jours, et qui, ayant dû traverser les montagnes au nord-ouest de la Piave, où les Tyroliens ignoraient encore la paix et les intentions de Votre Majesté à leur égard, avait été inquiété dans sa marche, et n'ayant que 1,100 hommes, avait eu quelque peine à se maintenir à Botzen où les insurgés l'avaient poursuivi et attaqué. Tout se dissipa à l'arrivée des troupes du général Vial, et ce général reçut à Botzen une députation de Méran qui lui annonçait que, déjà des idées de soumission avaient germé dans cette contrée où la révolte avait été la plus furieuse et la plus âpre, et où les esprits avaient été le plus exaspérés.

« J'ai déjà eu l'honneur de rendre compte à Votre Majesté de l'engagement que le général Drouet a été obligé d'avoir avec les insurgés, le 1er octobre, près d'Inspruck. Depuis, il n'a plus éprouvé de résistance sérieuse, et notre jonction effectuée sur le

Brenner, qu'il eût été aisé de rendre difficile, s'est opérée sans aucun obstacle.

« On a trouvé partout l'esprit des villes bon. Les habitants des campagnes, plus ignorants et plus entêtés, n'ont pas encore tous abjuré leurs erreurs; mais cependant on croit pouvoir assurer que, parmi les hommes qui restent encore armés, il n'y a que des gens sans asile, des déserteurs de tous les pays, et des étrangers sans aveu : le désarmement ne se fait que lentement. Les Tyroliens sont, de tout temps, très-attachés à leurs armes. Ils montrent de toute part la haine la plus animée contre le gouvernement bavarois et le plus vif enthousiasme pour Votre Majesté de laquelle seule ils disent attendre leur bonheur.

« Les troupes sous les ordres du général Baraguey d'Hilliers sont maintenant disposées de la manière suivante :

« Le général Vial à Trente avec moitié de sa division, et le général Rusca, avec l'autre moitié, s'est dirigé vers Méran et le haut Adige.

« La division Séveroli est à Botzen, où se trouve aussi le général Baraguey d'Hilliers, et la division Barbou occupe Brixen, Sterzing et le Brenner.

« Celle du général Broussier est à Prunecken, Lienz et Sachsenburg. Les troupes bavaroises, sous les ordres du général Drouet, sont à Inspruck, sur le Brenner, et ont remonté la vallée de l'Inn jusque vers Tardeck.

« Il est à présumer que, dans cette situation de nos troupes, si bientôt le désarmement n'est pas opéré, du moins il sera très-avancé, et qu'il ne pourra plus se former de réunion d'insurgés qui puisse donner de véritables inquiétudes.

« Mon aide de camp, qui aura l'honneur de présenter cette lettre à Votre Majesté, pourra lui donner tous les renseignements qu'elle désirera sur ce pays. Il a passé plusieurs jours dans le Tyrol, et se trouve à même de répondre à toutes les questions que Votre Majesté pourrait lui adresser à cet égard. »

*Eug. au duc de Feltre. Milan, 18 novembre 1809.*

« Je m'empresse de vous rendre compte, monsieur le duc de Feltre, des dernières nouvelles que j'ai reçues du Tyrol. Le général Baraguey d'Hilliers occupe Méran et les positions au-dessus de cette ville avec une partie des divisions Barbou et Séveroli. Il a renfermé les rebelles dans le Wunschgau, et se prépare à les y poursuivre, s'ils ne s'empressent à mettre bas les armes. Il n'a rencontré jusqu'à présent aucun obstacle sérieux dans cette expédition, et le général Barbou, qui a traversé le Passeyer, pour venir le rejoindre à Méran, a trouvé cette vallée tranquille, mais déserte. Il s'y était passé, deux jours avant, un événement bien fâcheux dont je dois vous informer.

« Un bataillon du 15ᵉ d'infanterie de ligne et un détachement du 53ᵉ, chacun d'environ 500 hommes, avaient été envoyés en colonnes mobiles dans cette vallée; ils y ont été entourés, et se sont rendus prisonniers. Je ne connais pas encore les détails de cette affaire affligeante, mais j'ai ordonné la réunion d'une commission d'enquête pour informer sur la conduite des chefs et des officiers, et mon intention est que ceux qui n'auront pas fait leur devoir soient punis suivant toute la rigueur des lois. Du reste, le Tyrol est paisible, et j'espère avant peu que les dernières étincelles de cet incendie seront étouffées dans le Winstchgau. »

« Sire, je viens de recevoir des lettres du général Baraguey-d'Hilliers, en date des 16 et 17 de ce mois. Il paraît qu'un assez fort rassemblement de rebelles s'était formé dans le Winstchgau et le Passeyer. Le général Rusca, qui s'était porté à Méran et avait commencé le désarmement de ces vallées, a éprouvé de la résistance. Il a dû venir reprendre une position en arrière, et se rapprocher de Botzen. J'ai ordonné au général Baraguey-d'Hilliers de renforcer le général Rusca, et d'écraser promptement ces derniers efforts de la rébellion. Votre Majesté n'ignore pas que ces contrées étaient celles où les esprits étaient le plus exaspérés. Si les choses y devenaient inquiétantes, je me rendrais sur-le-champ à Trente pour tout voir moi-même, et porter un prompt remède au mal. Je crains que, dans cette affaire, il n'y ait de la faute du général Rusca, qui déjà s'est montré, dans cette expédition, trop ardent et même inconsidéré. Au reste, il paraît que c'est sur les points où il a été inquiété que se sont rassemblées les dernières hordes de rebelles, car je reçois une lettre du général Drouet, en date du 16, par laquelle il m'apprend que ses troupes ont remonté la vallée de l'Inn, et sont rentrées à Fandeck, sans avoir

*Eug. à Nap. Milan, 19 novembre 1809.*

éprouvé d'obstacles. Cette lettre contenant quelques renseignements sur les désirs et les espérances des Tyroliens, j'ai l'honneur d'en adresser la copie à Votre Majesté. »

Nap. à Eug.
Paris,
20 novembre
1809.

« Mon fils, dirigez sur Avignon, pour être envoyées de là sur Perpignan, toutes les troupes napolitaines qui seraient dans le royaume ou du côté du Tyrol. »

Eug. à Nap.
Milan,
20 novembre
1809.

« Sire, j'ai l'honneur d'adresser à Votre Majesté l'état de situation de son armée d'Italie, au 15 novembre courant; Votre Majesté est priée de remarquer que si le total est aussi considérable, c'est que le corps bavarois s'y trouve compris.

« Je demande à Votre Majesté la permission de commencer à faire rentrer quelques bataillons dans le royaume, tant pour achever d'en assurer la tranquillité que pour l'exécution de la conscription, qui sera bientôt publiée. »

Nap. à Eug.
Paris,
22 novembre
1809.

« Mon fils, je reçois votre lettre du 15 novembre; je vois avec plaisir que vous soyez arrivé à Milan. Vous avez fait un ouvrage sur votre campagne d'Italie, je vous prie de me l'envoyer[1]. J'ai trouvé ici mes affaires de finances bien dérangées. L'expédition des Anglais me coûte 50 millions. Les nouvelles levées et les immenses armements que je fais pour l'Espagne continuent de me ruiner. Vous comprenez

---

[1] Voir plus loin la réponse du prince.

donc que je ne puis alléger en rien le fardeau de mon royaume d'Italie. Je vous envoie ma décision mise en marge de votre rapport sur les provinces illyriennes. »

« Sire, j'ai l'honneur de rendre compte à Votre Majesté que je viens de recevoir une lettre du général Baraguey-d'Hilliers, écrite de Botzen, en date du 20. Il m'informe que la tranquillité règne toujours dans le Tyrol, excepté dans les vallées du Winschtgau et du Passeyer, au-dessus de Méran, où, comme j'ai eu l'honneur de le mander à Votre Majesté, existent encore des rassemblements de rebelles. On prétend qu'ils sont composés de douze à quatorze compagnies de déserteurs, montant chacune à 150 hommes environ, auxquels s'est jointe une partie de la population de ces montagnes. Ils s'étaient approchés assez près de nos postes pour que le général Baraguey-d'Hilliers ait fait des dispositions pour les surprendre et les entourer ; mais, avertis à temps, ils se sont enfuis et ont disparu partout devant nos têtes de colonnes. Le général Baraguey-d'Hilliers n'attend, pour les poursuivre et les détruire, que l'arrivée des biscuits, qui sont déjà parvenus à Trente, mais ne l'étaient pas encore à Botzen. On répand le bruit que Hoffer s'est remis à la tête de ces derniers restes de révoltés, et on fait courir des proclamations sous son nom ; mais j'ai bien de la peine à croire que cela soit vrai ; cela me paraît, du moins, bien incompatible avec les démarches qu'il avait faites, et, s'il se trouvait encore au milieu de ces rebelles, il serait

*Eug. à Nap.*
Monza,
22 novembre
1809.

possible qu'il eût été arrêté par eux dans ses projets de retraite, et forcé de prêter encore son nom à leurs projets. »

*Nap. à Eug.*
*Paris,*
*23 novembre*
*1809.*
« Mon fils, le brigandage continue en Italie, je suppose que vous prenez des mesures efficaces pour le faire disparaître. »

*Eug. à Nap.*
*Milan,*
*23 novembre*
*1809.*
« Sire, j'ai l'honneur de rendre compte à Votre Majesté que le cadre du 3ᵉ bataillon du 2ᵉ régiment d'infanterie de ligne italien, embarqué sur la goëlette le *Bravo*, a été pris, dans sa traversée de Corfou, par les Anglais. Ce détachement était composé de 2 capitaines, 2 lieutenants, 14 sergents, 37 caporaux et tambours; total, 55 hommes.

« J'ai reçu aujourd'hui des nouvelles du général Baraguey-d'Hilliers, à la date du 21, qui ne présente rien de nouveau dans la situation du Tyrol. Il m'annonçait le commencement de ses opérations dans le Passeyer, les biscuits lui étant arrivés.

« Le général Vial me mande que quelque mécontentement s'est manifesté dans plusieurs vallées qui l'environnent, parce qu'un commissaire bavarois, qui s'était réfugié, dans le temps, à Vérone, et qui était rentré avec son emploi, s'était déjà permis de faire une proclamation dans le cercle de l'Adige pour ordonner le prompt payement de toutes les contributions arriérées. J'ai écrit au général Baraguey-d'Hilliers et au général Vial, en les engageant à suspendre au moins jusqu'à parfaite tranquillité, et jusqu'à nouvel ordre de Votre Majesté, toute réintégration des autorités qui pourrait rallumer l'insurrection. »

« Sire, j'ai l'honneur d'adresser à Votre Majesté la situation de son armée italienne, à l'époque du 1er novembre. Elle voudra bien remarquer que l'effectif est déjà de près de 48,000 hommes, et qu'avec la conscription de 1810, que je compte lui proposer de lever comme à l'ordinaire pour le 1er janvier, son armée italienne sera de 55,000 hommes, c'est-à-dire des corps presque tous au complet; et en y ajoutant les troupes de la marine, les forces réunies de terre et de mer du royaume de Votre Majesté approchent très-près de 60,000 hommes. »

*Eug. à Nap. Milan, 24 novembre 1809.*

« Sire, j'ai l'honneur d'informer Votre Majesté que, suivant ce que me mande le général Guilleminot, les douze bataillons de guerre et les cinq bataillons de réserve des six régiments croates cédés à la France seront tous rentrés dans leurs districts respectifs d'ici au 27 de ce mois. Les bataillons de guerre de ces régiments rentrent désarmés : l'empereur d'Autriche a fait donner cinq florins à chaque soldat. On a repris au bataillon de réserve les fusils de calibre tirés des arsenaux autrichiens. Ces régiments et la population du pays ont conservé leurs autres armes, telles que carabines, pistolets, sabres; cela suffira pour la défense de la frontière turque. Un objet important et qui mérite l'attention de Votre Majesté, c'est la subsistance de ces régiments et de ces pays : les deux districts du Bannat sont les seuls qui puissent se passer de se-

*Eug. à Nap. Milan, 25 novembre 1809.*

cours, et les quatre de Huin, d'Ogulin, d'Oltofschatz et de Liezca ne fournissent pas, à beaucoup près, ce qui est nécessaire à leur nourriture. J'ai cru devoir ordonner provisoirement à M. l'intendant général Dauchy de s'occuper de cet objet, et de faire fournir à ces pays les secours en subsistances que la maison d'Autriche leur faisait fournir habituellement, et ayant égard, de plus, au nombre de troupes que nous y conserverons. »

<small>Eug. à Nap.
Milan,
26 novembre
1809.</small>
« Sire, j'ai l'honneur de rendre compte à Votre Majesté que je reçois, à l'instant, une lettre du général Baraguey-d'Hilliers, datée de Méran, le 23 novembre, par laquelle il m'annonce qu'en exécution du projet de mouvement dont il m'avait fait part, par sa lettre de la veille, il s'est porté ledit jour, 23, sur Méran, où il est entré sans éprouver d'autre résistance que quelques coups de fusil. Il y attendait, le 24, le général Barbou, qui venait par Saint-Léonhard, et, pour faciliter la marche de ce général, il envoyait à sa rencontre une forte reconnaissance. »

<small>Eug. à Nap.
Milan,
27 novembre
1809.</small>
« Sire, j'ai l'honneur de rendre compte à Votre Majesté que la Hongrie a été entièrement évacuée, le 20, et les troupes occupent la nouvelle ligne de démarcation, la gauche à Neustadt, tenant la frontière de Styrie, et la droite à la Save. Il y a eu un petit malentendu qui n'a eu d'autre effet que de produire un léger encombrement de troupes. Le traité de paix stipule que, le 20, la Hongrie serait évacuée.

La convention militaire dit que, le 20, on évacuerait les places, cantonnements, etc., en se retirant à journées d'étapes. J'avais donné au maréchal Macdonald les ordres en conséquence de la convention militaire ; mais le maréchal prince d'Eckmühl et le général Mathieu-Dumas ont adressé officiellement au maréchal Macdonald une explication, portant qu'il fallait suivre le traité de paix à la lettre, quoique la convention soit postérieure, et avoir évacué la Hongrie le 20. Le temps pressait, et les troupes, au lieu de se retirer successivement, ont marché en masse. Les fortifications de Raab ont sauté, avant l'évacuation, malgré les remontrances d'un commissaire autrichien envoyé au général Narbonne pour y mettre opposition. Un autre commissaire avait été envoyé pour le même objet au maréchal Macdonald pour le fort de Gratz, qui ne devait sauter que quelques jours avant l'évacuation; mais, pour terminer toute discussion, le maréchal a commencé à faire sauter le fort le 15 et jours suivants; tout doit être fini en ce moment. La convention militaire ne parlant pas de l'évacuation de la Styrie, je prie Votre Majesté d'avoir la bonté de me donner ses ordres d'avance, afin que je puisse faire parvenir les ordres de mouvement, et prévenir tous les doutes qui pourraient s'élever sur cet objet pour la marche des troupes; car il y a loin de Neustadt à Villach, et il faut commencer le mouvement d'avance, si, à jour fixe, tout doit être évacué. »

« Sire, j'ai eu l'honneur de rendre compte hier Eug. à Nap. Milan, à Votre Majesté de l'arrivée du général Baraguey-d'Hilliers à Méran. J'apprends aujourd'hui par une lettre de lui, datée de Méran, le 24 du courant, que, le jour même, il avait été rejoint par la colonne du général Barbou, qui était partie de Sterzing le 23, et avait traversé le Passeyer. Cette colonne n'a rencontré aucun obstacle dans sa marche; mais partout elle a trouvé les habitations désertes et vides de bestiaux. Le Pustersthal est également tranquille, et il paraît que tous les révoltés se sont rejetés dans le Winstchgau. Le général Baraguey-d'Hilliers les y tient enfermés par la position qu'il occupe, et le général Drouet, auquel j'ai donné ordre de s'entendre avec lui pour cette opération, doit les avoir enfermés, de son côté, en poussant ses troupes jusqu'à Martinsbruck. Tout le reste du Tyrol est parfaitement tranquille; mais c'est avec douleur que je dois rendre compte à Votre Majesté d'un accident dont m'informe la lettre du général Baraguey-d'Hilliers. Un détachement du 53ᵉ et un bataillon du 13ᵉ, forts chacun de 500 hommes environ, étaient partis de Sterzing, le 17, pour aller jusqu'à Saint-Léonhard, en colonne mobile, et opérer le désarmement du Passeyer. Il paraît qu'ils se sont laissé surprendre et entourer dans le village, et se sont rendus prisonniers. On ignore encore les détails de cette affaire affligeante, et j'ai cru devoir ordonner au général Baraguey-d'Hilliers de former une commission d'enquête pour rechercher la conduite du commandant et des officiers de ces détachements, et faire juger et punir, suivant toute la rigueur des lois, tous ceux qui n'auront pas fait leur devoir. D'après les instructions qui avaient été données à ces colonnes, et leur nombre, ce malheur est totalement inconcevable.

Le prêtre et le major tyroliens, qui étaient venus près de moi comme envoyés de Hoffer, sont venus, pour sauver leur vie, se jeter entre les bras du général Barbou; les révoltés voulaient les fusiller. Ils ont rapporté que Hoffer est en fuite et sa troupe dispersée. Il n'y a plus de réunis que les déserteurs et les compagnies de Winstchgau, et encore ceux-ci n'ont-ils montré aucune animosité contre les Français, car le général Baraguey-d'Hilliers a retrouvé, à Méran, de nos blessés auxquels il n'avait été fait aucun mal. Il paraît que la prolongation de la rébellion doit s'attribuer, en grande partie, aux mesures, peut-être prématurées, qu'a prise Sa Majesté le roi de Bavière pour remettre l'administration du Tyrol entre les mains de ses employés. Il a, par un décret du 12, nommé commissaire extraordinaire dans tout le Tyrol un comte de Thurkeim, homme peu estimé dans ce pays, et la teneur même du décret qui le nomme a quelque chose de propre à jeter encore quelque ombrage dans les esprits. J'apprends à l'instant que ce commissaire général se rend auprès de moi. J'aurai soin de l'y retenir, jusqu'à ce que j'aie reçu des ordres de Votre Majesté sur les destins du Tyrol. »

« Sire, Votre Majesté me fait l'honneur de me dire, par sa lettre du 22 courant, que les affaires de

<small>Eug. à Nap. Milan, 27 novembre 1809.</small>

ses finances ne lui permettront pas d'alléger en rien le trésor de son royaume d'Italie. J'ai pris connaissance, depuis mon arrivée, de toutes les affaires de finances et du trésor, et je puis certifier à Votre Majesté que, si les comptes que les ministres m'ont mis sous les yeux sont réels, la différence entre les rentrées et la dépense sera tout au plus d'une couple de millions; mais je dois dire à Votre Majesté que, par le désordre qui règne dans les comptes de l'administration du département de la guerre, il m'a été de toute impossibilité de savoir précisément ce que ce ministère doit. Les dépenses ont été tellement exagérées ou faussement présentées, que j'ai dû en rejeter un grand nombre.

« J'aurai l'honneur d'adresser sous peu de jours à Votre Majesté les comptes terminés de 1808, un aperçu de ceux de 1809, et le projet de loi des finances pour l'année 1810. Je chargerai le ministre des finances Prina de porter ce travail à Votre Majesté. Je ne retarde son départ que de quelques jours, afin de faire discuter dans la section des finances au conseil d'État le projet de loi présenté par le ministre. J'espère que Votre Majesté voudra bien approuver le motif de ce léger retard. »

Eug. à Nap.
Milan,
27 novembre
1809.

« Sire, j'ai reçu la lettre dont Votre Majesté m'a honoré, du 22 courant, et dans laquelle elle m'ordonne de lui envoyer un ouvrage sur la dernière campagne d'Italie [1]. J'ai l'honneur de lui rendre compte que je n'ai écrit ni permis à

[1] La relation d'après laquelle nous avons écrit la campagne de

personne d'écrire dans cette dernière campagne.

Un Français établi à Milan, ou par un zèle malentendu, ou par fausse spéculation, a publié un ouvrage portant, il est vrai, le titre de *Campagne du prince Eugène en* 1809 ; mais cet ouvrage avait été fait sans mon aveu : il contenait beaucoup de faussetés, et, par-dessus, beaucoup d'inconvenances. J'ai écrit, de Vienne (où l'on m'avait adressé un exemplaire), à la police de Milan de faire arrêter tout ce qui existerait de cette brochure, et de la faire brûler. J'ai même ordonné qu'il fût écrit en conséquence à Paris, parce que j'avais appris que cinquante exemplaires y avaient été envoyés ; voici l'exacte exposition des faits. Je prie Votre Majesté de croire que je ne me permettrai jamais d'écrire et surtout de publier rien qui pût me concerner. Ma personne est entièrement au service de Votre Majesté, mes actions ne sont que l'exécution de ses ordres, et, l'une comme les autres, lui appartiennent exclusivement. »

« Sire, j'ai l'honneur de soumettre à Votre Majesté un projet de décret pour la levée de la conscription de 1810 dans les vingt-cinq départements composant son royaume d'Italie (compris l'Istrie et la Dalmatie).

« J'ai porté le contingent à 12,000 hommes,

<small>l'armée d'Italie en 1809, relation dictée en partie par le prince Eugène, et rédigée sur les documents officiels, fut rédigée beaucoup plus tard et resta inédite dans les cartons du vice-roi et de son chef d'état-major le général Vignolle. Le général de Vaudoncourt en eut aussi connaissance.</small>

<small>Eug. à Nap.
Milan,
28 novembre
1809.</small>

comme pour l'année 1809, dont 6,000 hommes pour l'armée active, et 6,000 hommes pour la réserve. Aussitôt que Votre Majesté aura daigné me faire connaître ses intentions, je m'empresserai de donner les ordres de détail pour en assurer la prompte exécution. »

<small>Eug. à Nap.
Milan,
30 novembre
1809.</small>

« Sire, j'ai l'honneur d'adresser à Votre Majesté un projet de décret portant amnistie pour tous les déserteurs et conscrits réfractaires de son royaume d'Italie. Je pense que, dans les circonstances actuelles, cette mesure contribuera beaucoup à pacifier les esprits et à ramener des montagnes du Tyrol et des autres points les déserteurs qui s'y sont réfugiés et qui ne demandent aujourd'hui qu'à rentrer dans leur patrie. »

<small>Eug. à Nap.
Milan,
30 novembre
1809.</small>

« Sire, j'ai l'honneur de rendre compte à Votre Majesté qu'une frégate anglaise est entrée, le 22 de ce mois, dans le golfe de Trieste, et qu'elle a détaché deux embarcations qui se sont approchées de la ville, sur laquelle elles ont jeté des fusées incendiaires. Plusieurs sont tombées près des vaisseaux russes, et d'autres dans la ville même, où elles n'ont causé aucun dommage. Le général commandant supérieur a, de suite, pris les mesures nécessaires pour éloigner ces embarcations et empêcher que de nouvelles ne s'approchassent. On a également placé les vaisseaux russes plus dans l'intérieur de la rade.

« Le 23, la frégate n'était plus en vue. »

« Sire, je m'empresse d'avoir l'honneur de transmettre à Votre Majesté les nouvelles du Tyrol que je reçois à l'instant du général Baraguey-d'Hilliers, à la date du 27 courant. La vallée du Winstchgau a envoyé au général une députation de toutes les communes jusqu'à Schtande inclusivement. Elle était conduite par le prêtre Damy, qui paraît servir avec zèle la pacification. Il arrive à chaque instant au quartier général des troupes bavaroises et saxonnes qui étaient prisonnières. On lui promet, pour le 25, les prisonniers français des 53ᵉ et 13ᵉ, faits, le 22, à Saint-Léonhard. Le 24, les municipalités et les curés doivent se réunir chez le général Baraguey-d'Hilliers dans les mêmes intentions pacifiques.

« André Hoffer, lui-même, paraît avoir fait demander indirectement un sauf-conduit pour se rendre auprès du général Baraguey-d'Hilliers, qui s'est prêté à le lui accorder, regardant cette démarche comme de la plus haute importance pour l'entière pacification. »

<small>Eug. à Nap.
Milan,
30 novembre 1809.</small>

« Sire, j'ai l'honneur de rendre compte à Votre Majesté que le général Baraguey-d'Hilliers m'annonce, par sa lettre du 28 novembre, que le désarmement de l'Ultenthal a été effectué dans les journées des 26 et 27. Tous les esprits lui paraissent portés à la paix, et les paysans ont promis eux-mêmes de livrer une cinquantaine de misérables, qui, seuls, à l'approche de nos troupes, se sont réfugiés dans les neiges pour éviter le châtiment de leurs crimes antérieurs. Nos soldats ont été accueillis cordialement, et les prêtres

<small>Eug. à Nap.
Milan,
1ᵉʳ décembre 1809.</small>

se sont bien montrés. Le général se loue particulièrement du P. Richter.

« Il ajoute qu'il croit pouvoir avancer aussi que le Winstchgau est totalement soumis et pacifié. Tous nos prisonniers de Saint-Léonhard, avec leurs officiers, ainsi qu'un grand nombre de Bavarois et de Saxons, et autres soldats tant de la Confédération du Rhin que des corps français de l'armée d'Allemagne et d'Italie, arrivaient le jour même, et devaient arriver le lendemain. Ce général dirige les prisonniers sur Botzen pour être à portée de les faire rentrer dans leurs corps respectifs, soit en Allemagne, soit en Italie.

« Enfin, il me marque que, le 27, des députés du Passeyer sont venus le trouver à Méran et qu'il leur a fait connaître mes volontés pour la remise des armes et autres effets pris aux soldats français et italiens.

« Les routes continuent à être libres depuis qu'on en a chassé une vingtaine de brigands qui défendaient les montagnes. »

*Eug. au duc de Feltre.*
*La Malmaison,*
*17 décembre 1809.*

« Je m'empresse de vous informer, monsieur le duc de Feltre, des dernières nouvelles que je reçois du Tyrol. Pendant que le général Baraguey-d'Hilliers était occupé à pacifier et désarmer le Passeyer, le Winstchgau et l'Ultenthal, quelques bandes de brigands avaient interrompu la communication entre Botzen et Brixen, et entre Brixen, Prunecken et Lienz. Aussitôt que ces trois vallées rebelles ont été soumises, ce général a donné des ordres pour faire disperser les rassemblements que leur exemple avait suscités de nouveau.

« La route de Bolzen à Brixen est maintenant parfaitement libre ; les brigands qui ont essayé de résister ont été tués ou pris et fusillés ensuite ; les maisons desquelles on avait tiré sur nos troupes ont été livrées aux flammes, et ces exemples sévères paraissent avoir produit un bon effet sur ces peuples ignorants et orgueilleux. Le Pusterthall va, sans doute, être aussi bientôt rendu à la tranquillité, et il y a d'autant plus lieu d'espérer que le Tyrol tout entier sera bientôt paisible, que le désarmement s'opère avec plus de succès et remet entre nos mains un très-grand nombre d'armes. Le Tyrol italien et la vallée de l'Inn sont parfaitement tranquilles.

« Le général gouverneur de Zara me rend compte que les Autrichiens évacuent la Dalmatie et que tous les habitants que leur présence et leurs insinuations auraient soulevés sont rentrés dans le devoir. Il demande si, la tranquillité étant parfaitement rétablie dans ce pays, les mesures qu'il avait prises après l'avoir déclaré en état de siége, aussitôt qu'il avait eu connaissance de la paix, doivent encore être continuées. Je vous prie de demander à Sa Majesté une décision à cet égard.

« Je vous informe, monsieur le duc de Feltre, que, pendant que les communications se sont trouvées interrompues entre le Tyrol méridional et le Pusterthall, un mouvement général a eu lieu dans cette dernière vallée et dans toutes les vallées incidentes,

*Eug. au duc de Feltre.*
*Paris, 26 décembre 1809.*

et, le 30 novembre, à la même heure, tous les cantonnements et postes de correspondance établis entre Brixen et Lienz ont été enveloppés et attaqués. Nous avons perdu dans cette occasion quelques hommes du 6ᵉ régiment de hussards, et une compagnie tout entière de voltigeurs du 84ᵉ, qui ont été faits prisonniers. La tranquillité s'est depuis entièrement rétablie dans cette contrée. Dans les endroits où on a pu joindre les rebelles, ils ont été attaqués vivement, et on leur a tué plusieurs centaines d'hommes; les autres se sont dispersés, et sont rentrés chez eux; mais on a fait des exemples sur plusieurs des principaux chefs, et cette sévérité a produit les plus heureux résultats, car le désarmement s'effectue avec bien plus de facilité et de fruit, et maintenant nous avons un assez grand nombre de fusils et de carabines entre nos mains pour qu'on puisse croire n'avoir plus rien à craindre.

« Le Tyrol méridional continue à être tranquille; rien n'interrompt plus les communications d'aucun côté, et le général Drouet me mande que tout est paisible dans le pays où il commande, et que le désarmement lui a déjà produit plus de 9,000 fusils ou carabines.

*Eug. au duc de Feltre. Malmaison, 29 décembre 1809.*

« Je m'empresse de vous informer, monsieur le duc de Feltre, que tous les rapports que je reçois du Tyrol confirment les espérances que l'on avait conçues du rétablissement de la tranquillité dans tout ce pays. Une seule vallée du Pusterthall, qui se croyait à l'abri derrière ses remparts de neige et de glace, avait paru vouloir rester encore en insurrection : c'est celle de Windisch-Matray ; mais ses habitants viennent de promettre au général Broussier de lui apporter leurs armes, et, s'ils ne tiennent pas leur promesse, ce général est prêt à les en punir et à les détruire entièrement.

« A l'époque à laquelle une compagnie de voltigeurs a été prise à Nitendorf, un bataillon du même régiment, le 84° de ligne, a été attaqué à Saint-Ilhoir par des forces très-supérieures ; il a fait sa retraite sur Lienz avec beaucoup de peine, et même en perdant une centaine d'hommes, tués, blessés ou faits prisonniers, mais avec beaucoup d'habileté et de courage. Je regrette de ne pouvoir en dire autant de la conduite qu'a tenue à Brixen le général X.....; il paraît qu'il a montré une grande faiblesse. Le général Baraguey-d'Hilliers se plaint de lui, et assure que son âge et ses infirmités le mettent hors d'état de continuer à servir avec activité. »

« Mon fils, donnez ordre que 3,000 hommes des dépôts italiens se rendent en Catalogne pour compléter les corps de divisions Pino et Lecchi. » Nap. à Eug. Trianon, 22 décembre 1809.

« Sire, le ministre Aldini me fait connaître que l'intention de Votre Majesté était que l'Istrie et la Dalmatie ne fissent plus partie de son royaume d'Italie. Votre Majesté a déjà compris la Dalmatie dans les provinces Illyriennes ; mais l'Istrie ex-vénitienne en avait été exceptée. Je me permettrai, au sujet de cette dernière province, d'observer à Votre Majesté qu'elle forme un département organisé à Eug. à Nap. Paris, 4 janvier 1810.

d'instar des autres départements du royaume, et que cette organisation a eu lieu dès la réunion au royaume des pays ex-vénitiens. En second lieu, le royaume tire de l'Istrie la plus grande partie du sel pour la consommation ; 3° la marine du royaume tire de l'Istrie (de la forêt de Montoue) tous les bois nécessaires aux constructions. Cette forêt a de tout temps été conservée et administrée avec le plus grand soin, car, sans les ressources qu'elle présente, il deviendrait impossible de construire à Venise. Je pourrai même citer à Votre Majesté que, les Autrichiens ayant négligé cette forêt la dernière année qu'ils en ont eu la possession, on s'est trouvé à Venise dans le plus grand embarras, et il a fallu la surveillance la plus sévère pour préparer et fournir ensuite à l'arsenal les moyens d'exécuter les travaux qui ont eu lieu ces trois dernières années.

« Je prie Votre Majesté de me donner ses ordres pour la communication à faire au Sénat d'Italie, soit que la Dalmatie demeure seule réunie, soit que l'Istrie le soit également. »

*Eug. au duc de Feltre. Paris, 13 janvier 1810.*

« J'ai reçu, monsieur le duc de Feltre, votre lettre du 10 courant (3ᵉ division, bureau du mouvement). Je m'empresse de vous donner connaissance des ordres que j'ai donnés pour l'exécution des intentions de l'Empereur.

« Tous les régiments français qui étaient en Allemagne rentrent en Italie, excepté trois bataillons que je laisse momentanément dans le cercle de Villach, mais qui rentreront aussitôt qu'il sera possible.

Chaque régiment d'infanterie et de cavalerie est placé dans une bonne garnison ; on établit l'état d'emplacement de l'armée d'après ces dispositions, et j'espère pouvoir vous l'envoyer sous peu.

« Je ne puis, pour le moment, retirer les troupes françaises du Tyrol, leur présence est nécessaire pour consolider la tranquillité ; mais, aussitôt qu'il sera possible, je les ferai rentrer en Italie et je ne laisserai en Tyrol que les troupes italiennes.

« Le régiment d'Isembourg est à Rome ; j'y envoie également le régiment de Latour d'Auvergne pour y être à la disposition de Sa Majesté le roi de Naples, que je préviens de ce mouvement.

« Quant à l'artillerie, je fais rentrer à Palma-Nova le matériel qui était attaché à la cavalerie, et celui de la division d'infanterie qui reste cantonné dans le Frioul. Le matériel des autres divisions d'infanterie et du grand parc rentre à Vérone et Mantoue. Le personnel de la division cantonné dans le Frioul reste, pour ce premier moment, à Palma-Nova, et tout le reste du personnel français rentre à Vérone, où est l'établissement de l'artillerie.

Le personnel italien retourne à Pavie. Le général Sorbier, commandant l'artillerie de l'armée, s'occupe particulièrement de l'exécution de cet ordre ; il me remettra incessamment un état détaillé de cet emplacement, que je vous adresserai. »

« Sire, d'après la présentation que j'ai eu l'honneur de faire à Votre Majesté de quelques personnes, pour être décorées de l'ordre de la Couronne de fer, *Eug. à Nap. Paris, 15 janvier 1810.*

elle a désiré connaître s'il y avait encore des places vacantes de commandeur.

« Il existe une soixantaine de places vacantes. Je ne présente que six sujets, mais je supplierai Votre Majesté de me permettre d'en choisir une douzaine parmi les chevaliers, pour être présentés à sa nomination comme commandeurs. Quant au nombre des chevaliers, il sera complet si Votre Majesté daigne approuver ces nominations. »

*Eug. à Nap.*
*Paris,*
*19 janvier*
*1810.*

« Sire, la situation dans laquelle se trouvent deux régiments italiens à l'armée d'Espagne m'engage à prier Votre Majesté d'autoriser leur retour dans son royaume.

« L'un est le régiment de cavalerie chasseurs prince-royal. Ce régiment, créé et formé en Espagne avec un escadron de chacun des deux régiments de dragons et un du régiment de chasseurs royal-italien, a fait toutes les guerres depuis deux ans, a éprouvé des pertes considérables, et se trouve réduit à une centaine de chevaux. Les hommes qui existent en Espagne sont un noyau précieux pour le dépôt des conscrits qui est en Italie ; ils deviennent indispensables pour former les cadres des compagnies. Il faut les habiller, armer, équiper uniformément. En les faisant revenir, Votre Majesté créerait pour ainsi dire un régiment qui, sous peu de temps, serait à même de présenter un bon service et un corps complet.

« Le deuxième régiment est le 5ᵉ de ligne. Ce régiment, parti d'Italie à la fin de 1807, a fait toute la guerre d'Espagne. Il est réduit aux cadres de 3 bataillons. Il a perdu non-seulement par la guerre, mais encore plus par les évacuations d'hôpitaux. Ce corps a besoin d'un peu de repos pour se reformer et être mis en activité. Dans le cas, cependant, où Votre Majesté ne consentirait pas à le faire revenir jusqu'en Italie, je la prierai d'indiquer une garnison telle qu'Avignon ou Aix, où ce régiment pourrait se refaire, réunir tous ses hôpitaux et convalescents égarés, et se trouver enfin dans le cas d'entrer de nouveau en campagne. »

« Mon fils, je vous avais mandé de faire venir Hoffer à Paris ; mais, puisqu'il est à Mantoue, envoyez l'ordre de former sur-le-champ une commission militaire pour le juger et le faire fusiller à l'endroit où votre ordre arrivera. Que tout cela soit l'affaire de vingt-quatre heures. » <small>Nap. à Eug. Paris, 11 février 1810.</small>

« Mon fils, aussitôt que vous serez arrivé à Milan, faites-vous rendre compte de ce qui concerne les marchandises séquestrées que j'ai fait transporter de Venise à Milan, et faites-les vendre sans délai. » <small>Nap. à Eug. Paris, 15 février 1810.</small>

# LIVRE XVII

**DE NOVEMBRE 1809 AU 15 OCTOBRE 1810.**

§ I. — Le prince Eugène, de retour à Milan (14 novembre 1809), s'occupe de l'administration intérieure du royaume. — Modifications ministérielles. — Départ du vice-roi pour Paris (commencement de décembre). — Le divorce. — Mission du commandant Tascher. — Anecdotes relatives au divorce. — Entrevue de l'Empereur avec l'impératrice Joséphine en présence du prince Eugène. — Soirée du 15 décembre aux Tuileries. — Eugène au Sénat, 16 décembre. — Correspondance entre le vice roi et la princesse Auguste. — Règlement des affaires d'intérêt pour l'impératrice et le prince Eugène. — Duché de Francfort. — Affaire du domaine de Navarre. — Projets de Napoléon pour régler les intérêts d'Eugène.

§ II. — Retour d'Eugène à Milan (18 février 1810). — L'Istrie et la Dalmatie enlevées au royaume d'Italie. — Réunion du haut Adige à ce royaume. — Départ du prince Eugène et de la princesse Auguste pour Paris (12 mars 1810). — Ils reviennent à Milan en juillet. — Voyage du vice-roi à Venise en septembre 1810.

I

Le prince Eugène, ainsi que nous l'avons dit, revint à Milan le 14 novembre 1809. Il s'occupa immédiatement de donner tous ses soins à l'administration intérieure du royaume d'Italie. Il fit promulguer le décret royal qui fixait les attributions du Sénat. Ce corps devint le premier de l'État, par suite des prérogatives qui lui furent accordées.

On se rappelle que le corps législatif ayant vivement mécontenté et blessé l'Empereur en essayant, dès 1805, une opposition maladroite lors du vote de la loi des finances, Napoléon avait à cette époque écrit à son fils adoptif pour lui dire que tant qu'il régnerait sur le royaume d'Italie il ne réunirait pas le corps législatif.

Le Sénat fut en quelque sorte mis en son lieu et place. Il fut chargé de l'examen des comptes des ministres, de faire connaître au souverain les besoins et les vœux de la nation, de juger les questions d'inconstitutionnalité qui viendraient à se produire dans les actes des colléges électoraux.

Le vice-roi opéra aussi quelques modifications assez importantes dans le ministère du royaume d'Italie.

Le premier ministre de l'Intérieur avait été M. Félici, remplacé bientôt après par M. le comte de Brême, nommé à la suite de la mission délicate qu'il avait remplie à l'armée du maréchal Masséna en 1805. M. de Brême, d'un caractère un peu faible, n'avait pas l'énergie nécessaire pour remplir des fonctions pour lesquelles il fallait une grande vigueur. Tout était à créer, à organiser, et l'on ne crée pas, l'on n'organise pas sans avoir à lutter contre des oppositions souvent systématiques, sans avoir à briser des volontés qu'on doit soumettre à la sienne. Il eut pour successeur le conseiller d'État

Vaccari, homme d'une grande énergie, travailleur infatigable, zélé et intègre, et qui rendit en peu de temps les meilleurs services au royaume d'Italie. Le sénateur Guicciardi, directeur général de la police, créature de Melzi, fut remplacé par le conseiller d'État Mosca. Guicciardi remplissait souvent les fonctions délicates de son ministère en employant des formes irritantes qui faisaient des ennemis au gouvernement. Le conseiller Mosca mit plus de réserve, d'intelligence et en même temps plus de surveillance dans l'accomplissement de ses importants devoirs. Il comprit que la police doit être la gardienne des mœurs, la protectrice des citoyens paisibles, la sentinelle du pouvoir, la terreur des conspirateurs et des gens malintentionnés.

Le canon de la ville de Milan avait appris aux habitants de la capitale du royaume d'Italie le retour dans leurs murs du jeune prince dont ils aimaient le caractère loyal, dont ils appréciaient la bonté, les vertus et les talents. Grande fut la joie parmi eux lorsque cette bonne nouvelle fut connue de tout le monde. La ville, par l'organe de son conseil municipal, se hâta d'offrir au prince et à la princesse Auguste des fêtes votées par acclamation pour célébrer l'heureux événement de la paix et le retour du vice-roi. Un bal au théâtre de la Scala, un bal public dans les jardins de Porte Riconosanza, furent décidés pour le 2 décembre. En outre, le jour suivant, 3 décembre, un *Te Deum* devait être chanté, à midi, dans la cathédrale, et soixante jeunes filles, choisies de préférence parmi les sœurs ou les filles de militaires ayant fait la dernière campagne d'Allemagne, devaient être dotées.

Ces fêtes allaient être remplacées pour le vice-roi par un événement bien triste pour son cœur filial. Napoléon avait résolu le divorce avec l'Impératrice Joséphine, et le prince fut appelé à Paris par la lettre suivante de l'Empereur, lettre datée du 26 novembre :

« Mon fils, je désire, si aucun empêchement majeur ne vous en empêche, que vous partiez de Milan de manière à arriver à Paris le 5 ou le 6 décembre. Venez seul avec trois voitures et quatre ou cinq personnes de votre service d'honneur. Passez par Fontainebleau. Ceci est en supposant que des événements majeurs ne vous empêchent pas de partir. »

Quelques auteurs ont prétendu que le vice-roi avait eu connaissance des projets de l'Empereur dès la fin de la campagne d'Allemagne, à Vienne ; mais les documents qu'on trouvera à la correspondance prouvent d'une manière irrécusable qu'il était loin de s'attendre à une pareille nouvelle [1].

Le prince quitta donc Milan, pour se rendre à Paris, sans assister aux fêtes préparées pour son retour. Il fut remplacé par la vice-reine, qui, elle aussi, ignorait encore à ce moment le coup fatal prêt à atteindre sa nouvelle famille.

Eugène avait été précédé à Paris par un de ses aides de camp, le commandant Tascher de la Pagerie, qu'il avait chargé, ainsi que nous l'avons dit,

---

[1] Tout ce qui a rapport au divorce est résumé, du reste, avec une vérité et un talent admirables, dans l'*Histoire du Consulat et de l'Empire* de M. Thiers.

d'une mission en Tyrol pour avoir le prétexte de l'envoyer en France. Le voyage de ce jeune officier donna lieu à une circonstance que nous allons raconter ici, car elle permet d'apprécier certains faits historiques relatifs au divorce, et de tirer certaines inductions, entre autres celle que ni le prince Eugène ni la princesse Auguste ne connaissaient les projets de Napoléon lors du départ du prince et jusqu'à son arrivée à Fontainebleau, et que Napoléon craignait sans doute d'être deviné s'il avait auprès de lui des gens dévoués à l'impératrice Joséphine, comme l'était naturellement son parent Tascher.

Après avoir reçu de son aide de camp le rapport sur la situation du Tyrol, le prince Eugène, désireux, ainsi qu'il l'avait promis au jeune Tascher, de lui procurer l'occasion de se rendre auprès de sa famille, l'autorisa à aller donner de vive voix à l'Empereur des explications sur l'état des choses dans le pays insurgé qu'il avait parcouru.

Le commandant Tascher partit donc pour Paris à la fin de novembre, aussi ignorant de la raison qui faisait désirer à l'Empereur de ne pas le voir auprès de sa cousine l'Impératrice Joséphine que le prince Eugène l'était lui-même de ce qui se tramait contre sa mère [1].

---

[1] Une circonstance assez singulière aurait peut-être pu donner quelques soupçons au commandant Tascher; il se la rappela plus tard, mais il était alors trop jeune pour y faire grande attention. Après l'armistice de Znaïm, Tascher logeait au palais du duc Albert de Saxe Teschen à Vienne. Il s'était lié avec un M. de Landriani et avec le feld-maréchal Manfrédini, tous deux amis du prince Albert. En prenant congé de ces messieurs et après les plus tendres adieux : « Que

En débarquant à Paris, l'aide de camp crut de son devoir de se rendre immédiatement aux Tuileries. Il était huit heures et demie du matin. Il se fit annoncer à l'Empereur comme envoyé en mission par le prince vice-roi. Napoléon le fit entrer sur-le-champ dans son cabinet. La figure du souverain était pâle, soucieuse, et n'exprimait nullement la bonté dont Tascher avait été si souvent l'objet. Apostrophant brusquement le jeune officier : « Est-ce pour m'espionner, lui dit-il, qu'Eugène t'envoie? »

Grande fut la stupéfaction de l'aide de camp, nullement au fait de la situation à l'égard de l'Impératrice, lorsqu'il entendit ces paroles, prononcées d'un ton de reproche, sortir de la bouche de l'Empereur. Atterré et ne comprenant rien à ce que voulait lui dire Napoléon, il eut cependant assez de force et de présence d'esprit pour lui répondre qu'il avait trop d'estime à l'égard du prince Eugène pour penser que le vice-roi pût vouloir lui faire faire le métier d'espion, et que, quant à lui, il était avant tout homme d'honneur et de reconnaissance; que, du reste, il venait du Tyrol dans le but de rendre compte de sa mission. « As-tu vu la cousine? demanda alors l'Empereur. — Non, Sire, reprit Tascher, je descends de ma chaise de poste, qui m'attend encore dans la cour des Tuileries, et je n'ai vu personne. » Ces mots parurent produire sur l'Empereur une sorte d'impression, car il reprit son calme et adressa au commandant une

---

sait-on, lui dit l'un d'eux, peut-être verrez-vous à Paris nos archiducs plutôt que vous ne pensez. Peut-être, la paix faite, verrez-vous d'autres alliances qui en seront le résultat.

foule de questions sur ce qui s'était passé en Tyrol, sur ce qu'il avait vu et fait dans ce pays ; il prit ensuite le rapport rédigé d'avance par Tascher, et, après une demi-heure d'entretien, il lui montra tout à coup une petite porte donnant sur un escalier dérobé et lui dit : « Descends chez ta cousine. » De plus en plus étonné, Tascher se hâta de faire ce qu'on lui ordonnait, et l'escalier le mena du cabinet de l'Empereur dans l'appartement de l'impératrice Joséphine.

Le bruit de ses pas avertit l'Impératrice, qui crut à une visite de Napoléon. Elle vint au-devant de son jeune parent, et, l'ayant reconnu, elle se jeta dans ses bras en fondant en larmes et lui dit les paroles suivantes, qui donnèrent enfin à Tascher le mot de toute cette énigme : « Il m'abandonne, il veut le divorce, où est Eugène ? quand arrive-t-il ? — Je l'ignore, madame, répondit Tascher, *commençant à se rendre compte des premières paroles et de la colère de Napoléon en le voyant,* je l'ignore; toutefois, lorsque j'ai quitté Milan, il y a peu de jours, le prince ne m'a nullement paru inquiet de l'avenir de Votre Majesté. Il ne m'a pas parlé de son arrivée prochaine, et, si telle eût été alors son intention, il est à présumer qu'il me l'eût fait connaître. Sa sécurité, je puis vous le garantir, était parfaite. »

Tascher s'entretint alors longuement avec l'Impératrice. Il lui raconta la scène dont, bien innocemment, il venait d'être l'objet de la part de l'Empereur. Joséphine pleurait, sanglotait. « Ah ! disait-elle, si au moins c'était pour son bonheur ! Va de suite chez Hortense, qui est inquiète de son frère. »

Entendant du bruit dans la chambre voisine, Tascher pensa que l'Empereur venait, et il se retira. C'était Napoléon, en effet, qui entrait chez l'Impératrice, dont les sanglots continuèrent. Tascher se rendit auprès de la reine Hortense, et là il apprit que le vice-roi, mandé par l'Empereur, était parti de Milan, qu'il était en route et attendu sous peu à Paris. Quelques jours plus tard, en effet, la Reine fit venir Tascher et lui dit qu'elle allait au-devant de son frère, pour le mettre bien au courant de la situation, avant qu'il vît l'Empereur. La Reine devait prendre la route directe de Lyon, elle prescrivit à l'aide de camp de suivre la route d'Orléans, tandis que M. de Lavallette prendrait une troisième direction. De cette façon, elle était sûre que l'un des trois rencontrerait le prince et qu'on aurait le temps de le prévenir [1].

Le prince partit de Milan le 1ᵉʳ décembre. Le 5, à quatre heures après midi, il écrivit de l'hospice du Mont-Cenis à la princesse Auguste la lettre suivante :

« Me voici arrivé à l'hospice du Mont-Cenis, ma très-chère Auguste, et, comme mes voitures sont encore en arrière, je vais manger un morceau, et je me rappelle en attendant à ton souvenir. La montagne a été très-mauvaise tous ces jours-ci, la Reine de

---

[1] On comprend que nous tenons tous ces détails de M. le général comte Tascher de la Pagerie lui-même. Il a bien voulu rédiger une note à ce sujet et nous assurer plusieurs fois que toutes ces scènes, toutes ces paroles, étaient présentes à sa mémoire comme si elles avaient eu lieu la veille.

Naples est restée trois jours pour la passer[1]. Moi, j'arriverai ce soir à Lauslebourg, mais je crains que mes voitures n'y arrivent que tard cette nuit, de sorte que je perdrai au moins douze heures en plus de mon calcul.

« Nous nous portons bien, Caprara, Battaglia et moi. Je ne sais rien des autres, puisque leur voiture est aussi en arrière. »

Le prince arriva à Fontainebleau le 6 décembre, et à Paris le 7 au matin. Il s'empressa d'écrire à sa femme :

« Je suis arrivé ici ce matin, ma très-chère Auguste. Ma sœur est venue au-devant de moi jusques au delà de Fontainebleau, et, comme je serais arrivé cette nuit (à Paris) j'ai préféré coucher dans ce dernier endroit; j'ai été bien heureux de retrouver ma bonne sœur!

« *Je n'ai pu te dire, mon amie, avant mon départ les raisons de mon voyage, parce que je les ignorais moi-même*..... Il est indispensable pour le repos de l'Empereur que tout se termine convenablement. Tu me connais assez pour savoir dans quelle position je me trouve. La chose qui me soutient le plus en cette circonstance, c'est l'idée que je possède ton cœur et que tes sentiments pour moi sont comme ton âme, au-dessus de tous les événements. J'ai vu ce soir aux Tuileries le roi de Saxe; nous avons beaucoup parlé de toi ensemble. J'irai faire demain toutes mes visites d'étiquette; je ne sais pas en conscience à quelle heure cela sera fini.

[1] La Reine arriva à Paris au commencement de décembre.

« Adieu, ma bonne amie, je t'aime et t'aimerai toute ma vie, ainsi que nos deux chers enfants. Je serai de retour à Milan beaucoup plus tôt que je ne me l'étais imaginé. »

Le vice-roi descendit à l'hôtel de Marbœuf, qui appartenait au roi Joseph, son propre hôtel étant alors occupé par un autre des frères de l'Empereur. Il se rendit chez Napoléon, puis chez l'Impératrice, avec laquelle son entrevue fut des plus douloureuses. Le prince, comprenant tout ce que la séparation avait de pénible, et cependant combien il importait pour la tranquillité future et même pour la santé de son excellente mère d'abréger autant que possible les choses, résolut de demander à Napoléon, pour Joséphine, une entrevue dans laquelle les deux époux auraient en sa présence une explication positive, loyale, catégorique.

L'Empereur y consentit. Le soir même l'entrevue eut lieu. Napoléon présenta le divorce comme une nécessité politique, indispensable à la stabilité et même à la tranquillité de l'Empire. Joséphine répondit que, puisqu'il y allait du bonheur de la France, cette considération devant l'emporter sur toute autre, elle était prête à se sacrifier pour son pays. Puis, les yeux remplis de larmes, elle s'écria : « Une fois séparés, mes enfants seront oubliés. Faites Eugène roi d'Italie, ma tendresse maternelle sera tranquille et votre politique sera applaudie, j'ose le croire, par toutes les puissances étrangères. » Le prince vice-roi, en entendant cette espèce de prière adressée par sa mère à l'Empereur, prit la parole avec vivacité pour demander qu'il ne fût pas question de lui dans toute cette affaire. — Votre fils, ajouta-t-il, ne voudrait pas d'une couronne qui serait le prix de votre séparation. — Si vous souscrivez aux volontés de l'Empereur, c'est à vous seule qu'il doit penser. » Napoléon dit alors : « Je reconnais le cœur d'Eugène ; il a raison de s'en rapporter à ma tendresse. »

La vice-reine, en apprenant par les lettres de son mari la fatale nouvelle du divorce, écrivit au prince Eugène le 13 décembre :

« Je ne sais pas ce que je t'ai écrit hier [1], mon tendre et bien-aimé époux ; la nouvelle du divorce m'a accablée ; ma douleur est d'autant plus forte, puisque c'est pour toi que je souffre ; je me représente ta triste position, et, quoique bien loin, je vois la joie imprimée sur les visages de ceux qui nous font tant de mal. Mais on ne peut pas te faire celui qu'on voudrait, puisqu'on ne peut pas t'ôter une réputation sans tache et une conscience sans reproche. Tu n'as point mérité ces malheurs, je dis *ces*, car je suppose qu'on nous en prépare encore d'autres ; je suis préparée à tout ; je ne regretterai rien si ta tendresse me reste ; au contraire, je serai heureuse de pouvoir te prouver que je ne t'aime que pour toi. Effacés de la liste des Grands, on nous inscrira sur celle des heureux, cela ne vaut-il pas mieux ? Je n'écris pas à ta pauvre mère, que lui dirais-je ? Assure-la de mon respect et de ma tendresse. Tu me

---

[1] Cette lettre du 12 ne nous a pas été envoyée.

dis que ton retour sera prochain, ces paroles m'ont soulagée dans ma tristesse, et je t'attends avec impatience. Ne crois pas que je me laisse abattre ; non, mon Eugène, mon courage égale le tien, et je veux te prouver que je suis digne d'être ta femme. Adieu, cher ami, continue-moi ta tendresse et crois à celle que je t'ai vouée jusqu'au dernier moment de ma vie. »

Grâce à cette entrevue décisive demandée par le prince Eugène et dans laquelle la séparation fut convenue d'un accord commun entre Napoléon et Joséphine, la dissolution des liens qui unissaient les deux souverains prenant les formes plus décentes d'un consentement mutuel, le prince Eugène, archichancelier d'État de l'Empire, crut pouvoir remplir le pénible devoir que lui imposait cette charge, sans manquer au respect, à l'affection filiale qu'il devait à sa mère.

Le 15 décembre fut le jour fixé par l'Empereur pour l'accomplissement du sacrifice imposé à Joséphine au nom de la France. A neuf heures du soir, le prince archichancelier Cambacérès duc de Parme, assisté du ministre d'État et de la famille impériale comte Regnault de Saint-Jean-d'Angely, se rendit dans la salle du trône. Bientôt après ils furent introduits tous les deux dans le grand cabinet de l'Empereur, où se trouvaient Napoléon, Joséphine, le roi Louis, le roi Jérôme, le roi Murat, les reines d'Espagne, de Naples, de Hollande, de Westphalie, Madame mère, la princesse Pauline et le prince Eugène.

L'Empereur, adressant alors la parole à Cambacérès, lui dit : « La politique de ma monarchie, l'intérêt et le besoin de mes peuples, qui ont constamment guidé toutes mes actions, veulent qu'après moi je laisse à des enfants, héritiers de mon amour pour mes peuples, ce trône où la Providence m'a placé. Cependant, depuis plusieurs années, j'ai perdu l'espérance d'avoir des enfants de mon mariage avec ma bien-aimée épouse l'Impératrice Joséphine; c'est ce qui me porte à sacrifier les plus douces affections de mon cœur, à n'écouter que le bien de l'État, et à vouloir la dissolution de notre mariage..... J'ai le besoin d'ajouter que loin d'avoir jamais eu à me plaindre, je n'ai au contraire qu'à me louer de l'attachement et de la tendresse de ma bien-aimée épouse. Elle a embelli quinze ans de ma vie; le souvenir en restera toujours gravé dans mon cœur. Elle a été couronné de ma main; je veux qu'elle conserve le rang et le titre d'Impératrice, mais surtout qu'elle ne doute jamais de mes sentiments et qu'elle me tienne toujours pour son meilleur et son plus cher ami. »

Après le discours de Napoléon, Joséphine prit à son tour la parole pour lire l'acte formel de séparation. La tendre affection, l'exemple de ses enfants avaient paru lui rendre un peu de courage. Elle voulut s'efforcer de se montrer calme; elle voulut en ce moment solennel surmonter les émotions bien naturelles qui faisaient battre son cœur. Elle lut un discours que le *Moniteur* reproduisit en entier le surlendemain, discours qu'elle fut forcée d'interrompre à plusieurs reprises.

Le samedi 16 décembre 1809, à onze heures du

matin, les membres du Sénat se réunirent en grand costume dans leur palais en vertu d'un ordre de convocation de l'Empereur. Le prince archichancelier de l'Empire désigné pour présider, ayant été reçu avec les honneurs d'usage, la séance fut ouverte, en présence des rois de Westphalie, de Naples et du vice-roi d'Italie. Le prince Eugène, qui pour la première fois prenait place au milieu des sénateurs, ayant été admis à prêter le serment entre les mains de l'archichancelier, prononça le discours suivant : « Depuis que les bontés de S. M. l'Empereur et Roi m'ont appelé à compter parmi vous, des témoignages de sa confiance m'ont tenu continuellement éloigné de Paris, et c'est pour la première fois, aujourd'hui, que j'ai le bonheur de paraître dans votre sein. Je suis heureux de pouvoir vous dire qu'au milieu des bienfaits dont Sa Majesté n'a cessé de me combler, j'ai été particulièrement sensible à l'honneur qui m'était accordé de faire partie du premier corps de l'Empire ; agréez, » etc.

Après la prestation du serment du vice-roi, et la réponse du président, les orateurs du Conseil d'État comte Regnault de Saint-Jean-d'Angely et Defermon, ministres d'État, furent introduits, et le président du Sénat annonça le projet du divorce de l'Empereur qui allait être soumis à l'assemblée. « La noble et touchante adhésion de Sa Majesté l'Impératrice, dit en terminant l'archichancelier, est un témoignage glorieux de son affection désintéressée pour l'Empereur, et lui assure des droits éternels à la reconnaissance de la nation. »

Le comte Regnault soumit ensuite le projet de
sénatus-consulte portant dissolution du mariage contracté entre l'Empereur Napoléon et l'Impératrice
Joséphine, puis il ajouta, en parlant des deux époux :
« Leurs cœurs se sont entendus, pour faire au plus
grand des intérêts le plus noble des sacrifices ; ils
se sont entendus, pour faire parler à la politique et
au sentiment le langage le plus vrai, le plus persua-
sif, le plus fait pour convaincre et pour émouvoir...
C'est désormais au peuple français à se faire entendre. Sa mémoire est fidèle comme son cœur. Il
réunira dans sa pensée reconnaissante les espérances de l'avenir et les souvenirs du passé, et jamais monarques n'auront recueilli plus de respect,
d'admiration, de gratitude et d'amour que Napoléon
immolant la plus sainte de ses affections au besoin
de ses sujets, que Joséphine immolant sa tendresse
pour le meilleur des époux, par dévouement pour
le meilleur des rois, par attachement pour le meilleur des peuples. Acceptez, messieurs, au nom de la
France attendrie, aux yeux de l'Europe étonnée, ce
sacrifice, le plus grand qui ait été fait sur la
terre, » etc., etc.

Après ces discours un peu ampoulés, tels qu'on
les faisait volontiers sous le premier Empire, le
prince Eugène, à son tour, prit la parole et dit :

« Vous venez d'entendre la lecture du projet de
sénatus-consulte soumis à votre délibération. Je crois
devoir, dans cette circonstance, manifester les sentiments dont ma famille est animée.

« Ma mère, ma sœur et moi, nous devons tout à

l'Empereur. Il a été pour nous un véritable père ; il trouvera en nous, dans tous les temps, des enfants dévoués et des sujets soumis.

« Il importe au bonheur de la France que le fondateur de cette quatrième dynastie vieillisse environné d'une descendance directe qui soit notre garantie à tous, comme le gage de la gloire de la patrie.

« Lorsque ma mère fut couronnée par toute la nation par les mains de son auguste époux, elle contracta l'obligation de sacrifier toutes ses affections aux intérêts de la France. Elle a rempli avec courage, noblesse et dignité ce premier des devoirs. Son âme a été souvent attendrie en voyant en butte à de pénibles combats le cœur d'un homme accoutumé à maîtriser la fortune, et à marcher toujours d'un pas ferme à l'accomplissement de ses grands desseins. Les larmes qu'a coûté cette résolution à l'Empereur suffisent à la gloire de ma mère. Dans la situation où elle va se trouver, elle ne sera pas étrangère par ses vœux et par ses sentiments aux nouvelles prospérités qui nous attendent, et ce sera avec une satisfaction mêlée d'orgueil qu'elle verra tout ce que ses sacrifices auront produit d'heureux pour sa patrie et pour son Empereur. »

Le projet, renvoyé à une commission spéciale qui fit son rapport dans la même séance, fut adopté, ainsi que cela devait être, et converti immédiatement en sénatus-consulte, ainsi qu'il suit :

Art. 1er. Le mariage contracté entre l'Empereur Napoléon et l'Impératrice Joséphine est dissous.

Art. 2. L'Impératrice Joséphine conservera les titre et rang d'Impératrice-Reine couronnée.

Art. 3. Son douaire est fixé à une rente annuelle de 2,000,000 *de francs sur le trésor de l'État.*

Art. 4. Toutes les dispositions qui pourront être prises par l'Empereur, en faveur de l'Impératrice Joséphine, sur les fonds de la liste civile, seront obligatoires pour ses successeurs.

Art. 5. Le présent sénatus-consulte sera transmis par un message à Sa Majesté l'Impératrice-Reine.

Le jour même de cette séance au sénat, 16 décembre, le prince Eugène écrivit à la vice-reine :

« Il ne m'a pas été possible de t'écrire hier, ma bonne Auguste, parce que je suis resté chez l'Impératrice jusqu'à minuit. — Enfin, cette séparation de l'Empereur et de ma mère, dont on entretenait le public depuis si longtemps, est terminée depuis hier soir ! Il y a eu aux Tuileries une assemblée de famille. L'Empereur y a exposé les raisons qui exigeaient qu'il se séparât de son épouse, et qui commandaient ce sacrifice ; l'Impératrice a répondu avec noblesse et dignité, et non sans la plus touchante sensibilité. L'archichancelier a dressé procès-verbal de la séance, et nous avons tous signé. Après cela, il y eut un conseil privé où on lut le projet du sénatus-consulte. Ce matin je me suis rendu à la séance du sénat, où, suivant les désirs de l'Empereur, j'ai exprimé les sentiments dont ma famille était animée dans cette circonstance. Tout s'est passé avec calme, et l'Impératrice a déployé le plus grand courage et la plus grande résignation. Demain ou après-demain on publiera dans les journaux toutes les pièces et tu les y verras. L'Empereur va à Trianon, l'Impératrice à la Malmaison, et je pars à l'instant pour l'y rejoindre. Adieu, ma très-chère Auguste, je t'aime, ainsi que nos deux enfants, au-dessus de toute expression.

« Le Roi et la Reine de Bavière arrivent jeudi prochain. Ils doivent loger dans l'hôtel que j'occupe en ce moment, et moi je viens prendre un petit appartement aux Tuileries. Je crois que je passerai encore quelques jours avec Leurs Majestés.

« L'Impératrice et ma sœur t'embrassent. »

Tandis qu'Eugène écrivait de Paris, à la vice-reine, la lettre ci-dessus, cette noble femme lui écrivait au même instant, le même jour, 16 décembre, de Milan, la belle lettre suivante :

« Je suis résignée à tout et me soumets à la volonté de Dieu ; ta grandeur d'âme pourra étonner beaucoup de monde, mais pas ta femme, qui t'en aime, s'il est possible, encore davantage. Je te prouverai, mon cher Eugène, que je n'ai pas moins de courage et de force d'âme que toi, quoique j'étais éloignée de m'attendre à des événements aussi tristes, surtout dans ce moment-ci. Tes petites se portent bien ; Dieu sait quel avenir les attend !

« Adieu, le meilleur des époux, sois persuadé que mon unique désir est de faire ce que tu peux souhaiter, et de te donner des preuves de ma tendresse qui ne finira qu'avec la vie de ta fidèle épouse. »

Ainsi qu'il l'avait écrit à la vice-reine, Eugène n'avait pas voulu quitter sa mère après l'acte douloureux auquel Joséphine, Hortense et lui s'étaient prêtés avec tant de courage, d'abnégation et de grandeur d'âme. Il écrivit de là, le 17 décembre, à la princesse Auguste, la lettre qu'on va lire et qui peint toute la beauté d'âme, la noblesse de caractère et de sentiments du jeune prince :

« Nous voici à Malmaison depuis hier soir, ma très-chère Auguste. Si le temps avait été plus beau, nous aurions pu passer une journée moins triste ; mais il n'a pas cessé de pleuvoir. L'Impératrice se porte bien. Sa douleur a été assez vive ce matin en revoyant les lieux qu'elle avait habités si longtemps avec l'Empereur ; mais son courage a repris le dessus, et elle est résignée à sa nouvelle position. Moi, je crois fermement qu'elle sera plus heureuse et plus tranquille. Nous avons eu ce matin quelques visites. On ne parle, nous dit-on, à Paris, que de notre courage et de la résignation de l'Impératrice. Ils seraient bien sots ceux qui pourraient croire que j'ai regretté quelque faveur ou quelque élévation. J'espère qu'à la manière dont j'ai pris la chose je convaincrai les plus incrédules que je suis au-dessus de tout cela. Je ne te cacherai pas que je n'ai eu qu'une seule inquiétude, c'était de penser que cet événement pourrait te faire de la peine. J'ai cependant été tant de fois à même d'apprécier ton excellent caractère, que j'aime à penser que tu seras la première de mon avis. Tu as dû voir toutes les pièces de cette affaire dans le *Moniteur* de ce matin ; j'espère que je serai bientôt à Milan, et là tu me diras franchement ta façon de penser. »

Il nous reste à parler maintenant de la manière

dont furent réglées par l'Empereur les affaires d'intérêt de l'Impératrice et celles de son fils le prince Eugène.

Lorsque le divorce eut été décidé, et que les détails relatifs à ce projet commencèrent à être connus, l'attention publique fut vivement occupée de tout ce qui avait rapport à cet événement.

Il faut relire les publications officielles et autres de ce temps pour comprendre combien Napoléon mettait d'importance à cette détermination, et à ce que l'opinion publique fût pénétrée du dévouement si remarquable avec lequel l'Impératrice Joséphine avait acquiescé à cette séparation. Les éloges les plus grands, et, il faut le reconnaître, les mieux mérités, étaient donnés à la compagne si affectionnée de l'Empereur, qui sacrifiait ainsi son bonheur à celui de son époux, à l'intérêt de la France entière.

Dans les entretiens qui eurent lieu alors entre les deux époux, Napoléon dit à Joséphine qu'il lui donnerait le domaine de Navarre, érigé en duché, à titre de dotation, pour en jouir, elle, sa vie durant, et après elle la descendance de son fils, le prince Eugène.

Lors du nouveau mariage de Napoléon, l'Impératrice Joséphine se rendit donc au château de Navarre.

Jusqu'au moment où devaient être réglés les arrangements relatifs à la dotation, on remit à l'Impératrice Joséphine une somme mensuelle équivalente à ce qu'étaient les produits de ce domaine.

Navarre dépendait du domaine de l'État. Il fut acquis par le domaine extraordinaire, et concédé par celui-ci à l'Impératrice. Ces formalités entraînèrent des délais.

Quand vint le moment de régler les formalités relatives à cette dotation et d'en passer les actes, il se trouva que l'Empereur Napoléon donnait à l'Impératrice Joséphine, savoir :

1° Le château, le jardin et le parc de Navarre, érigé en duché, pour en jouir, à titre de dotation, sa vie durant, et après elle passer, au même titre, à celui des princes qu'elle aurait désigné dans la descendance masculine, directe, naturelle et légitime du prince Eugène.

2° Une assignation annuelle de 600,000 fr. à prendre sur les produits des biens dépendant du domaine de Navarre, pour en jouir, elle, sa vie durant, *sans transmission*.

Les agents chargés des affaires de l'Impératrice firent des représentations sur ces dispositions, qui n'étaient pas d'accord avec les promesses faites par Napoléon.

On se borna à répondre que la dotation avait été ainsi réglée par l'Empereur, et il fallut l'accepter.

L'Impératrice Joséphine fut investie de cette dotation par lettres patentes des 9 avril et 29 juin 1810.

Elle décéda le 29 mai 1814 sans avoir désigné le prince qui devait lui succéder dans la possession de cette dotation, par la raison qu'à cette époque le prince Eugène n'avait qu'un fils, le prince Auguste-Charles-Eugène-Napoléon.

L'administration de la maison ducale fit les démarches nécessaires auprès du gouvernement royal, et le prince Auguste fut mis, sans difficultés, en possession de la dotation ; le brevet en fut inscrit plus tard sur les registres du sceau, le 8 février 1828.

La transmission fut accordée sur la dotation, se composant, comme on vient de le voir, du château, du jardin et du parc de Navarre.

Le château était en médiocre état de conservation. Il exigeait des dépenses pour réparations, entretien et le payement des contributions.

Le jardin nécessitait des dépenses d'entretien et le payement des contributions.

Le parc se composait de quelques fermes louées environ 30,000 fr.

Les dépenses et les frais d'administration du tout s'élevaient à environ la moitié de ce produit.

Ainsi, ce fut un revenu d'environ 15,000 fr. que l'Empereur Napoléon accorda par le fait à la descendance de l'Impératrice Joséphine.

Ici, il convient de placer quelques réflexions qui pourront donner la clef de certains événements postérieurs depuis l'époque du divorce jusqu'à l'issue de l'affaire de la dotation.

Lors du consulat, et plus tard, lors de l'établissement de l'Empire, il y avait au faîte des pouvoirs deux familles, celle de l'Empereur et celle de l'Impératrice.

L'union intime et cordiale de Napoléon et de Joséphine, leur égale affection pour les enfants de cette dernière, la loyauté et le dévouement sans bornes du prince Eugène, empêchaient encore toute divergence de se produire entre les deux familles.

Mais en 1809 et depuis, lorsque la grande et sérieuse affaire du divorce eut eu lieu, il en résulta de notables changements dans les sentiments respectifs des membres de la famille Bonaparte et des membres de la famille Beauharnais.

Après les événements de 1814 et de 1815, la situation des deux familles prit un caractère différent.

La position que le prince Eugène se trouva occuper alors et depuis, due à la loyauté de son caractère et à la conduite qu'il avait constamment tenue, lui valut les sympathies universelles.

Il eut six enfants ; il les plaça tous sur des trônes ou à côté de trônes.

Cette situation et l'estime générale qui fut accordée à la famille du prince Eugène sont de toute évidence.

Cela exposé, revenons à la suite de l'affaire de la dotation de Navarre.

Le peu d'importance du revenu de cette dotation porta l'administration de la maison ducale de Leuchtenberg, en l'année 1833, à demander au gouvernement l'autorisation de vendre ces biens, formant la dotation, pour convertir le produit en rentes sur le grand-livre.

Cette autorisation fut accordée par ordonnance royale du 6 février 1834.

Les biens furent adjugés, à la préfecture d'Évreux, le 24 mai 1834, pour la somme de 1.378,000 francs.

Ce prix, successivement versé par l'acquéreur à la Caisse des dépôts et consignations, fut employé par cette caisse en achats de rentes 5 pour 100, en 22 inscriptions successives, dont le total s'éleva à 62,890 francs.

Aux termes des lois et règlements relatifs aux dotations, et pour former le fonds d'accroissement, il fut déduit de cette rente totale celle de 6,282 francs, destinée à être successivement accumulée pour augmentation de la dotation.

Cette dotation se trouva donc composée alors d'une rente de 56,608 francs en 5 pour 100.

Le prince Auguste, duc de Leuchtenberg, décéda le 28 mars 1835.

La transmission de la dotation à son frère puîné fut demandée, et le prince Maximilien-Eugène-Joseph, duc de Leuchtenberg, fut reconnu habile à recueillir la dotation du domaine de Navarre ou les rentes sur l'État acquises en remplacement du prix des domaines par une décision du ministre des finances du 8 septembre 1835.

En 1852, la rente de 56,608 francs affectée à la dotation du majorat de Navarre reçut un accroissement de 6,282 francs par suite du doublement de la retenue de 10 pour 100 opérée sur l'inscription primitive depuis l'achat des rentes; mais le décret du 14 mars 1852 ayant déterminé la conversion de la rente 5 pour 100 en rente 4 et demi pour 100, cette inscription de 62,890 francs 5 pour 100 fut échangée contre une autre inscription de 56,601 fr. 4 et demi pour 100.

Ainsi, la mesure financière de la conversion de la rente 5 pour 100 en rente 4 et demi pour 100, prise à cette époque, fit disparaître et emporta les économies des dix-huit années faites sur les revenus du majorat, soit une somme d'environ 120,000 fr.

Le prince Maximilien-Eugène-Joseph, duc de Leuchtenberg, décéda le 4 novembre 1852.

La demande de transmission de la dotation au nom de son fils aîné, le prince Nicolas-Maximilianowisch, duc de Leuchtenberg, fut faite le 18 février 1858.

Des démarches furent faites auprès de l'administration générale de l'enregistrement et des domaines pour obtenir cette transmission.

Il fut répondu que cette affaire était fort grave, que la difficulté principale reposait sur la perte de la nationalité, et que l'affaire était soumise aux avocats du ministère des finances.

Enfin, le 9 août 1858, le ministre des finances rendit une décision d'après laquelle le prince Nicolas Maximilianowisch et ses frères puînés étaient déclarés inhabiles à recueillir le majorat dont la transmission était demandée.

Le motif donné à l'appui de cette décision est que ce prince et ses frères étant membres de la famille impériale régnant en Russie, et aptes à succéder au trône, ils ne pouvaient pas remplir les conditions imposées aux titulaires des majorats et notamment celle de prêter serment de fidélité à l'Empereur des Français.

Ainsi disparut des mains des descendants du prince Eugène le domaine donné par l'Empereur à l'Impératrice Joséphine, lors du divorce, en 1809.

Le prince Eugène, ainsi qu'on le verra à la fin de ces Mémoires et par sa correspondance avec l'Empereur de Russie, ne fut pas beaucoup plus favorisé et plus heureux que sa mère, pour tout ce qui touchait aux intérêts de fortune.

Dépossédé, pour ainsi dire, dès l'époque du divorce, de l'espoir de régner par la suite en Italie, il eut en compensation la survivance du grand-duché de Francfort, dont il ne jouit jamais.

Peu de jours après la fameuse séance où la dissolution du mariage de Napoléon avec sa mère avait été décidée et reconnue officiellement, le prince Eugène reçut de l'Empereur la lettre ci-dessous :

« Mon fils, je vous envoie une note sur ce qui
« vous concerne; faites-moi connaître votre opinion :
« Avant de donner une principauté au prince
« Eugène, il faut que son sort soit fixé en Italie et
« qu'il y jouisse d'un apanage d'un million de
« rentes qu'on pourrait composer de cette manière :
« 500,000 francs en domaines, avec la propriété
« de la villa Bonaparte, avec les dépendances de
« l'ameublement existant ; 500,000 francs en terres,
« en choisissant de bonnes campagnes et de bonnes
« fermes. Le prince Eugène posséderait cet apanage
« sa vie durant ; le douaire de la princesse sa
« femme y serait assis, le tout selon les lois qui
« régissent les apanages des princes français. Comme
« il faut prévoir le cas extraordinaire et inattendu
« où l'Italie manquerait à la France, on propose de
« constituer en France, en faveur du vice-roi, une
« principauté comme celle de Wagram, qui serait

« appelée principauté de Raab, et d'y assigner pour
« maison celle du vice-roi à Paris. Il ne sera pas
« difficile de trouver, avec le temps, une belle terre.
« A cette principauté seraient attachés 10,000,000
« de capital, formant 500,000 francs de rente ; ces
« 10,000,000 se composeront de 2,000,000 en
« Saxe et 2,000,000 sur le territoire de Dantzig, de
« 2,000,000.....

« Les 300,000 francs que ces 6,000,000 ren-
« draient, chaque année, seraient employés en
« achats en France. Il y serait joint 2,000,000 sur
« le canal du Midi, et 2,000,000 sur l'emprunt de
« la ville de Paris, produisant 200,000 francs de
« rente, ce qui compléterait les 500,000 francs.
« Le vice-roi jouirait donc, dès à présent, de
« 1,500,000 francs de rente ; mais, comme il n'en
« a pas besoin, on les emploierait ou en rentes sur
« le grand-livre de France, ou en achats de terres
« qui seraient jointes au domaine privé du vice-roi,
« destiné à fournir la dot de ses filles, en six ans ;
« ces 1,500,000 francs seraient portés à 9,000,000,
« et, avec les intérêts des intérêts, à plus de 10 mil-
« lions, ce qui ferait 2,000,000 de rente. Pour la
« sanction de ces dispositions, il faut 1° un décret
« royal et une communication au sénat du royaume
« d'Italie ; 2° une lettre patente et un message au
« sénat de France. Comme tout porte à penser que
« le vice-roi gardera encore vingt ans la vice-
« royauté d'Italie, il placera, en France, 30,000,000,
« et, avec les intérêts des intérêts, 40,000,000, ce
« qui lui ferait de 3 à 4,000,000 de rente. »

## II

Le prince Eugène revint à Milan le 18 février. Il s'occupa immédiatement de plusieurs mesures administratives fort importantes. La nouvelle de la nomination du vice-roi comme grand-duc héréditaire du duché de Francfort avait été reçue avec déplaisir dans le royaume d'Italie. Le prince et sa femme étaient non-seulement aimés de ceux qui ne tenaient pas pour le parti de l'Autriche, mais, en outre, ils étaient l'un et l'autre estimés de tout le monde sans exception. On s'était habitué, en Italie, à considérer Eugène comme le futur roi d'un pays où la princesse Auguste et lui avaient déjà fait un bien immense. L'idée qu'un autre, peut-être, serait un jour appelé à occuper un trône sur lequel personne ne pouvait être mieux placé qu'un homme dont les talents et les qualités étaient hautement appréciés, jetait dans les esprits une vague tristesse et de fâcheux pressentiments pour l'avenir.

Eugène, sans se laisser abattre par le coup qui venait de frapper sa famille, sans montrer le moindre regret sur la position brillante qui échappait évidemment à sa famille et à lui, par suite du divorce de sa mère, oubliant ce qu'il pouvait avoir à reprocher en quelque sorte à l'Empereur, pour ne se souvenir que des bienfaits qu'il avait reçus de son père adoptif, mit de nouveau le zèle le plus louable à bien servir Napoléon et à utiliser ses talents pour l'Italie.

Vers la fin de 1809, l'Istrie et la Dalmatie furent ôtées au royaume pour être réunies aux provinces Illyriennes, dont le gouvernement fut confié au maréchal duc de Raguse, qui rendit là d'immenses services, non-seulement à la France, mais au pays lui-même, en prenant des mesures frappées au coin de la sagesse. Bientôt après, et par suite de négociations avec la Bavière, le royaume d'Italie reçut une province du Tyrol qui prit le nom de département du *Haut-Adige* et dont la capitale fut Trente. Le royaume fut alors définitivement constitué à vingt-quatre départements ayant une population de 6,461,800 habitants.

Vers la même époque aussi eurent lieu les changements suivants dans l'administration intérieure du pays. Le général Caffarelli, ministre de la guerre, fut rappelé par Napoléon; le ministre du Trésor, Veneti, homme intègre et zélé, mais que son grand âge obligeait à la retraite, fut remplacé par le sénateur Birago.

Le décret en vertu duquel Rome et ses provinces étaient réunies à l'Empire français fut publié dans le royaume.

Le prince communiqua au sénat d'Italie le mariage de Napoléon avec l'archiduchesse Marie-Louise. En exécution des ordres formels de l'Empereur, il engagea les Italiens de marque à se rendre à Paris pour les fêtes, et lui-même se prépara, ainsi que la princesse Auguste, à assister à cette cérémonie bien triste pour leurs cœurs. Le mariage était fixé au 29 mars. Le vice-roi reçut une lettre, du 26 février, par laquelle Napoléon l'engageait à se rendre, ainsi que la princesse, à Paris pour cette époque.

Eugène voulut profiter de cette occasion pour faire visiter une partie de la France à sa jeune femme. Les enfants furent laissés aux soins éclairés de la baronne de Wurmb, à ceux de la comtesse de Sandizel, et le prince et sa femme, cette dernière accompagnée de la duchesse de Litta et de deux dames du palais, se mirent en route le 12 mars.

Arrivés à Paris, le 20, le vice-roi et la vice-reine descendirent au palais de l'Élysée. La princesse Auguste ne tarda pas à quitter cette résidence princière pour s'établir à Malmaison dans un appartement contigu à celui de l'Impératrice Joséphine.

Pendant le séjour d'Eugène à l'Élysée, au dire du baron d'Arnay, auquel nous laissons toute la responsabilité du fait, attendu que nous n'avons pas trouvé trace de ce projet ni dans la correspondance, ni dans les documents entre nos mains, l'Empereur eut la pensée de mettre sur la tête du vice-roi d'Italie la couronne de Suède, donnée, peu de temps après, à Bernadotte par les Suédois. Le prince, auquel avait été envoyé un de ses meilleurs et plus fidèles amis, Duroc, pour lui faire cette offre de la part de Napoléon, refusa à deux reprises différentes. Tel est, du moins, ce que M. d'Arnay, secrétaire intime du vice-roi, affirme dans ses notices historiques sur le prince Eugène.

Le prince et sa femme assistèrent à toutes les cérémonies du mariage et aussi au bal, si fatalement célèbre, du prince de Schwartzenberg. La princesse Auguste, alors dans un commencement de grossesse, ne connut le danger que plus tard, son mari ayant pu lui faire quitter les salons du bal dès le commencement de l'incendie.

Les deux époux reprirent, en juillet, le chemin de Milan. Ils s'acheminèrent vers l'Italie par la superbe route du Simplon. L'Impératrice Joséphine était, depuis quelques jours déjà, aux eaux d'Aix, en Savoie, pour sa santé. Le prince Eugène fut seul voir sa mère, les fatigues et même les dangers qui pouvaient résulter d'un voyage par la traverse pour se rendre dans ces montagnes ayant fait renoncer le vice-roi à amener avec lui la princesse Auguste dans l'état où elle se trouvait. L'Impératrice voulut absolument embrasser la femme de son fils. Elle vint elle-même la voir.

Les princes descendirent ensuite des Alpes et se rendirent directement à la résidence de Monza. De retour dans la capitale du royaume, le vice-roi se remit de nouveau aux travaux administratifs.

A partir de cette époque, une correspondance active commence entre lui et l'Empereur, correspondance des plus instructives et toute relative à des mesures, soit d'intérêt politique intérieur pour le royaume d'Italie, soit d'intérêt extérieur.

Ainsi l'Empereur ordonne l'établissement d'une banque d'escompte à Milan ; le prince active les travaux d'achèvement de la cathédrale. Des mesures sont prescrites pour la défense des côtes de l'Adriatique, pour les fortifications et améliorations à faire à Ancône, à Venise, et pour une foule d'autres affaires d'intérêts généraux et particuliers.

Au commencement de septembre, le vice-roi se rendit à Venise pour y presser les travaux et pour passer l'inspection des troupes. Il ne lui fut pas difficile de constater, dès cette époque, un certain degré d'inquiétude sourde. On commençait à soupçonner, chez l'Empereur, l'intention de réunir le royaume d'Italie à l'Empire français. L'élévation du prince à l'hérédité du grand-duché de Francfort était interprétée naturellement comme un signe fâcheux pour l'indépendance du royaume d'Italie.

# CORRESPONDANCE

### RELATIVE AU LIVRE XVII

#### DE DÉCEMBRE 1809 AU 20 NOVEMBRE 1810.

---

« Je n'ai qu'un petit mot à t'écrire aujourd'hui, ma bonne et très-chère Auguste, l'Empereur m'a désigné pour aller jusqu'à Meaux au-devant du roi de Bavière. Je suis bien aise que ce soit moi de préférence à tout autre. Je pars demain matin et je ne reviendrai qu'après-demain ; ainsi il sera possible que je reste deux jours sans t'écrire ; cela ne m'empêchera pas de penser à toi. Adieu, je t'aime et t'embrasse tendrement, ainsi que nos deux petits anges. »

<small>Eugène à la vice-reine. Malmaison, 21 décembre 1809.</small>

« J'ai vu le roi de Bavière, ma très-chère Auguste, ainsi que la reine, et j'ai passé toute la soirée d'aujourd'hui avec eux. J'ai remis ta lettre au roi, qui doit, demain, me remettre une réponse pour toi.

<small>Eugène à la vice-reine. Paris, 22 décembre 1809.</small>

Nous avons beaucoup causé des circonstances présentes, et il espère qu'elles ne changeront rien aux sentiments de l'Empereur pour nous. Que le ciel l'entende! J'espère que vers le 1ᵉʳ janvier je pourrai me remettre en voyage pour te rejoindre bien vite. Je ne puis plus être parfaitement heureux qu'auprès de toi. »

*Eugène à la vice-reine. Malmaison, 26 décembre 1809.*

« Ma chère Auguste, l'Empereur est venu avant-hier voir l'Impératrice. Hier elle a été à Trianon pour le voir, et elle y a été retenue à dîner. L'Empereur a été très-bon et très-aimable pour elle, et elle m'a paru en être beaucoup mieux. Tout me porte à penser que l'Impératrice sera plus heureuse dans sa nouvelle position, et nous tous aussi. Tu peux me croire, parce que je vois la chose en parfaite tranquilité. J'espère que ta santé n'a point souffert de toutes ces nouvelles circonstances ; je te conjure de ne point t'en affecter. Il n'y a rien à regretter, et nous serons toujours heureux, parce que nous nous aimerons toujours. »

*Eugène à la vice-reine. Malmaison, 28 décembre 1809.*

« Ma chère Auguste, tu es bien bonne et bien aimable avec les charmantes lettres que tu m'écris : *je suis bien heureux* que tu aies approuvé ma conduite dans cette circonstance; et moi aussi je suis fier d'être ton époux, et je t'aimerais cent fois plus encore s'il m'était possible de t'aimer davantage. »

*Eugène à la vice-reine. Malmaison,*

« Ma chère Auguste, lundi, ce sera le premier jour de l'an, on fera des visites et des compliments; moi, je tâcherai d'éviter tout cet ennui en restant à la campagne. Je crois que l'Impératrice y séjournera encore toute la première semaine de janvier. Elle désire que je reste avec elle les deux ou trois premiers jours de son arrivée à Paris, et puis ensuite je reprends le chemin de mes pénates; tu comprendras tout le bonheur que j'éprouverai de me retrouver dans tes bras. »

30 décembre 1809.

« Ma chère Auguste, hier j'avais été à Saint-Germain voir l'ancienne pension où j'ai été élevé, et j'ai revu avec bien du plaisir ces lieux-là. Je suis bien inquiet de ta santé, ma bonne amie, j'espère que tu en as bien soin; mais je te conjure de ne point t'attrister du tout, car tu n'en as aucune raison, vu que nous sommes tous ici fort tranquilles et plus heureux qu'avant. »

Eugène à la vice-reine. Malmaison, 3 janvier 1810.

« Ma chère Auguste, l'Impératrice a été souffrante ces deux jours-ci, et je retourne à l'instant à Malmaison. Je reviens demain à Paris pour le travail avec l'Empereur. Plût au ciel que ce soit le dernier et que je puisse promptement me mettre en route! »

Eugène à la vice-reine. Paris, 25 janvier 1810.

« Ma chère Auguste, l'Empereur va déterminer notre sort. Il paraît que nous aurons un *grand-duché* en Allemagne et une très-belle ville pour principale résidence. Tu seras donc un jour au milieu de ta famille avec un époux qui t'adore et dont tu fais le bonheur; je ne puis, quant à moi, désirer davantage, je te conterai tout cela. »

Eugène à la vice-reine. Malmaison, 1ᵉʳ février 1810.

*Eugène à la vice-reine. Paris, 2 février 1810.*

« Ma chère Auguste, j'ai obtenu de l'Empereur que nous irons, cet été, passer une douzaine de jours à Munich, lorsque ton frère Louis se mariera ; je suis enchanté de cette nouvelle, et j'espère qu'elle te fera plaisir... Je t'écris de l'Élysée, où je suis venu loger ce matin et où l'Impératrice viendra demain. »

*Eugène à la vice-reine. Paris, 5 février 1810.*

« Ma chère Auguste, l'Impératrice est arrivée avant-hier soir à Paris, et l'Empereur est venu la voir le même soir. J'ai entièrement terminé ses affaires, les nôtres vont être signées sous très-peu de jours, et comme, selon toute apparence, celles de ma sœur ne s'arrangeront pas comme elle le désirait, rien ne m'empêchera plus de me mettre en route pour te joindre, c'est-à-dire, faire ce qui peut être le plus agréable à mon cœur. »

*La princesse Auguste à Eugène. Milan, 7 février 1810.*

« Fénaroli est revenu cette nuit, le roi de Naples a pris une autre route, malgré qu'il s'était annoncé... Il saura, j'espère, que tout a été préparé pour le recevoir en roi. Je me flatte, mon ami, que tu ne suivras pas son exemple et que tu prendras la route la plus courte pour venir ici. Tu dois, d'ailleurs, savoir le plaisir que ton arrivée me fera et à tout le royaume, dont l'inquiétude croissait à mesure que ton absence se prolongeait. Aussi me suis-je bien gardée de parler du grand-duché, l'alarme serait générale. On nous a bien prouvé, dans cette dernière circonstance, combien on nous aimait. L'Empereur ne peut pas en être fâché, car nous n'intriguons pas pour cela, et notre façon de penser a toujours été et sera toujours la même. Je ne crois pas, à te dire la vérité, à ce sort qu'on doit nous faire, mais notre bonne conscience doit nous dédommager d'un oubli qui serait sans cela bien pénible, et qui ne t'affligerait qu'à cause de moi, je le sais; mais ne me connais-tu donc pas, mon tendre époux, et ne sais-tu donc pas qu'avec toi et mes enfants je serai toujours heureuse? Je suis jeune, mais les événements m'ont appris à apprécier les grandeurs comme elles doivent l'être; ainsi ne te tourmente pas à cause de moi, et pense seulement au bonheur que je vais bientôt éprouver en t'embrassant, et en te disant de vive voix que je n'aime rien dans ce monde comme mon Eugène; ce sentiment durera au moins aussi longtemps que la vie. »

« Ma chère Auguste, je viens de chez la reine de Bavière, elle part demain et moi après-demain dans la nuit, malgré les pleurs de ma sœur et de l'Impératrice..... Le mariage de l'Empereur est enfin décidé, il épouse la princesse d'Autriche, et le contrat en a été signé hier. On ne publiera pourtant cette nouvelle que lorsque le traité passé à cet égard aura été ratifié par la cour de Vienne[1]. »

Eugène à la vice-reine. Paris, 9 février 1810.

---

[1] Voici à propos du choix d'une archiduchesse d'Autriche une anecdote qui n'est pas sans intérêt. Après le divorce de Napoléon, chacun voulut lui trouver une femme. Dans les salons diplomatiques, dans les cours étrangères, l'attention était en éveil sur cette grave affaire. On parla d'abord d'une princesse de Saxe, mais elle n'était ni assez

Eug. à Nap.
Milan,
18 février
1810.

« Sire, j'ai l'honneur d'informer Votre Majesté que je suis arrivé ce matin à Milan, et je m'empresse de lui exprimer ma reconnaissance de tous les témoignages de bonté dont elle a bien voulu m'honorer pendant mon séjour à Paris. Votre Majesté n'a pas besoin sans doute que je lui renouvelle l'assurance de mon dévouement pour Son Auguste personne. J'ose espérer que mes sentiments lui sont assez connus, mais c'est pour moi un bonheur de lui en offrir l'hommage, et je serai toujours bien heureux de penser que Votre Majesté daignera agréer avec bonté le zèle que je ne cesserai de mettre à la servir et à lui donner des preuves de mon inaltérable dévouement et de ma respectueuse reconnaissance. »

Eug. à Nap.
Milan,
21 février
1810.

« Sire, j'ai l'honneur de rendre compte à Votre Majesté que j'ai reçu la lettre qu'Elle m'a fait l'honneur de m'écrire du 15 février, relativement aux marchandises séquestrées à Trieste qui sont en dépôt

jeune ni assez jolie : ce n'était pas ce que désirait l'Empereur. Il fut question d'une princesse russe, mais on disait l'impératrice mère opposée à cette union. Cependant ce mariage avait des chances de réussir, sans le prince de Schwartzenberg, qui brusqua la solution en donnant le consentement de l'Autriche. Voici du moins ce qui semble résulter du fait suivant :

Un matin, le prince de Schwartzenberg arrive tout ému chez la princesse de L...., avec laquelle il était fort lié, et se jetant sur un canapé : « Je viens, dit le prince, de passer mon Rubicon. J'ai accordé la main de l'archiduchesse Marie-Louise à l'Empereur. Je serai peut-être désavoué; mais, informé que Czernischeff arrivait avec le consentement de la Russie, je l'ai devancé et j'ai donné l'archiduchesse à Napoléon. Dans quelques jours, je serai au pinacle ou j'irai planter mes choux dans mes terres. »

à Venise. D'après ses intentions, j'ai pris aujourd'hui même le décret pour ordonner la vente de ces objets en en versant le produit dans le trésor pour être à la disposition de Votre Majesté. J'aurai l'honneur de lui rendre compte chaque mois de la rentrée des fonds.

« Je ne dois pas taire à Votre Majesté que cette vente va entraîner la perte d'un grand nombre de négociants. Presque les deux tiers de ces marchandises appartiennent aux sujets de Votre Majesté, c'est-à-dire aux négociants de Venise, de Livourne, de Gênes. »

*Nap. à Eug. Paris, 23 février 1810.*

« Mon fils, le 7 février, un contrat de mariage entre moi et l'archiduchesse Marie-Louise, fille de l'empereur d'Autriche, a été signé à Paris. J'apprends au moment même que les ratifications ont été échangées à Vienne le 16. Je ne perds pas un moment à vous en faire part. »

*Nap. à Eug. Paris, 24 février 1810.*

« Mon fils, je suis mécontent de mes douanes d'Italie. Il y a un décret qui admet les marchandises coloniales dans les ports du royaume, sans être accompagnées d'un certificat d'origine. Révoquez sur-le-champ ce décret, et prenez des mesures pour en arrêter les effets. Donnez des ordres positifs que tous les bâtiments américains qui viendraient dans mes ports ou qui s'y trouveraient soient séquestrés et les marchandises qu'ils portent confisquées. Lorsque je prive la Hollande de son indépendance, parce qu'elle viole les lois du blocus, je ne dois point tolérer cet abus dans mon royaume d'Italie.

« Prenez toutes les mesures nécessaires pour l'exécution du présent ordre et tenez-y la main. Ne faites aucun changement aux douanes sans ma participation, et que le ministre des finances ne fasse rien sans un décret de moi. »

<small>Nap. à Eug.
Paris,
26 février
1810.</small>

« Mon fils, ayant résolu de célébrer mon mariage avec l'archiduchesse Marie-Louise d'Autriche, le 29 mars, à Paris, je désire que vous y convoquiez pour cette époque, les grands officiers, officiers et dames de ma maison d'Italie, en ne laissant pour faire le service auprès de vous et de la vice-reine que ce qui sera nécessaire. »

<small>Nap. à Eug.
Paris,
26 février
1810.</small>

« Mon fils, l'empereur d'Autriche ayant accédé à la demande que je lui ai faite de la main de sa fille l'archiduchesse Marie-Louise, dont j'avais reconnu le mérite et les brillantes qualités, j'ai résolu de fixer la célébration de mon mariage à Paris, au 29 mars ; j'ai envoyé le prince de Neufchâtel pour assister comme témoin au mariage, qui se fera le 6 mars à Vienne par procuration, de manière que l'impératrice pourra arriver le 23 à Compiègne, où je compte la recevoir. Dans cette importante circonstance, j'ai résolu de réunir près de moi les princes et princesses de ma famille, je vous en donne avis par cette lettre, désirant qu'aucun empêchement légitime ne s'oppose à ce que vous soyez à Paris pour le 20 mars. »

<small>Nap. à Eug.
Paris,
28 février
1810.</small>

« Mon fils, vous trouverez dans le *Moniteur* mon message au Sénat, pour lui faire part de mon mariage. Faites un message pour en instruire le Sénat italien. »

« Mon fils, je vous prie d'activer la vente des marchandises coloniales qui sont à Venise, montant à 5 ou 6,000 colis, je n'admets aucune réclamation, je les ai prises en pays ennemi; faites-moi connaître où en est la contribution de Trieste, écrivez-en à mon intendant. Le reste des marchandises doit être mis en séquestre à Trieste, à moins qu'on n'ait fait un arrangement que j'avais autorisé. »

<small>Nap. à Eug. Paris, 5 mars 1810.</small>

« Mon fils, je reçois votre lettre du 28 février, j'approuve votre message au Sénat italien, vous en verrez le journal italien où il sera imprimé à Aldini, qui le fera traduire et mettre dans le *Moniteur*. J'ai signé mon traité avec la Bavière, j'ai ordonné au duc de Cadore de vous l'envoyer. Présentez-moi les documents pour servir à la remise de la partie du Tyrol qui nous échoit. Je suppose que mes peuples d'Italie verront avec plaisir la réunion de Trente. Je vous ai écrit pour que vous fassiez part au Sénat italien de mon mariage avec l'archiduchesse Marie-Louise. Aussitôt que vous aurez reçu le traité avec la Bavière, vous pouvez le communiquer au Sénat et le faire mettre ensuite dans les journaux italiens. »

<small>Nap. à Eug. Paris, 6 mars 1810.</small>

« Mon fils, je vous prie de me faire un rapport sur les vaisseaux russes qui ont été cédés à ma marine italienne, soit à Venise, soit à Trieste, et sur ce qu'on peut en faire. »

<small>Nap. à Eug. Paris, 6 mars 1810.</small>

*Eug. à Nap.
Milan,
6 mars 1810.*

« Sire, j'ai reçu la lettre que Votre Majesté m'a fait l'honneur de m'écrire pour m'annoncer la ratification de son mariage, et pour me donner l'autorisation de me rendre à Paris.

« Votre Majesté peut bien penser que je profiterai avec plaisir de la permission qu'Elle veut bien me donner, et que je ne laisserai jamais échapper une occasion de me rapprocher d'Elle, afin de pouvoir lui renouveler de vive voix l'assurance des sentiments qui sont profondément gravés dans mon cœur. »

*Nap. à Eug.
Paris,
8 mars 1810.*

« Mon fils, j'ai lu avec attention l'état de la marine italienne que vous m'avez envoyé, j'en sens davantage l'importance d'avoir un nombre de bâtiments qui empêchent l'ennemi de bloquer le golfe avec une ou deux frégates.

« J'attendrai votre rapport pour savoir si les vaisseaux de ligne pourront sortir. Je vois que le *Rivoli* et le *Reginatore* ne sont pas loin d'être achevés. Il faut terminer promptement la *Favorite;* une fois ces deux frégates terminées, on pourra les armer avec les équipages français des trois bricks qui sont à Venise; on pourrait y joindre la frégate russe qui est à Trieste, ce qui ferait une division de trois frégates qui pourrait se rendre à Ancône, s'y réunir à la frégate et aux bricks qui s'y trouvent et former une division capable de se maintenir maîtresse du golfe, ou qui obligerait l'ennemi à y tenir des vaisseaux de guerre. Je dis *Ancône* et non *Venise*, parce que Ancône a cet avantage que n'offre point Venise, qu'on peut y entrer et en sortir par tous les vents; en général, vous avez suffisamment d'équipages ; mais je vois à Venise des canonnières qui y sont inutiles et qu'on pourrait toujours réarmer à tout événement. Il faut mieux avoir des bricks qui peuvent sortir et éclairer sans cesse le golfe. »

« Mon fils, je vous envoie un rapport sur Ancône ; je désire que vous fassiez de nouveau agiter la question de savoir : 1° si l'on ne pourrait pas, dans l'état actuel des choses, y désarmer deux ou trois vaisseaux en les rapprochant du môle; 2° ce qu'il convient de faire pour améliorer le port; 3° s'il y a quelques points extérieurs à armer pour empêcher l'ennemi d'approcher. Je vous envoie aussi un rapport sur Venise. Faites-moi un rapport général qui me fasse connaître, 1° quand les frégates pourront sortir de ce port; 2° quand le *Rivoli* sera mis à l'eau, et quand, avec des chameaux, on pourra le faire sortir pour se rendre à Ancône ou à Trieste, y achever un armement, et, de là, menacer les Anglais ; 3° ce que sont les bâtiments que les Russes nous ont cédés et ce qu'il en faut faire. En faisant venir à Venise les deux frégates russes de Trieste et en armant les bâtiments et frégates que nous avons à Venise, il devrait être possible d'empêcher les Anglais de bloquer tout le golfe avec une seule frégate. »
<small>Nap. à Eug.
Paris,
8 mars 1810.</small>

« Sire, j'ai l'honneur d'adresser à Votre Majesté la situation de son armée d'Italie à l'époque du 1ᵉʳ mars 1810.
<small>Eug. à Nap.
Milan,
9 mars 1810.</small>

« Les situations sont présentées par divisions militaires ; mais, en même temps, j'ai fait à la suite la récapitulation des troupes que l'on pourrait considérer comme actives. Je désire que Votre Majesté approuve cette forme de situation.

« Je n'ai pas encore reçu de nouvelles du mouvement des troupes que le général Marmont doit renvoyer d'Illyrie. »

*Eug. à Nap. Milan, 10 mars 1809.*

« Sire, j'ai lu avec la plus vive émotion le message de Votre Majesté au Sénat, et les lettres patentes qui me confirment l'hérédité du grand-duché de Francfort[1].

« Je suis reconnaissant, sans doute, du sort que

---

[1] (*Moniteur* du 4 mars 1810). Le message contenait ces mots :
« Nous avons en même temps voulu ne laisser aucune incertitude sur
« le sort de ses peuples, et nous avons, en conséquence, cédé à notre
« cher fils le prince Eugène-Napoléon tous nos droits sur le grand-
« duché de Francfort. Nous l'avons appelé à posséder héréditairement
« cet État après le décès du prince primat, et conformément à ce qui
« est établi dans les lettres d'investiture dont nous chargeons notre
« cousin le prince archichancelier de vous donner connaissance.
« *Il est doux pour notre cœur de saisir cette occasion* de donner
« un nouveau témoignage de notre estime et de notre tendre amitié à
« un jeune prince dont nous avons dirigé les premiers pas dans la
« carrière du gouvernement et des armes ; qui, au milieu de tant de
« circonstances, ne *nous a jamais donné aucun motif du moindre
« mécontentement*, et nous a, au contraire, secondé avec une pru-
« dence au-dessus de ce qu'on pouvait attendre de son âge, et, dans
« ces derniers temps, il a montré, à la tête de nos armées, autant de
« bravoure que de connaissances de l'art de la guerre. Il convenait de
« le fixer d'une manière stable dans le haut rang où nous l'avons
« placé.
« Élevé au grand-duché de Francfort, nos peuples d'Italie ne seront
« pas pour cela privés de ses soins et de son administration ; notre con-
« fiance en lui sera constamment comme les sentiments qu'il nous
« porte. »

Votre Majesté a bien voulu faire à moi et à mes enfants ; mais je le suis mille fois plus encore des expressions dont vous avez daigné, Sire, accompagner ce nouvel acte de la bonté paternelle dont vous m'avez déjà donné tant de preuves.

« Je sens, cependant, Sire, que je ne mérite pas tout le bien que Votre Majesté a la bonté de dire de moi, mais je vis avec l'espoir de le mériter un jour. Je sens qu'on risque rarement de vous mal servir, quand on vous sert avec son cœur, et le mien est bien à vous par tous les sentiments. Il sera tel jusqu'au dernier moment de ma vie. »

« Sire, j'ai l'honneur de rendre compte à Votre Majesté que le colonel R...., commandant le 1er régiment d'infanterie de ligne italien, a été dénoncé au ministre de la guerre, par l'inspection aux revues, pour mauvaise administration. J'ai fait venir ce colonel à Milan. Le ministre de la guerre l'a entendu et a examiné, dans le plus grand détail, tous les faits à sa charge. Il en résulte que cet officier ne peut diriger l'administration d'un corps, et, de plus, qu'il a malversé en ordonnant des retenues sur ce qui revient au soldat, pour en former une masse d'économie, en faisant fournir aux soldats des chemises et autres objets de mauvaise qualité, en les taxant au delà de la valeur au profit de l'économie ; que cette même masse d'économie a été encore augmentée au détriment de la masse générale, et, en résultat, que les comptes de cette masse d'économie n'ont pu être rendus.

*Eug. à Nap. Milan, 19 mars 1810.*

« Ce colonel n'a pu tenir cette conduite sans aller contre toutes les lois et les règlements, ce qui ne permet pas de lui confier plus longtemps la direction en chef d'un régiment. Je dois observer à Votre Majesté que c'est un bon soldat, et qu'il a bien fait les deux campagnes de Dalmatie et d'Allemagne. C'est en considération de ses services que je me permets de proposer à Votre Majesté de lui ôter le commandement du 1ᵉʳ régiment, mais de le placer comme colonel en second dans un des régiments qui sont en Espagne, par exemple dans le 4ᵉ de ligne, sous le colonel Renard, bon chef sous tous les rapports.

« J'ai l'honneur de proposer à Sa Majesté, pour commander le 1ᵉʳ de ligne, le major Arèse, de sa garde royale. C'est un officier distingué. »

*Eug. à Nap. Paris, 10 mars 1810.*

« Sire, j'ai l'honneur de mettre sous les yeux de Votre Majesté l'état de situation de son armée et de sa marine italienne, au 15 mars 1810.

« D'après ce que Votre Majesté m'avait ordonné, j'ai donné tous les ordres nécessaires pour que le vaisseau le *Rivoli* fût promptement mis à l'eau et armé, et pour l'armement et le passage à Ancône des frégates la *Favorite* et la *Bellone*, en faisant monter la première par les équipages des bricks français, et la seconde par un équipage italien, et j'ai l'honneur de rendre compte à Votre Majesté de l'époque à laquelle ses volontés, sur ces divers objets, pourront être exécutées, et des motifs qui en retardent l'exécution.

« Pour que le *Rivoli* puisse être mis à l'eau, il faut faire l'avant-cale, creuser la darse en avant de l'avant-cale jusqu'à la profondeur de 23 pieds, et démolir le toit du hangar sous lequel est construit ce vaisseau. Ces opérations exigeront deux mois de temps, et la formation des grillages et de l'appareil de la mise à l'eau, qui ne peut se faire que lorsque l'avant-cale sera terminée, exigera encore au moins un mois. Ce ne sera donc que vers la fin de juin que le *Rivoli* pourra être mis à l'eau.

« Le reste des travaux pour l'armement et le gréement de ce vaisseau, et la nécessité d'attendre les grandes eaux pour le faire sortir de l'arsenal dans le canal Saint-Marc et le conduire à Malamoco, ne permettront pas qu'il y soit rendu avant le mois de décembre, et, dans le même mois, il pourra se rendre à Ancône.

« La frégate la *Favorite* ne saurait être rendue à Malamoco avant le milieu de juin, mais la *Bellone* pourra y être conduite vers la fin de mai.

« L'artillerie de ces deux bâtiments est prête, il ne reste qu'à la placer. La mâture est aussi presque entièrement terminée, mais la charpente n'est point finie. Il manque des cordages pour une partie du gréement, des toiles pour les emménagements et les bastingages, et du bois pour les poulies. Il faudra acheter la plus grande partie de ces objets, ainsi que les futailles.

« Votre Majesté daignera sans doute observer que les dépenses pour l'armement non prévu si promptement de ces trois gros bâtiments nécessiteront une augmentation du budget de la marine de cette année. Elle est d'autant plus indispensable, que je n'ai pas diminué les dépenses d'un autre côté, et que le royaume d'Italie a encore une trentaine de petits bâtiments en mer, tant à Corfou qu'en Dalmatie, dont aucun, malgré les ordres que j'ai donnés, n'est encore rentré à Venise. »

Nap. à Eug.
Paris,
3 avril 1810.

« Mon fils, j'apprends que le cardinal Oppizzoni ne s'est pas rendu à mon mariage; il le devait, en sa triple qualité de cardinal, de sénateur et d'évêque d'une de mes principales villes. Vous l'enverrez sur-le-champ chercher, et vous lui ferez connaître qu'il ait à donner, avant ce soir, sa démission d'archevêque de Bologne. Vous lui témoignerez toute mon indignation de son infâme conduite, lui qui est tout couvert de mes bienfaits, que j'ai fait cardinal, archevêque et sénateur, que j'ai protégé et dont j'ai couvert les honteuses débauches en intervenant de mon autorité et en interrompant le cours de la justice criminelle à Bologne. Vous aurez soin d'envoyer, par l'estafette de ce soir, sa démission, et de veiller à ce que le chapitre nomme sur-le-champ des vicaires qui soient convenables. Vous ne manquerez pas de lui faire sentir qu'il ne s'agit pas d'hésiter, et qu'il ne voudrait pas être archevêque malgré moi, après le manquement dont il s'est rendu coupable. »

Eug. à Nap.
Compiègne,
12 avril 1810.

« Sire, j'ai l'honneur d'adresser à Votre Majesté le rapport qu'elle m'a demandé sur la situation des

17 bâtiments russes qui ont été cédés à Votre Majesté et qui existent dans les ports de Venise, de Trieste, et aux bouches du Cattaro. Votre Majesté y verra que trois seulement de ces bâtiments seraient susceptibles d'être armés; mais cela ne serait d'aucun avantage, et les dépenses qu'il faudrait faire seront bien plus utilement employées à l'armement des bâtiments en construction dans le port de Venise. La frégate la *Leskoï*, qui est à Trieste, serait peut-être le seul de ces bâtiments, cédés à Votre Majesté, duquel on pourrait tirer quelque parti en l'armant, et Votre Majesté pourrait ordonner qu'il fût remis en état et armé pour le compte des provinces Illyriennes. Il paraît que tous les autres bâtiments doivent être démolis et vendus, et, si Votre Majesté s'y décide, il serait urgent qu'elle en ordonnât la prompte démolition, pour éviter les frais d'entretien et de garde, qui sont considérables.

« Je crois devoir demander à Votre Majesté de céder à la marine italienne ceux de ces bâtiments qui se trouvent dans le port de Venise. Ce que l'on pourrait en retirer servirait à couvrir le trésor du royaume d'Italie des avances qu'il a faites au gouvernement russe. »

« Mon fils, j'approuve la nomination que vous avez faite de d'Anthouard et d'Alberti, comme commissaires, pour la fixation des limites avec la Bavière. Suivez vivement cet important objet, et faites les actes nécessaires pour la réunion du Tyrol italien, et pour son organisation à l'instar des autres pro-

<small>Nap. à Eug.
Compiègne.
10 avril 1810.</small>

vinces du royaume, sous le rapport de la justice, des finances, des impositions, de la guerre, etc. Je ne pense plus à cette affaire, et je m'en repose entièrement sur vous. »

<small>Eug. à Nap. Compiègne, 19 avril 1810.</small> « Sire, un décret de Votre Majesté au commencement de cette année ordonne que l'artillerie française qui existe dans son royaume d'Italie soit acquise par ce royaume. Des commissaires français et italiens ont été nommés pour l'estimation de tous ces objets, et, en attendant, Votre Majesté a déjà ordonné que 100,000 francs par mois seront payés par le trésor italien au trésor de l'empire à compte sur la somme à laquelle se montera le prix de cette acquisition, et que cette somme sera acquittée en totalité en trois années.

« Je prends la liberté d'observer respectueusement à Votre Majesté que son royaume d'Italie a fourni, ou d'après ses ordres, ou sur des demandes très-pressantes du maréchal duc de Raguse, une grande quantité d'objets d'artillerie qui lui appartenaient, tant aux provinces Illyriennes qu'à Corfou : Votre Majesté trouvera juste, sans doute, que ces effets lui soient remboursés. J'ai l'honneur de mettre sous ses yeux un tableau succinct de toutes ces fournitures avec leur estimation. Toutes les pièces à l'appui ont été envoyées au ministre du trésor de l'empire. Le total de l'estimation se monte à la somme de 1,381,827 fr. 82 cent.

« J'oserai proposer à Votre Majesté comme le moyen le plus simple de rembourser le trésor italien de cette somme, qu'Elle veuille bien ordonner qu'elle soit imputée à compte de celle que le royaume se trouvera devoir à la France, pour prix de l'artillerie cédée. Si Votre Majesté daigne approuver cette proposition, il me restera à lui demander la grâce de faire répartir d'une manière convenable la somme avancée par le trésor italien entre les divers payements au moyen desquels le prix total de l'artillerie acquise par l'Italie doit être payé à la France. »

« Mon fils, je vous envoie copie de ma lettre au ministre de la marine sur les armements de l'Adriatique, il est nécessaire d'armer fortement la côte d'Ancône.

*Nap. à Eug. Compiègne, 20 avril 1810.*

« Copie.—Monsieur le comte Decrès, j'ai reçu votre rapport sur les forces françaises que j'ai dans l'Adriatique, je m'arrête définitivement au parti suivant. Il sera pris sur les trois bricks que j'ai à Venise la partie d'équipages nécessaire pour armer la *Favorite*, que ma marine italienne remettra à ma marine française, en tenant pour cet objet un compte double. Vous pourrez donner en échange les bricks qu'on ne pourra pas armer; la frégate la *Cosona* est déjà armée et montée par les Italiens. La frégate la *Bellone* le sera incessamment; les 3 frégates se rendront à Ancône aussitôt que possible; ce qui, joint à l'*Uranie*, à la *Caroline* et aux 3 bricks qui sont dans ce port, fera une division de 5 frégates et de plusieurs bricks. Vous me proposerez un officier intelligent pour commander sous les ordres du vice-roi cette division, qui aura ordre de tenir la mer et de ne pas se laisser bloquer par des forces inférieures.

« Au mois de décembre, le *Rivoli* pourra être mis à l'eau, et alors ces 5 frégates pourront recevoir l'ordre de protéger l'entrée en mer du *Rivoli*, et de rester auprès de lui pendant les trois ou quatre jours que durera son armement. Le *Rivoli* sera monté par l'équipage de l'*Uranie*, qui, marchant avec les 4 frégates qui iront à Ancône, viendra en sûreté jusqu'à Venise, où elle entrera pour se désarmer. Le *Reginatore*, autre vaisseau de 74, monté par les Italiens, viendra également à Ancône, ce qui donne l'espoir d'avoir dans ce port, en 1811, 2 vaisseaux, 4 frégates et 3 ou 4 bricks. Cette force obligera les Anglais à tenir trois vaisseaux pour bloquer ce port; je donne l'ordre qu'une quinzaine de mortiers et une soixantaine de pièces de gros calibre soient mis en batterie à Ancône du côté de la mer. Donnez des ordres pour qu'on fasse connaître par un rapport s'il y a quelque chose à craindre des brûlots et s'il y a lieu à établir des chaînes qui ferment hermétiquement le port.

« Témoignez mon mécontentement au commandant de l'*Uranie* de s'être laissé approcher par une frégate, sans sortir pour la chasser, quoiqu'il y eût 3 bricks sous ses ordres. Quant aux bâtiments qui sont à Trieste, on mettra à la disposition du duc de Raguse, pour être armée par la marine illyrienne, la frégate qui est susceptible d'être armée, et on dépècera les autres bâtiments, en les mettant sur estimation à la disposition de la marine italienne pour être transportés à Venise, en se servant des canons, des mâtures et de tout ce qu'on pourra utiliser. »

« Sire, j'arrive de Navarre et j'apprends que Votre Majesté part de Compiègne pour une absence de quelques jours. J'ai l'honneur d'adresser à Votre Majesté la lettre dont l'Impératrice Joséphine m'a chargé ainsi qu'une que le roi d'Espagne lui écrit et qu'elle m'avait chargé de communiquer à Votre Majesté. Je dois dire à Votre Majesté que j'ai trouvé ma mère assez bien portante et très-raisonnable sur tous les points de conversation que j'ai eus avec elle.

<small>Eug. à Nap.
Paris,
25 avril 1810.</small>

« 1° Elle ne tient point positivement aux eaux d'Aix-la-Chapelle. C'est Corvisart lui-même qui les a ordonnées; et, comme le séjour de l'Impératrice Joséphine dans cette partie de votre Empire pourrait n'être pas convenable ni à Votre Majesté ni à elle, si vous deviez voyager de ces côtés, ma mère désire savoir les intentions de Votre Majesté à cet égard. Si Votre Majesté a la bonté de me les faire connaître, je causerai avec Corvisart, pour faire ordonner d'autres eaux également bonnes.

« 2° L'Impératrice Joséphine a formé à peu près les projets suivants, si Votre Majesté n'y trouve rien de contraire, savoir : de se rendre à la fin de mai aux eaux qui lui seront ordonnées, en s'arrêtant quelques jours à Malmaison; passer trois mois aux eaux, parcourir après le midi de la France, profiter de la saison d'automne pour voir, avec la permission de Votre Majesté, en voyageant incognito, Rome, Florence et Naples, et passer l'hiver prochain à Milan, de manière à rentrer à Malmaison, et Navarre au printemps de 1811.

« 3° Pendant cette absence, ma mère projette de faire à Navarre les constructions et réparations nécessaires pour s'y former un établissement réel. Elle aura besoin, à cet effet, de recourir encore aux bontés de Votre Majesté, pour lui faire quelques avances, et elle doit l'en entretenir dans la lettre ci-jointe.

« 4° Enfin l'Impératrice Joséphine, en me chargeant de mettre aux pieds de Votre Majesté l'hommage de tous ses sentiments, m'a recommandé de prier Votre Majesté de vouloir bien mettre le comble à vos bontés en prenant une décision pour le mariage des jeunes Tascher, ses cousins, savoir : l'aîné avec une parente du roi Joseph, et le second avec la princesse de la Leyen.

« Si Votre Majesté n'a pas d'ordre contraire à me donner, je compte retourner pour quelques jours à Navarre, dès que la princesse Auguste sera un peu moins souffrante. »

*Nap. à Eug. Compiègne. 26 avril 1810.*

« Mon fils, je reçois votre lettre du 25 avril à minuit, avec une lettre de l'Impératrice. Vous trouverez ci-joint ma réponse. Voyez Cambacérès pour le mariage de Tascher, je désire qu'il se fasse le plus tôt possible, je tiendrai tout ce que j'avais promis. Je suis bien aise que l'Impératrice soit contente de Navarre. Je donne ordre qu'on lui avance 300,000 francs que je lui dois pour 1810 et 300,000 francs que je lui dois pour 1811, elle n'aura plus qu'à attendre les deux millions du trésor public; je ne m'oppose pas à ce que, si les 100,000 francs que j'ai donnés pour continuer les travaux de la Malmaison ne sont pas employés, on suspende ces travaux et on les emploie à Navarre. Ce sera à peu près le million que demande l'Impératrice; j'approuve beaucoup son projet de faire toutes ses dépenses à Navarre. Elle est maîtresse d'aller aux eaux qu'elle voudra choisir, et même de revenir à Paris après la saison des eaux. Comme je pars demain pour Anvers, je vois moins d'inconvénients à ce qu'elle aille aux eaux d'Aix-la-Chapelle; le seul peut-être que j'y trouverais, c'est qu'elle retournât dans des lieux où j'ai été avec elle : je préférerais qu'elle allât prendre d'autres eaux où elle a été sans moi, comme celles de Plombières, de Vichy, de Bourbonne et d'Aix en Provence, etc. ; mais, si celles d'Aix-la-Chapelle sont cependant les eaux qui lui conviennent le mieux, je n'y mets aucune opposition; ce que je désire par-dessus tout, c'est qu'elle se tranquillise et qu'elle ne se laisse pas monter la tête par des bavardages de Paris. »

« Mon fils, je désirerais que vous vinssiez à Anvers de votre personne, pour voir l'escadre et ses localités, qu'il est bon à votre âge de connaître. Je ne sais pas si vous avez vu Boulogne depuis que j'y ai fait construire une flottille. Je compte être à Anvers le 1er mai. Tachez d'y être du 3 au 4. Cependant, comme ce voyage n'est que pour votre instruction, faites là-dessus ce qu'il vous conviendra. » Nap. à Eug. Compiègne, 26 avril 1810.

*Nap. à Eug.
Anvers,
3 mai 1810.*

« Mon fils, faites partir pour Corfou une compagnie d'artillerie italienne, forte de 120 hommes, et 27 hommes de plus pour compléter la compagnie qui est dans cette île; ces 147 hommes se dirigeront sur Otrante pour passer à Corfou aussitôt que faire se pourra. »

*Nap. à Eug.
Bergopzoom,
9 mai 1810.*

« Mon fils, je me décide à créer une banque d'escompte à Milan, à l'instar de la Banque de France, sous le titre de *Banque italienne*. Écrivez à Aldini qu'il se concerte avec Molien et qu'il me présente un projet de décret rédigé sur les bases de celui qui institue la Banque de France. »

*Nap. à Eug.
Bergopzoom,
9 mai 1810.*

« Mon fils, comme il est de notoriété publique que les Anglais font payer 25 pour 100 aux bâtiments ottomans, pour leur permettre de naviguer, j'ai fait mettre le séquestre sur tous les bâtiments de cette nation dans mes ports de France. Ordonnez la même chose en Italie, en leur faisant connaître la raison de cette mesure. »

*Nap. à Eug.
Saint-Cloud,
14 mai 1810.*

« Mon fils, je vous envoie une lettre du ministre des cultes. Il me semble que vous êtes plus à portée de savoir ce que pense cet Antonelli. Faites-le sonder, et, s'il croit qu'il est du devoir du pape de renoncer à toute idée de temporel, d'aplanir les difficultés qui existent sur les affaires de Rome, c'est-à-dire d'instituer mes évêques, etc., de faire le pape tranquillement, sans vouloir faire le César; si, dis-je, ce cardinal est assez sensé et vraiment assez religieux pour penser ainsi, on peut l'engager à écrire au pape, car les malheurs de l'Église sont évidents, et même l'autoriser à se rendre auprès de lui pour lui servir de conseil. »

« J'ai reçu, monsieur le duc de Feltre, votre lettre du 17 mai, par laquelle vous m'annoncez les différentes insultes qui ont eu lieu sur les côtes de l'Adriatique de la part des Anglais. Je m'empresse de vous annoncer que déjà, depuis quinze jours, j'avais ordonné au général Menou, gouverneur de Venise et commandant la 6ᵉ division militaire, de me faire un rapport sur l'état des batteries des côtes sous ses ordres avec injonction de me proposer une augmentation d'armement sur les points qu'il reconnaîtrait nécessaire. J'attends encore ce rapport; mais, d'après les dernières nouvelles qui me sont parvenues, j'ai ordonné la sortie de Venise d'une flottille pour protéger nos côtes contre les bâtiments ennemis. »

*Eug. au duc de Feltre. Malmaison, 20 mai 1810.*

« D'après votre dépêche du 10 de ce mois, monsieur le duc de Feltre, les dispositions ont été prescrites et toutes les mesures prises pour la présente exécution des ordres de Sa Majesté, relatifs à la réunion, à Perruggia, d'une colonne de troupes françaises, infanterie, cavalerie et artillerie, sous le commandement du général de brigade Pastol, et pour celle à Ancône d'une colonne de troupes italiennes de 3,000 hommes et 600 chevaux[1].

*Eug. au duc de Feltre. Malmaison, 23 mai 1810.*

---

[1] La concentration de ces troupes avait pour but de fournir au général Miollis, commandant à Rome, une force d'environ 15,000 hommes, capable d'exécuter plus facilement les ordres de l'Empereur re-

« Je vous adresse ci-joint un tableau de mouvement qui vous fera connaître la marche des troupes destinées à former ces deux colonnes, ainsi que l'époque de l'arrivée à leur destination. Il en a été donné avis au général Miollis. »

Eug. à Nap.
Paris,
24 mai 1810.

« Sire, Votre Majesté aura sans doute appris la prise du fort Hostalrich, dont la division italienne était particulièrement chargée. Je profite de cette occasion pour mettre sous les yeux de Votre Majesté le nom des officiers ou soldats qui se sont particulièrement distingués en Espagne depuis plusieurs années, en la priant de vouloir bien leur donner un témoignage de sa satisfaction, soit par un grade, soit par une décoration.

« Je profite aussi de cette circonstance pour demander à Votre Majesté le grade de général de division pour le général Daura. »

Nap. à Eug.
Saint-Cloud,
12 juin 1810.

« Mon fils, en songeant à la situation de l'Italie, la place de Palma-Nova acquiert plus d'importance que jamais, puisque en cas de guerre cet immense matériel que j'ai en *Illyrie*, ou tombera dans les mains de l'ennemi, ou n'aura que Palma-Nova pour se réfugier. J'ai donc décidé, par un décret que je viens de prendre, d'affecter aux fortifications de cette place 1,800,000 francs cette année et 1,800,000 francs l'année prochaine. Comme on ne devait y dépenser

---

latifs aux mesures administratives à prendre dans les départements du Tibre et du Trasimène, départements nouvellement réunis à la France, et où Napoléon voulait qu'on agît avec vigueur.

que 500,000 francs, il s'ensuit que les précautions ne sont pas prises pour cet accroissement de travaux. Vous n'avez point de temps à perdre pour faire lever la quantité de maçons et pour prendre toutes les mesures nécessaires pour donner la plus grande activité aux travaux. On fera huit casernes à la gorge des bastions, ce qui donnera huit magasins au rez-de-chaussée pour renfermer les vivres de la place et ceux qu'y déposerait l'armée, et au premier étage de quoi loger plus de 2,400 hommes à l'abri de la bombe. Donnez sans délai des ordres à l'officier supérieur qui commande le génie en Italie. Voyez Chasseloup pour mettre tous ces projets en règle et pour que je n'aie qu'à signer. Portez-moi tout cela dimanche prochain. Donnez ordre que les fortifications que les Autrichiens avaient faites soient démolies, puisqu'elles étaient dirigées contre nous. Faites-moi un rapport sur le fort de Sachsenburg et sur les fortifications que vous ne devriez point détruire. »

« Sire, je prends la liberté de recommander aux bontés de Votre Majesté le général d'Anthouard, qu'elle a bien voulu me donner, il y a près de six ans, pour mon aide de camp. Cet officier est général de brigade depuis quatre ans et demi. Il a fait dans ce grade la campagne de Pologne et la dernière d'Allemagne, pendant laquelle il a été blessé. Votre Majesté lui a témoigné, en cette circonstance, sa satisfaction, en lui faisant partager les titres et dotations qu'elle a bien voulu accorder à ses armées, mais j'ose demander à Votre Majesté pour

Eug. à Nap.
Paris,
14 juin 1810.

cet officier général le grade de général de division. Ce que je puis assurer à Votre Majesté, *c'est son attachement à Votre Majesté et son dévouement pour son service.* »

*Eug. à Nap.*
*Paris,*
*14 juin 1810.*

« Sire, Votre Majesté ayant bien voulu m'autoriser à lui représenter la position de deux de ses généraux de l'armée d'Italie, je m'empresse de satisfaire à ses ordres.

« Ces deux officiers généraux sont : 1° le général Chasseloup. Votre Majesté peut mieux que personne rendre justice à son zèle et à ses talents. Depuis longtemps il n'a pas reçu de témoignage public de satisfaction de Votre Majesté, et la place où il aspire est celle de sénateur et de grand officier de la Légion d'honneur. C'est le seul de vos anciens généraux qui n'ait point ce grade dans la Légion d'honneur, et je prie Votre Majesté de vouloir bien le lui accorder.

« Le second est le général Baraguey-d'Hilliers. Lorsque Votre Majesté m'a fait l'honneur de me parler de cet officier général, elle a paru disposée à faire quelque chose en sa faveur. Il désire ardemment de recevoir un témoignage quelconque de satisfaction de Votre Majesté, et je pense qu'elle peut lui accorder ou une augmentation de dotation, ou un ordre étranger. »

*Eug. à Nap.*
*Paris,*
*23 juin 1810.*

« Sire, j'ai l'honneur de rendre compte à Votre Majesté que le général Barbou écrit d'Ancône, à la date du 13 juin, que depuis le 10 au soir une division anglaise, composée de 2 vaisseaux, 3 frégates et un brick, était en présence; mais qu'elle s'était bornée jusqu'alors à une reconnaissance faite par une frégate pour s'assurer sans doute des forces navales qui existent à Ancône. On lui a tiré quelques coups de canon; mais il paraît qu'elle était hors de portée : du moins aucun boulet n'a pu l'atteindre.

« D'après ce qu'on a pu découvrir, il ne paraîtrait pas qu'il y ait des bombardes parmi ces bâtiments, ni des troupes de débarquement. »

*Eug. à Nap. Paris, 25 juin 1810*

« Sire, Votre Majesté m'a fait l'honneur plusieurs fois de me parler du peu de travail que les ingénieurs géographes faisaient en Italie, et Votre Majesté m'a toujours demandé s'ils n'avaient pas seulement fait une carte du royaume. J'avais répondu à Votre Majesté que, soit les circonstances de la guerre, soit les ordres de Paris d'envoyer les ingénieurs géographes en Dalmatie, en Albanie, etc., les avaient jusqu'à ce jour distraits de cette même carte d'Italie, que j'étais moi-même jaloux de voir terminer. Les travaux de cette campagne étant cependant commencés depuis le mois de mars, vont présenter pour résultat cette année les États ex-vénitiens, totalement achevés, c'est-à-dire tout le pays entre l'Adige et l'Isonzo.

« Mais j'apprends à l'instant que de nouveaux ordres venus de Paris ordonnaient à tous les ingénieurs géographes, employés entre l'Adige et l'Isonzo, de se rendre sur-le-champ en Istrie. Voilà donc une campagne perdue pour notre carte de l'Italie, et je crains bien que Votre Majesté n'ait pas même en 1810 une carte de l'Istrie, car les opérations seules de la triangulation vont prendre presque toute la fin de cette campagne.

« Comme je n'ai aucun ordre à donner aux ingénieurs géographes, je ne puis empêcher ces déplacements perpétuels, mais j'ai cru devoir en informer Votre Majesté en la priant de n'en être point étonnée. »

*Eug. à Nap. Paris, 28 juin 1810.*

« Sire, Votre Majesté m'a fait l'honneur de me renvoyer le décret que j'avais eu l'honneur de lui proposer pour la distribution des dotations en Tyrol, en m'annonçant que ces propositions étaient trop considérables, qu'elle ne voulait accorder qu'une partie des 200,000 francs et en m'ordonnant de lui représenter cet objet. J'ai donc l'honneur, en remettant le même décret sous les yeux de Votre Majesté, de lui représenter le même état auquel j'ai joint des astérisques pour ceux qui, je crois, méritent d'abord les bienfaits de Votre Majesté. Comme ils sont tous militaires, les services de chacun d'eux sont connus de Votre Majesté. La plupart ont fait toutes les campagnes et ont servi Votre Majesté avec tout le zèle qui était en leur pouvoir. »

*Nap. à Eug. Saint-Cloud, 30 juin 1810.*

« Mon fils, je vous prie de me faire connaître combien il y a de diocèses, de chapitres et d'abbayes, dans les trois nouveaux départements romains réunis, et combien, tant évêques que chanoines, ont prêté ou refusé de prêter serment, afin que je prenne un parti définitif. »

« Mon fils, je reçois votre lettre du 4 juillet, je vois qu'il y a 3 archevêques, 17 évêchés et une abbaye dans les trois nouveaux départements. Il faut d'abord me présenter un projet de décret pour supprimer l'abbaye et demander le serment des 3 archevêques et des 17 évêques. Vous tâcherez qu'il y en ait 3 ou 4 qui le prêtent. Les siéges de ceux qui ne le prêteront pas seront réunis, comme je l'ai fait dans les deux départements de Rome et de Trasimène. Le ministre des cultes vous envoie une copie de mes actes relativement à ces deux départements, afin que tout soit fait sur le même pied. Mais il ne faut pas perdre un moment, ces mesures sont urgentes, car, sous un mois ou deux, je finirai par arranger les affaires du pape, et il faut que ces choses-là soient finies avant cette époque. »

Nap. à Eug.
Rambouillet,
8 juillet
1810.

« Sire, j'ai l'honneur d'informer Votre Majesté, que j'apprends à l'instant par mes dépêches de Milan, que les embarcations armées de 2 frégates anglaises ont surpris et enlevé le poste qui était à Grado, composé d'un détachement de 30 hommes d'infanterie et de 10 gardes de finances. Quelques-uns de ces derniers, qui se sont échappés, sont venus apporter cette nouvelle à Udine.

« Le général Huard, qui commande le département du Passeriano, allait s'y porter de suite avec le monde nécessaire pour les en chasser. »

Eug. à Nap.
Poligny,
8 juillet
1810.

« Mon fils, vous recevrez deux décrets, l'un qui ordonne qu'il soit mis à Venise 3 vaisseaux, pour

Nap. à Eug.
Rambouillet,
9 juillet
1810.

le compte de la France, lesquels, joints aux 5 qui sont actuellement en construction, feront 6 vaisseaux; l'autre qui ordonne la mise en construction, dans le même port, de 2 autres vaisseaux, pour le compte du royaume d'Italie, ce qui fera 4 vaisseaux italiens et 6 vaisseaux français. Prenez toutes les mesures pour que les 5 vaisseaux qui sont actuellement sur les chantiers soient entièrement terminés en 1811 et pour que les 5 vaisseaux qui vont être mis en construction soient poussés de manière à être lancés en 1812; faites les dispositions nécessaires pour atteindre ce but. Prenez un parti sur les vaisseaux russes que j'ai à Trieste. Sachez ce qu'a fait le duc de Raguse, si l'on démolit les vaisseaux qui ne peuvent plus servir, et si les débris en sont envoyés à l'arsenal de Venise; enfin quel parti on doit prendre pour le vaisseau turc. »

*Eug. à Nap. Genève, 9 juillet 1810.*

« Sire, je m'empresse d'adresser à Votre Majesté l'extrait des rapports que je reçois sur la suite de l'affaire de Grado. Les Anglais se sont rembarqués et se sont éloignés de la côte.

« Aussitôt mon arrivée à Milan, j'enverrai un officier parcourir toute la côte, pour s'assurer que tous les ports sont en état de faire une meilleure résistance, en cas de nouvelle attaque. »

*Le commissaire général de la marine de Venise au vice-roi. Venise, 3 juillet 1810.*

« Le 15 juin, une frégate bloquait le port de Brindisi.

« Le 25 juin, 1 vaisseau, 2 frégates et 1 brick étaient devant Goro.

« Le 29 juin, 3 frégates ennemies débarquèrent 300 hommes qui s'emparèrent de Grado, en firent la garnison prisonnière (elle était composée de 30 hommes), ainsi que 30 autres soldats qui étaient accourus de Marano à son secours, incendièrent les archives de la commune et du bureau sanitaire, et se rembarquèrent ensuite, le même jour, après avoir mis le feu à quelques-uns des bâtiments qui se trouvaient dans le port et en avoir fait sortir les autres. Les Anglais ont eu, dans cette affaire, 13 hommes tués et 5 blessés ; la garnison, 2 hommes tués seulement. »

« Mon fils, ayez bien soin de déplacer celles de mes troupes qui seraient dans des pays malsains, et de les faire remonter du côté des montagnes. En Italie, cela produit une différence immense dans la santé des troupes. » *Nap. à Eug. Rambouillet, 10 juillet 1810.*

« Mon fils, j'ai donné ordre au ministre du trésor public de vous payer les 757,000 francs qui vous sont dus par la marine de France. Voici le calcul que fait la marine de France au 1ᵉʳ juin : il y avait de fait, sur le chantier de Venise, 28 vingt-quatrièmes de vaisseaux, valant 1,387,800 francs ; la marine française vous a livré 422 bouches à feu, évaluées 630,000 francs ; reste donc à vous rembourser 757,700 francs. On estime que vous ferez, dans le courant de l'année, 26 vingt-quatrièmes valant 945,000 francs. Faites mettre en construction les trois vaisseaux français, selon mon dernier décret, *Nap. à Eug. Rambouillet, 15 juillet 1810.*

et pressez-en les travaux, les payements vous en seront faits régulièrement en septembre, octobre, novembre et décembre, à raison de 189,000 francs par mois, pour les 9 vingt-quatrièmes que vous aurez faits à la fin de l'année. »

*Nap. à Eug. Rambouillet, 15 juillet 1810.*

« Mon fils, ce qui vient d'arriver à Grado fait sentir la nécessité de protéger efficacement le cabotage de Venise à Trieste. Il paraît que Menou est tombé dans une parfaite déconsidération à Venise. Donnez-lui l'ordre de se rendre à Paris. J'ai accordé une gratification de 50,000 francs, pour payer ses dettes, par les mains de mon consul Vigoureux. Faites-lui donner, sur le trésor d'Italie, une somme de 30,000 francs, afin que toutes ses dettes soient soldées. »

*Eug. à Nap. Monza, 18 juillet 1810.*

« Sire, j'ai à rendre compte à Votre Majesté que je suis arrivé hier soir à Monza avec la vice-reine. J'ai reçu, en route, trois lettres de Votre Majesté contenant des ordres dont je vais m'occuper sur-le-champ.

« 1° Celle qui concerne les évêchés des trois départements. J'aurai l'honneur d'en soumettre, sous peu de jours, le projet de décret à Votre Majesté.

« 2° Celle qui ordonne des augmentations de constructions de la marine à Venise. Je donne aujourd'hui même les ordres nécessaires, et je remercie Votre Majesté d'avoir inséré dans son dernier décret un article qui oblige le ministre de France à rembourser, par douzièmes, les avances que vient de faire la marine italienne, seul moyen, en effet, d'arriver au but que se propose Votre Majesté.

« 3° Celle qui m'enjoint d'établir les régiments français dans les meilleures garnisons, et, à cet effet, je crois avoir d'avance rempli les intentions de Votre Majesté, puisque les régiments français occupent, à la droite du Pô, les garnisons de Rimini à Reggio, et, à la gauche, de Bassano à Bergame. »

Eug. à Nap.
Monza,
18 juillet
1810.

« Sire, j'ai eu l'honneur de rendre compte à Votre Majesté que les travaux construits par les Autrichiens, sur la frontière de son royaume d'Italie, avaient été tous détruits pendant la dernière campagne, à l'exception du château de Laybach.

« J'annonçais aussi un rapport particulier sur le fort de Sachsenburg. Aujourd'hui j'ai l'honneur d'adresser, à ce sujet, à Votre Majesté un mémoire du maréchal duc de Raguse, qui est d'avis de raser les ouvrages existants. »

Nap. à Eug.
Saint-Cloud,
19 juillet
1810.

« Mon fils, je viens de prendre un décret pour que le curement du port d'Ancône soit continué avec la même activité qui y a été mise jusqu'à présent, moyennant une modique dépense de 240,000 francs; vous avez déjà obtenu pour résultat que 4 vaisseaux et 6 frégates puissent y mouiller, je désire que le creusement soit continué jusqu'à ce que le port puisse contenir 9 vaisseaux et 6 frégates; je suppose que cette dépense, pour les derniers mois de 1810, et pour l'année 1811, n'ira pas à 200,000 francs;

ce ne sera donc guère plus de 10 à 12,000 francs par mois, c'est une véritable bagatelle. Faites-moi connaître si on ne peut pas pousser cet ouvrage plus loin. Dans mon décret, considérant que l'ouverture du port est de 400 toises, et que le mouillage se trouve par là exposé aux vents de l'ouest, j'ordonne que la digue recevra un prolongement de 150 toises. On m'avait supposé que cette dépense coûterait 1,800,000 francs, ce qui m'avait effrayé; mais cette dépense n'était si considérable que parce qu'on voulait conserver une risberme intérieure dans tout le prolongement de la digue; j'ai renoncé à cette risberme, et, par là, j'obtiens une économie de plus de 1,000,000.

« On me fait espérer qu'avec 600,000 francs je ferai cette jetée, et qu'alors le port sera calme à tous vents, ce qui sera un extrême avantage; 60,000 francs à 50,000 francs par mois, c'est la dépense d'une année, et comme il suffit que l'ouvrage soit fini au 1er janvier 1812, cela fait dix-huit mois ou 100,000 francs pour trois mois.

« Je désire donc qu'il soit fait sur le budget un fonds de 100,000 francs par trois mois, ce qui augmentera le budget de 1810 de 200,000 francs, et celui de 1811 de 400,000 francs. Ordonnez que les fonds soient faits exactement, afin qu'on puisse pousser avec activité les travaux de cette digue. Il est d'un avantage si immense pour mon royaume d'Italie d'être maître de l'Adriatique, qu'il n'y a rien à épargner pour cela. Or, avec quatre à cinq vaisseaux, on y parviendra; jamais les Anglais ne pourront tenir des forces égales dans cette mer, pour le seul objet de bloquer le commerce, quand, d'ailleurs, la réunion de la Hollande et les armements considérables que je fais dans tous mes ports les mettent dans la nécessité de bloquer tant de points. Vous avez dû recevoir le décret par lequel je vous charge de mettre sur le chantier trois autres vaisseaux au compte de la France, ce qui, avec les deux du royaume d'Italie, et les deux que je désire qu'on mette en construction pour le compte de l'Italie, formera dix vaisseaux à Venise. Je pense que le budget de la marine italienne, pour 1811, sera fait de manière à avoir, à la fin de l'an 1812, cinq vaisseaux de guerre italiens. Quant au *Rivoli*, j'attache une certaine importance à avoir ce vaisseau à Ancône, et il me paraît difficile qu'on ne puisse pas le mettre à l'eau à l'été de la Saint-Martin, ou après les tempêtes de Noël; mais il faudrait que cette opération pût se faire avec une telle rapidité, que ce vaisseau ne fût pas obligé de rester plus de quarante-huit heures en rade. Alors, quelque vent qu'il fît, il irait, soit à Ancône, soit à Trieste, soit à Pola, et partout il achèverait son armement. Je suppose que vous prenez des mesures pour que le duc de Raguse arme les batteries de Pola. »

Eug. à Nap.
Monza,
19 juillet
1810.

« Sire, Votre Majesté a daigné me dire que bientôt elle s'occuperait de fixer le sort du Valais, et j'ose espérer qu'elle me permettra de lui soumettre quelques observations sur les frontières de ce pays avec le royaume d'Italie, vers la route que je viens de parcourir.

« A partir du sommet du Simplon, jusqu'à la douane du royaume, on trouve, dans un espace de deux lieues environ, deux ou trois ramas de maisons qui méritent à peine le nom de village et qui font encore partie du Valais. Il me paraîtrait convenable, tant pour les douanes et pour l'arrangement des postes que pour la sûreté de la route, que ce terrain, qui est entièrement sur les versants vers l'Italie, fût cédé au royaume, qui, d'ailleurs, n'y trouverait qu'un surcroît de dépenses. La limite des deux États serait alors reportée sur le sommet même du Simplon, au point de la séparation des eaux et en deçà de l'hospice, suivant ce qu'ordonnera Votre Majesté.

« Je ne prendrai pas la liberté d'entretenir en ce moment Votre Majesté des limites de son royaume avec les provinces Illyriennes ; mais si elle s'occupait de quelque arrangement définitif relativement à ce pays, je la prierais de se rappeler que cette frontière aurait grand besoin de rectification. »

*Eug. à Nap. Monza, 19 juillet 1810.*

« Sire, j'ai l'honneur de prier Votre Majesté de vouloir bien faire ordonner par son ministre de la guerre de l'Empire que les deux régiments de cavalerie italiens qui sont en Catalogne soient réduits à deux escadrons au lieu de trois. Le cadre du 3ᵉ escadron, ainsi que l'un des deux chefs d'escadron, devront rejoindre leur dépôt en Italie. Je demanderai également à Votre Majesté de vouloir bien ordonner que le 5ᵉ régiment de ligne italien, qui se trouve aussi en Catalogne, soit réduit de trois bataillons à deux, et que le cadre du 3ᵉ bataillon soit renvoyé au dépôt.

« Les dernières situations que j'ai reçues de la division italienne, en Espagne, m'autorisent à faire ces demandes à Votre Majesté pour le bien de ces corps. »

« Sire, j'ai reçu les ordres de Votre Majesté, du 15 juillet, sur le général Menou. Je vais lui donner l'ordre de se rendre à Paris. Comme il est important de ne point laisser vacant le gouvernement de Venise, je prierai Votre Majesté de vouloir bien y nommer le général Pino. Sa santé va beaucoup mieux dans ce moment, et il est disponible, à l'exception pour l'exercice du cheval, qu'il n'est pas en état de faire.

<small>Eug. à Nap. Monza. 21 juillet 1810.</small>

« Aussitôt ma rentrée à Milan, j'ai pris des mesures pour la sûreté du littoral du royaume. On va construire, à cet effet, sur tous les points qui peuvent servir de refuge aux bâtiments, des batteries fermées, armées de pièces en fer de 24 ou de 18.

« Les canonniers garde-côtes vont être organisés, et j'espère que, sous peu de temps, nos plus petits ports seront à l'abri d'insultes.

« Je remercie de nouveau Votre Majesté d'avoir bien voulu s'occuper du remboursement de ce que devait la marine française à la marine italienne. Je vais faire le même compte dans le bureau de la marine de Milan, et je puis d'avance assurer à Votre Majesté qu'il se trouvera sûrement une différence avec celui dont elle a bien voulu me faire part ; car, le ministre de la marine de France, en déduisant des sommes qu'il nous doit, tout le prix de l'artillerie qu'il nous a envoyée, a oublié qu'une partie de cette artillerie devait servir aux vaisseaux français. J'adresserai à Votre Majesté le compte que je fais dresser, dès qu'il sera terminé. »

*Nap. à Eug. Saint-Cloud, 24 juillet 1810.*

« Mon fils, je reçois votre lettre relative à quelques villages du Valais, qu'il vous paraît utile de réunir à mon royaume d'Italie; je ne vois pas de difficultés à cela; mais j'aurais voulu que vous me parlassiez du Valais, vous ne m'en dites rien, et que vous me fissiez connaître de quelle manière il vous a paru que marchait le pays. »

*Nap. à Eug. Saint-Cloud, 25 juillet 1810.*

« Mon fils, donnez ordre que les pères Piétro, Léonardi de Vérone, et Pacifique Paccetti, chefs de mission à Venise, soient sur-le-champ arrêtés, et prenez les mesures les plus efficaces pour comprimer les dispositions malveillantes que montrent partout les moines. Mon intention n'est pas de me laisser insulter par cette vermine. »

*Eug. à Nap. Monza, 26 juillet 1810.*

« Sire, Votre Majesté m'a fait l'honneur de me consulter sur les aperçus que lui soumet le ministre directeur pour le service des fourrages en Italie. Le marché dont il est question dans ce rapport me paraît on ne peut plus avantageux. C'est le plus modique prix qu'il est possible d'espérer, et il est de fait que le gouvernement italien, qui a l'usage d'être assez exact dans ses payements, paye

la ration de fourrage 1 franc 55 centimes à la gauche
de l'Adige et 1 franc 47 centimes à la droite de ce
fleuve. Quant à la clause que le fournisseur met au
remboursement de ce qui lui est dû, et d'être payé
à Milan, je ne pense pas qu'elle puisse empêcher
Votre Majesté d'accepter ses offres, car la liquidation de sa créance aurait été sûrement faite, et il
est juste de le payer. Je ne vois aucun inconvénient
à le faire payer sur le subside. J'entends cependant
que les payements à Milan veulent dire : dans les
différents points du royaume, car ce serait une perte,
et j'opinerais pour que la clause dît : dans le royaume
et sur le subside. Je ne parle pas des cautions que
l'entrepreneur ne peut se refuser de fournir, car,
quoiqu'il n'en soit pas question dans le rapport du
ministre directeur, je pense que dans les contrats
Votre Majesté exigera de l'entrepreneur une caution
bien solide, et acceptée par l'ordonnateur en chef de
l'armée. »

« Sire, j'ai l'honneur de mettre sous les yeux de Eug. à Nap.<br>Monza,<br>26 juillet<br>1810.
Votre Majesté des certificats qui m'ont été présentés
par le général de division comte Vignolle. Il résulte
de ces certificats que la blessure qu'il a reçue à la
bataille de Wagram l'a privé pour jamais de l'usage
de son œil droit et a très-affaibli son œil gauche. Ce
général, qui a plus de *trente ans effectifs de service
et de quarante-sept années d'âge*, se sent dans l'impossibilité de servir désormais avec une activité égale
à son zèle, et il m'a prié d'implorer en sa faveur les
bontés de Votre Majesté.

« J'ose croire qu'elle me pardonnera d'appeler en cette occasion sur ce général cette auguste bienveillance dont il paraît bien digne. »

<small>Eug. à Nap.
Pavie,
31 juillet
1810.</small>

« Sire, j'ai reçu avant-hier matin les ordres de Votre Majesté relativement aux travaux du port d'Ancône, et à l'activité qu'elle recommande dans les constructions des bâtiments à Venise.

« Quant au port d'Ancône, les ordres de Votre Majesté seront exécutés avec d'autant plus de facilités, qu'il y a pour ce travail 400,000 francs de destinés dans le budget de cette année. Le curage se continue toujours; des pierres sont déjà préparées au mont Pisaro où l'on va les chercher, et nous n'attendrons plus que les plans que Votre Majesté nous promet, pour commencer dès cette année la jetée. J'observe cependant que, si les plans tardaient à arriver, les coups de vent de l'équinoxe et les mauvais temps de l'automne nous obligeraient de remettre à l'année prochaine ; mais le temps ne serait pas entièrement perdu, parce qu'on préparerait un plus grand nombre de matériaux. Je dois observer à Votre Majesté, qu'autant il est possible de fixer 400,000 francs par an pour le travail d'Ancône, autant il nous sera difficile de trouver pour l'année prochaine 7 à 800,000 francs, à cause des grandes dépenses où vont nous entraîner les travaux de Venise. Quant au *Rivoli*, il sera terminé tel que je l'ai promis à Votre Majesté et prêt à être lancé dans le commencement de septembre; mais j'ai demandé un rapport détaillé au commissaire général de la marine, sur la possibilité de faire passer ce vaisseau à Malamoco, de lui faire franchir la passe pour le conduire en rade, et enfin de lui faire regagner un des ports de Trieste, Pola ou Ancône. Votre Majesté recevra très-incessamment ce rapport, que j'attends moi-même avec impatience, et qui fixera enfin les idées de Votre Majesté sur ce qu'elle peut espérer de ses vaisseaux à Venise. La plus grande activité règne dans tous les travaux de Venise, et je compte y aller moi-même après le 15 août.

« Le capitaine de vaisseau français Dubourdieu nous est arrivé de Toulon. Il nous sera fort utile pour l'instruction de nos marins, pour l'ensemble à donner à toute notre marine, et enfin pour les efforts qu'il faudra faire lors de la sortie du vaisseau.

« Je vais adresser au ministre de la marine nos comptes avec lui. Le résultat présente un crédit de notre marine de 1,848,000 francs, sur lesquels nous avons reçu un payement soit : en mandats 496,000 francs. La dette de la marine impériale envers nous est donc encore de 1,352,000 francs, sans compter tous les 24ᵉ de vaisseau qui seront faits d'ici au 1ᵉʳ janvier 1811. Je prie Votre Majesté de donner ses ordres à son ministre pour que les fonds nous soient faits exactement, sans quoi, malgré tout notre zèle et notre bonne volonté, les travaux ne pourraient conserver toute leur activité. »

« Sire, le roi de Naples a demandé à Votre Majesté de lui céder les communes d'Ancarno et Moltignano situées dans le district d'Ascoli, département

*Eug. à Nap.
Monza,
5 août 1810.*

du Tronto, et sur la rive droite de ce fleuve. Votre Majesté me fait écrire par son ministre secrétaire d'État, M. Aldini, de nommer des commissaires pour prendre tous les renseignements possibles sur cet objet, traiter avec la cour de Naples des compensations qu'elle pourrait offrir, en cas de cession de territoire demandé par elle.

« Je viens de recevoir le rapport des commissaires nommés à cet effet, et je m'empresse de le mettre sous les yeux de Votre Majesté, avec une carte représentant le territoire dont il s'agit. Le motif du gouvernement napolitain était la rectification de ses limites, et plus de facilité dans l'arrangement de ses douanes. Votre Majesté verra par le rapport que j'ai l'honneur de lui soumettre, et par la carte qui y est jointe, que la cession des deux pays demandés ne conduirait point à ce but, à moins qu'elle n'entraînât celles de plusieurs autres communes et même celle de la rive droite entière du Tronto, sur laquelle se trouve la ville d'Ascoli, dont la population est de 10,000 âmes.

« La cession, d'ailleurs, de ces deux seules communes, si peu avantageuse pour le gouvernement napolitain, aurait de graves inconvénients pour le district d'Ascoli, pour cette ville même où habitent la plus grande partie des propriétaires de ces deux communes. D'ailleurs, elle interromprait la communication avec Ascoli et le petit fort, duquel on a tiré parti dans toutes les guerres, surtout pour arrêter les excursions des brigands révoltés dans les Abruzzes. Les commissaires ajoutent aussi que cette cession mécontenterait infiniment une population d'environ 2,000 âmes, qui émettent le vœu le plus prononcé de continuer à faire partie du royaume. Ils assurent en même temps que la cour de Naples ne peut offrir aucune compensation territoriale proportionnée et convenable, et ne paraît pas d'ailleurs dans cette intention; et pour le mode de compensation auquel elle paraît disposée, c'est d'accorder au royaume annuellement une certaine quantité de sel. Le commissaire italien a cru, dans son rapport, devoir parler des vexations pour lesquelles la communication directe d'Ancarno et de Moltignano par la route dite della Copa, devenant de jour en jour plus difficile, depuis que les douanes napolitaines se sont crues en devoir de pousser leur surveillance jusque sur cette route.

« Votre Majesté remarquera sans doute aussi que la fin de ce rapport contient quelques observations sur l'irrégularité des frontières de votre royaume d'Italie, sur ce même point, avec le royaume de Naples. Il résulte de ces réflexions que les frontières du royaume d'Italie devraient être reculées jusqu'au Salinello, et que presque tous les endroits compris entre ce fleuve et la limite actuelle n'ont été détachés du territoire d'Ascoli que par des usurpations lentes et successives, fruit de la faiblesse et de la condescendance du gouvernement pontifical. »

« Mon fils, je m'occupe d'un grand objet relatif à la navigation et au commerce. Je vous prie de

*Nap. à Eug. Trianon. 6 août 1810.*

m'envoyer le tarif des douanes du royaume d'Italie, tel qu'il est aujourd'hui en activité; je désire désormais qu'aucun changement n'y soit fait, que par un décret de moi. Je vous ai fait envoyer un décret qui prohibe l'entrée des soies d'Italie pour toute autre destination que Lyon: vous recevrez un décret que je viens de prendre pour régler les droits d'entrée de plusieurs espèces de denrées coloniales. De quelque manière que ces denrées arrivent, elles doivent payer les droits, mais bien entendu qu'elles ne doivent point arriver au détriment du blocus; vous recevrez également le décret général que j'ai pris sur la navigation: ces deux décrets sont exécutoires pour le royaume d'Italie. Ils sont secrets et doivent rester dans votre main; vous ne devez donner d'ordres, en conséquence de ces décrets, que par des lettres ministérielles. Il est nécessaire que vous fassiez classer, comme cela se pratique en France, les bâtiments de la marine italienne. Les commissaires français de la marine de Venise doivent connaître cette méthode. Vous sentez que, puisque je m'occupe de denrées coloniales, je m'occupe des moyens de les faire venir; je vais vous envoyer deux espèces de licences pour Venise et Ancône, l'une est licence ordinaire. Il sera permis aux bâtiments munis de ces licences d'exporter des blés, des fromages et autres objets du cru du pays, même à Malte, en Angleterre, en Sicile, en Turquie et partout; en échange, ils pourront importer des bois de teinture et les objets nécessaires aux consommations du royaume d'Italie. Ces licences les mettent à l'abri des formalités exigées par les lois du blocus ; ils pourront importer des cotons du Levant, mais il faudra bien vérifier s'ils sont du Levant et non cotons coloniaux.

« Je désire que vous m'envoyiez deux Italiens, bien au fait du commerce des manufactures, qui connaissent bien le genre de production dont le royaume est encombré; s'il y a des fromages, des blés plus qu'il ne faut pour le bien du pays; ce que payent les marchandises à l'entrée et à la sortie; ce qui s'oppose à l'importation, et quels sont les objets d'importation dont l'Italie a besoin; si l'on a l'habitude d'importer des cotons dans le royaume d'Italie. Il faudra que les personnes que vous m'enverrez apportent avec eux la balance du commerce depuis plusieurs années et connaissent la valeur des objets qu'on importe et qu'on exporte. Envoyez-moi l'état des bâtiments entrés dans l'année à Venise, à Ancône et dans les autres ports, avec désignation de leur chargement, et des notes qui fassent connaître de quelles nations ils étaient ; mon intention est de prendre des mesures pour que le commerce soit fait par les nationaux eux-mêmes. Faites-moi connaître quels sont les prix des indigos, du café, du sucre, en distinguant les différentes espèces de sucres, des thés, du coton du Levant, du Brésil et de l'Amérique. Le résultat des mesures que je veux prendre sera un bénéfice pour le royaume de 20 à 25 millions qui seront employés tout entiers au rétablissement de la marine de Venise. »

« Mon fils, j'ai reçu votre lettre du 5 août; j'ai lu <small>Nap. à Eug. Trianon, 10 août 1810.</small>

avec attention le rapport des commissaires sur les deux villages d'Ascoli, dont la cession est demandée par le roi de Naples ; je trouve que vos réflexions sont très-justes, et que si, pour rectifier les limites de Naples, il fallait céder ces deux communes, cela donnerait lieu à de graves inconvénients, sans aucune compensation ; je vais faire répondre sur cette affaire, par mon chargé d'affaires à Naples ; je ne veux pas qu'il y ait de douanes sur ces deux points de communications et je n'admets aucun changement dans la frontière d'Ascoli ; s'il y avait un changement, ce serait pour donner au royaume d'Italie la Salinello pour limite. Vous ferez finir les inquiétudes qu'on paraît avoir à Ascoli et dans ces deux villages, en y faisant connaître que j'ai pris en considération leurs intérêts, et qu'ils ne seront jamais réunis au royaume de Naples. »

Eug. à Nap.
Monza,
10 août 1810.
« Sire, Votre Majesté m'a fait l'honneur de me consulter sur le rapport de M. le comte de Montesquiou qui concerne le sieur Nillot.

« Il est très-vrai que j'ai été présent au différend qui a eu lieu entre l'Impératrice Joséphine et le sieur Nillot pour l'affaire de....

« Les experts ont été consultés ; les livres du sieur Nillot et d'anciens états m'ont convaincu que les réclamations de l'Impératrice Joséphine n'étaient point fondées et que les comptes du sieur Nillot étaient très-clairs et très-exacts.

« Je certifie donc à Votre Majesté qu'à ma connaissance ledit individu n'a rien fait qui puisse le priver de la confiance de Votre Majesté. »

« Sire, Votre Majesté avait remarqué avec mécontentement, dans son palais royal de Milan, le passage étroit qui conduit de la salle n° 3 à celle n° 4 de ses grands appartements, et avait témoigné le désir que cette disposition fût changée. La guerre et les autres circonstances qui m'ont depuis longtemps presque toujours tenu éloigné de Milan ont retardé l'accomplissement de ce désir de Votre Majesté, mais ne me l'ont point fait oublier ; et maintenant, dans l'espoir que votre royaume d'Italie pourra être bientôt honoré de votre présence, je me suis occupé des moyens de changer ce qui avait semblé vous déplaire.

*Eug. à Nap. Monza, 13 août 1810.*

« J'ai l'honneur d'adresser à Votre Majesté un plan de son palais et de lui proposer la destruction du cabinet qui rétrécit en cet endroit la communication. Tout ce qui serait à détruire est tracé en jaune et en augmenterait de tout cet espace la salle n° 3, qui alors pourrait offrir à Votre Majesté un salon de réception plus vaste que tous les autres de son grand appartement. On prendrait alors l'espace pour l'escalier et la retraite nécessaires en cet endroit aux dépens de la salle du conseil, qu'il serait aisé de placer partout ailleurs, et Votre Majesté aurait ainsi un appartement complet de six salons se suivant parfaitement. Le devis de ces changements s'élève à la somme de 110,000 livres italiennes, et si Votre Majesté approuve ces dépenses, comme l'espoir de la voir bientôt à Milan obligerait à commencer sur-le-champ les travaux, que ces dépenses ne sont point prévues par le budget de 1810, je supplierai Votre Majesté de vouloir bien assigner les fonds nécessaires pour y subvenir. »

*Eug. à Nap.*
*Monza,*
*13 août 1810.*

« Sire, Votre Majesté me fit l'honneur, lors de mon départ de Paris, de me dire qu'elle accorderait volontiers une indemnité à ceux des officiers de sa maison d'Italie qui ont fait le voyage de Paris, et que les dépenses qu'ils ont été obligés de faire ont pu gêner.

« J'ai l'honneur d'en joindre ici l'état, en priant Votre Majesté de vouloir bien approuver que les fonds en soient pris sur les fonds restant libres de 1809, du trésor de sa couronne. »

*Nap. à Eug.*
*Saint-Cloud,*
*14 août 1810.*

« Mon fils, je vois qu'il y a à Ancône onze bâtiments du Levant. Envoyez à Aldini les pièces et papiers de ces bâtiments, afin qu'après en avoir pris connaissance je puisse décider s'ils sont sujets ou non à être confisqués. Il faut envoyer les papiers de bord, et ceux qui font connaître l'endroit d'où vient le bâtiment, celui où il a été chargé, et celui où il s'est fait assurer. »

*Eug. à Nap.*
*Monza,*
*14 août 1810.*

« Sire, j'ai reçu avant-hier la lettre de Votre Majesté du 6 courant. J'ai attendu pour y répondre de pouvoir satisfaire à une partie des demandes qu'elle contenait.

« Aussitôt que j'aurai reçu les décrets que Votre Majesté veut bien m'annoncer, l'un sur la navigation et l'autre sur les droits d'entrée que doivent payer les denrées coloniales, j'attendrai en même temps les licences de deux espèces qu'elle m'a fait l'honneur de m'annoncer. J'ai ordonné provisoirement au ministre de la marine de s'occuper sans délai de la classification des bâtiments de la marine italienne, en suivant à cet égard la méthode qui se pratique en France.

« J'adresse ci-joint à Votre Majesté le tarif général des douanes du royaume d'Italie. J'ai eu soin de faire porter en marge les modifications survenues depuis la mise en activité de ce tarif. Je joins également les prix courants de la place de Milan, mais, comme les mesures ne sont pas les mêmes qu'en France, j'ordonne au ministre de l'intérieur de me présenter un tableau des prix de Milan, Ancône et Venise, en les réduisant au poids de marc et à la livre italienne. Je vais mettre en route sous peu de jours les deux Italiens que Votre Majesté m'a demandés, bien au fait des productions du royaume, de son commerce et de tous les règlements de douanes. Ils seront porteurs de tous les renseignements que Votre Majesté pourra désirer à cet égard.

« Par le courrier de demain, Votre Majesté recevra un état des bâtiments entrés cette année dans les différents ports du royaume, ainsi qu'elle a bien voulu me le demander.

« Enfin il ne me reste plus qu'à entretenir Votre Majesté du dernier décret qu'il lui a plu de prendre sur la sortie des soies de son royaume d'Italie.

« Déjà, avant d'avoir reçu le décret, le besoin des manufactures du royaume joint au besoin de remonter les revenus du trésor, m'avaient porté, après avoir discuté l'affaire au conseil des ministres, à augmenter de beaucoup les droits de sortie des soies. J'y étais d'autant plus porté, que le ministre Marescalchi m'envoyait la copie d'une lettre du ministre de l'intérieur de l'empire, qui au nom de Votre Majesté réclamait qu'il fût pris des mesures à cet égard.

« Le tableau ci-après fera connaître à Votre Majesté l'augmentation que nous avons cru nécessaire d'imposer aux droits d'exportation, et je la prie de vouloir bien la sanctionner de son approbation.

| INDICATION DES ARTICLES | DROIT D'EXPORTATION DU TARIF. | | DROIT D'EXPORTATION FIXÉ PAR DÉCRET DU VICE-ROI, DU 2 AOUT 1810. | |
|---|---|---|---|---|
| POIDS DE MILAN. | F. | C. | F. | C. |
| Soies grises pour chaque livre.. | » | 77 | 2 | » |
| Soies en trame. . . . . . . . | » | 29 | » | 60 |
| Soies teintes. . . . . . . . . | » | 20 | » | 30 |
| Soies teintes à coudre. . . . . | » | 2 | » | 5 |

« Je dois pourtant observer à Votre Majesté que l'exécution de l'article de son décret qui ne veut point que cette augmentation de tarif ait lieu du côté de la France va occasionner une perte bien grande et un mécontentement général dans son royaume d'Italie. Le prix de 48 millions de soies qui s'exportaient de votre royaume d'Italie, Sire, sera donc fixé par le commerce de Lyon et à sa merci, car Votre Majesté, en ôtant la concurrence au commerce des autres pays, fait, il est vrai, un avantage au commerce français, mais elle consomme en même temps la ruine totale de ce genre d'industrie, seule ressource qui pourrait soutenir la passivité qu'éprouve le royaume d'Italie de tous les autres côtés. J'ose dire plus : Votre Majesté a dicté un traité de commerce avantageux à la France et nuisible au royaume d'Italie. Ce serait une injustice pour vos sujets italiens que d'aller au delà de ce même traité. Je prie donc en grâce Votre Majesté de vouloir bien permettre, au moins, que les soies portées dans ce tarif à 2 francs par quintal, pour la sortie sur tous les pays étrangers, soient réduites à 1 franc 50 centimes pour la sortie du côté de l'empire français. Je ne puis pas croire que Votre Majesté ne veuille pas se rendre à la justice de cette cause, et je la prie cependant de croire qu'en attendant sa décision, son décret a été sur-le-champ exécuté. »

« Sire, j'ai l'honneur d'adresser à Votre Majesté un rapport du sénateur comte Testi, relativement aux opérations des commissaires de Votre Majesté chargés de la fixation des nouvelles limites des possessions de Votre Majesté dans le Tyrol. Votre Majesté sait déjà que tous les arrangements sont convenus et que l'on est occupé depuis longtemps à placer les bornes. Un seul objet, pour ainsi dire étranger au Tyrol même, est encore un motif de discussion entre

*Eug. à Nap.*
*15 août 1810.*

les commissaires de Votre Majesté et ceux du roi de Bavière. C'est le district de Windischnaterg et de Rasferenger. Les commissaires italiens prétendent que ce petit pays qui faisait partie du Salzbourgeois, mais qui était enclavé dans la partie du Tyrol réunie aux provinces Illyriennes, sans que sa population même soit comptée dans celle. . . . . . . . . . . du décret du 28 février de Votre Majesté dans le Tyrol. Les commissaires bavarois soutiennent le contraire. Il y a tout lieu de croire que la convenance locale est seule ce qui a entraîné les commissaires italiens à cette discussion, d'autant plus qu'il n'aurait pas été possible d'offrir dans le reste du Tyrol réuni au royaume la moindre compensation convenable pour ce petit territoire. Mais je ne puis m'empêcher, en rappelant l'attention de Votre Majesté vers le Tyrol, de lui observer que la seule limite militaire à établir entre les possessions de Votre Majesté vers ce côté et celles de la Bavière est la limite tracée par la nature même sur le sommet des montagnes où se séparent les eaux de la mer Noire et celles de l'Adriatique. Alors une borne placée sur la grande route suffirait pour déterminer les limites des deux puissances. Votre Majesté trouvera sur la carte ci-jointe les limites frontières tracées, et une note sur la population à réunir. Votre Majesté sentira bien que je ne proposerai la réunion de cette nouvelle portion du Tyrol qu'autant qu'elle voudra bien donner à la Bavière des compensations convenables. »

*Eug. à Nap.*
*Monza,*
*17 août 1810.*

« Sire, je m'empresse d'avoir l'honneur d'adresser à Votre Majesté l'état sommaire du nombre et de l'espèce de bâtiments de différents pavillons qui sont entrés dans les ports du royaume depuis le 1er janvier 1810 jusqu'au 1er juillet de la même année. J'y ai fait joindre la désignation des marchandises dont ils étaient chargés et la valeur approximative des chargements. Je prie cependant Votre Majesté d'observer que ce sont les premiers états de cette façon que l'on exige, et qu'il y a tout lieu de croire qu'il y aura eu des doubles emplois, c'est-à-dire qu'un bâtiment parti de Trieste pour Ancône aura été porté dans plusieurs ports où il aura pu être forcé de séjourner. »

*Eug. à Nap.*
*Monza,*
*17 août 1810.*

« Sire, Votre Majesté m'a fait l'honneur de me renvoyer des notes de son ministre de la marine et des colonies sur ce que ladite marine impériale peut devoir à la marine italienne pour 1810. Elle m'a ordonné de lui faire connaître si ces calculs étaient exacts. J'ai fait faire le même travail dans les bureaux du ministre du royaume, et il ne s'est trouvé de différence que 14,000 francs en moins. En conséquence, je prie Votre Majesté de vouloir bien..... cette dépense.

« Je profite de cette circonstance pour adresser de nouveau à Votre Majesté l'état du crédit de la marine italienne envers la marine française. Votre Majesté verra sans doute avec surprise que sur les exercices antérieurs à 1810 et le 1er semestre de l'année courante le trésor italien est en avance de

1,700,000 fr. C'est ce retard continuel que nous éprouvons dans les remboursements, qui nous empêche, Sire, et de mettre toute l'activité qui serait nécessaire et toute l'exactitude que nous désirerions, et qui est si nécessaire pour être bien servis.

« Je prie Votre Majesté de vouloir bien renouveler ses ordres à cet égard, et faire les fonds nécessaires à son ministre de la marine de l'Empire. »

*Eug. à Nap.*
*Monza,*
*19 août 1810.*

« Sire, j'ai l'honneur d'adresser à Votre Majesté un rapport de son ministre de la guerre du royaume, contenant quelques réflexions de l'ingénieur chargé des travaux du port d'Ancône, sur les derniers ordres de Votre Majesté.

« L'ingénieur pense que la jetée d'Ouest aura des avantages bien supérieurs en la faisant avec risberme. Il assure également que cette jetée de l'ouest de 150 toises ne suffira pas pour mettre à l'abri des gros vents d'ouest et à l'abri des brûlots les vaisseaux et frégates que Votre Majesté aurait dans ce port, car le mouillage de ces vaisseaux est le long du môle. Il propose une seconde jetée, et comme il plaira sans doute à Votre Majesté de consulter sur ces idées les sieurs Ganzin et Prony, ayant sous les yeux les premiers profils et travaux, je la prie seulement de vouloir bien se borner pour l'instant à me dire si elle permet que la jetée de l'ouest soit faite avec risberme. En attendant la réponse de Votre Majesté que je sollicite, j'ordonne qu'on ne perde pas de temps à rassembler les matières. »

« Sire, j'ai l'honneur de rendre compte à Votre Majesté que, suivant ses ordres, je prends la liberté d'envoyer près d'elle les sénateurs Lambertinghi et Bologno, tous deux parfaitement au fait du commerce de son royaume avec les autres pays, connaissant également ses productions, le genre des objets dont l'importation lui est nécessaire, et versés dans le système des douanes. Je leur ai ordonné de prendre dans les ministères de l'intérieur et des finances tous les états et renseignements qui pourraient aider leur mission.

*Eug. à Nap. Monza, 19 août 1810.*

« J'ai l'honneur d'observer à Votre Majesté que j'ai cru devoir adjoindre à ces deux sénateurs deux négociants, un de Milan et l'autre de Venise, afin de les aider et de les fortifier dans les différentes demandes que Votre Majesté pourrait leur adresser et qui pourraient être des localités. Ces deux négociants seront prêts à être présentés à Votre Majesté, si elle jugeait devoir leur faire cet honneur. J'ai lieu d'espérer que cette députation remplira le but que Votre Majesté s'est proposé en l'appelant auprès d'elle. »

« Mon fils, je mets 50,000 francs à votre disposition sur le trésor de la couronne; vous les distribuerez entre les dames qui ont fait le dernier voyage de Paris. Quant aux hommes, je trouve qu'il serait abusif de leur donner quelque chose. »

*Nap. à Eug. Saint-Cloud, 23 août 1810.*

« Mon fils, je reçois votre lettre du 14 août. Les soies du royaume d'Italie vont toutes en Angleterre

*Nap. à Eug. Saint-Cloud, 23 août 1810.*

puisqu'on ne fabrique pas les soies en Allemagne. Il est donc tout simple que je veuille les détourner de cette route au profit de mes manufactures de France, sans cela mes fabriques de soies, qui sont une principale ressource du commerce de France, éprouveraient des pertes considérables; je ne saurais approuver les observations que vous faites. Mon principe est la *France avant tout*. Vous ne devez jamais perdre de vue que, si le commerce anglais triomphe sur mer, c'est parce que les Anglais y sont les plus forts; il est donc convenable, puisque la France est la plus forte sur terre, qu'elle y fasse aussi triompher son commerce, sans quoi, tout est perdu. Ne vaut-il pas mieux pour l'Italie de venir au secours de la France dans une circonstance importante comme celle-ci, que de se voir couverte de douanes, car ce serait mal voir que de ne pas reconnaître que l'Italie n'est indépendante que par la France; que cette indépendance est le prix de son sang, de ses victoires, et que l'Italie ne doit pas en abuser; qu'il serait surtout fort déraisonnable d'aller calculer si la France obtient ou non quelques avantages commerciaux. Le Piémont et le Parmésan ont aussi de la soie. J'en ai cependant défendu de même l'exportation pour toute autre destination que la France. Quelle différence doit-il y avoir entre le royaume d'Italie et le Piémont? S'il devait y en avoir, ce serait en faveur du Piémont. Les Vénitiens ont combattu la France, les Piémontais l'ont aidée; ils étaient parvenus à former un parti contre leur roi; mais laissons tous ces faits. J'entends mieux que personne la politique de l'Italie. Il faut que l'Italie ne fasse pas de calculs séparés de la prospérité de la France; elle doit confondre ses intérêts dans les siens; il faut surtout qu'elle se garde bien de donner à la France un intérêt à la réunion; car si la France y avait intérêt, qui pourrait l'empêcher? Prenez donc aussi pour devise : *La France avant tout.* Si je perdais une grande bataille, un million, deux millions d'hommes de ma vieille France accourraient sous mes drapeaux; toutes les bourses m'y seraient ouvertes, et mon royaume d'Italie lâcherait pied; je trouve donc singulier qu'on ait quelque répugnance à venir au secours des manufactures françaises, dans une mesure qui a aussi pour but de faire tort aux Anglais. Il y a beaucoup de soie dans les trois Légations, il y en a beaucoup dans le Novarais; par quels faits le royaume d'Italie a-t-il mérité ces accroissements de 700,000 et de 400,000 âmes? et comment ces réunions peuvent-elles tourner contre mes intentions? Au lieu de la moitié du droit, les marchandises françaises ne devraient rien payer à leur entrée en Italie. J'ai chargé Aldini de prendre tous les renseignements relatifs à l'acte de commerce et à la qualification des bâtiments maritimes; je l'ai aussi chargé de me faire un prompt rapport sur ce qui est relatif aux licences. »

« Mon fils, je reçois votre lettre du 20; vous avez eu tort de prendre votre décision du 26 juillet, qui libère les bâtiments ottomans. Le ministre des fi-

<small>Nap. à Eug.
Saint-Cloud;
26 août 1810.</small>

nances ne vous disait pas que vous y étiez autorisé, il vous faisait connaître les renseignements qu'il fallait prendre. Mais ces renseignements ne se composent pas des seules déclarations des individus. Je me suis réservé exclusivement la connaissance de cette affaire. Aucun bâtiment ottoman ne peut être libéré sans un décret de moi; il faut que les douanes d'Italie soient mises sur le pied de celles de France, sans cela, je ne vous cache pas que je réunirai le royaume d'Italie. La seule considération des douanes m'a obligé à réunir la Hollande. Si donc mes vœux n'étaient pas remplis, je n'aurais d'autre moyen que de couvrir l'Italie de mes douanes. Par exemple, l'Italie est inondée de marchandises suisses : les toiles peintes et les cotonnades viennent toutes de Suisse, tandis que la France est encombrée de ces étoffes. Mon intention est que les toiles peintes, etc., d'Allemagne ni de Suisse, ne soient point admises en Italie, et ne puissent venir que de France. Faites-moi un rapport là-dessus. »

*Nap. à Eug. Saint-Cloud, 26 août 1810.*

« Mon fils, le 17 août, on ne connaissait pas encore à Ancône votre décision qui ordonne de ressaisir les bâtiments ottomans, et de les remettre sous le séquestre, laquelle décision vous me dites avoir expédié; le 2 août d'autres bâtiments ottomans étaient arrivés. Que tous restent sous le séquestre; je me réserve seul le droit de statuer sur leur libération par la connaissance que j'aurai de leurs papiers. »

« Le Prince Vice-Roi a l'honneur de rendre compte à Sa Majesté qu'hier soir, un peu avant la nuit, on a signalé une frégate et une corvette anglaises en face des bouches de la Piave, où elles ont été jointes par un corsaire sicilien.

*Eug. à Nap. 29 août 1810 Dépêche télégraphique de Venise à Paris:*

« Ce matin la frégate était dans la même position et le corsaire à 25 milles au large.

« Les trois frégates françaises et italiennes et deux bricks italiens seront prêts dans dix jours à se rendre à leur destination. »

« Sire, j'ai l'honneur d'adresser à Votre Majesté un rapport sur Palma-Nova. J'ai parcouru la Piave avec attention, et j'ai trouvé les travaux en grande activité. Cent tailleurs de pierres et cinq cents terrassiers viennent d'être pris en augmentation, et malgré tout cela je crains bien qu'on ne puisse pas dépenser dans cette année tous les fonds qu'elle a accordés. Mais, d'après les mesures qui sont prises, l'hiver sera avantageusement employé à la préparation d'une grande quantité de matériaux qui serviront et à consommer les fonds de 1811 et ceux qui pourraient rester de 1810.

*Eug. à Nap. Venise, 30 août 1810.*

« J'ai mis en marge dans mon rapport, pour plus de clarté, l'ordre de travaux arrêté par Votre Majesté. »

« Sire, Votre Majesté ayant daigné nommer sénateur et son chambellan le capitaine Martinengo, qui commandait la compagnie des gardes d'honneur de Brescia, le commandement de cette compagnie se trouve vacant.

*Eug. à Nap. Venise, 31 août 1810.*

« J'ai l'honneur de présenter à Votre Majesté pour remplir cette place M. Dricci, major du régiment de chasseurs royal-italien. Ce militaire est de Brescia, il est bien né, il a de la fortune, une bonne conduite morale et militaire, il a fait plusieurs campagnes dans les différents grades par lesquels il a passé, entre autres celle de Prusse de 1807 et celle d'Allemagne en 1809. Tout me porte à croire qu'il est digne des bontés de Votre Majesté. J'ai l'honneur de soumettre à Votre Majesté le projet de décret de nomination. »

Nap. à Eug. Saint-Cloud, 31 août 1810.

« Mon fils, aussitôt qu'on a connu à Gênes mon dernier tarif sur les denrées coloniales, les négociants de ce pays ont envoyé toutes leurs marchandises en Italie. Mais si vous avez mis à exécution mon décret quand vous l'avez reçu, vous leur aurez fait payer les mêmes droits dans mon royaume d'Italie. Ainsi il n'y aura eu à cela aucun mal ; on dit que la récolte en Italie est mauvaise, veillez à ce qu'on n'exporte pas trop de blé, et à ce qu'on ne nous mette pas dans l'embarras. »

Eug. à Nap. Venise, 2 septembre 1810.

« Sire, j'ai l'honneur de rendre compte à Votre Majesté que depuis mon arrivée à Venise j'ai déjà inspecté et les travaux de fortifications et ceux de la marine ordonnés par Votre Majesté.

Fortifications.

« 1° J'ai été satisfait de Malghera. Les mouvements de terre sont très-avancés et on va s'occuper des moyens à prendre pour fonder la caserne défensive. On va faire également la lunette de droite, qui doit retenir leurs eaux pour l'inondation de toute la partie droite du port.

« Le fort de Brondolo est très-peu avancé; un seul des quatre fronts sera terminé cette année. L'année prochaine on en fera deux autres, et il ne restera pour l'année 1812 que la gorge et les établissements de l'intérieur. Les travaux de la Canavella qui lie le système de Venise avec l'Adige sont fort avancés, et les mouvements de terre seront presque totalement achevés cette année. Quant au fort de Saint-Érasme, le général Chasseloup tient toujours à occuper l'île entière au lieu de se contenter d'améliorer la tête de pont actuelle du lazaret, comme il avait été proposé à Votre Majesté. Le général Chasseloup doit faire incessamment un rapport sur cette partie.

*Travaux de la marine.*

« Quoiqu'il y ait beaucoup d'activité dans l'arsenal de Venise et dans les travaux hydrauliques, je n'ai pourtant pas eu lieu d'être satisfait des résultats. D'abord les bois courbes et ceux nécessaires aux quilles des nouveaux vaisseaux n'existent point encore dans l'arsenal de Venise. On les attend de l'Istrie ainsi que les bois de bordage pour avancer fortement les vaisseaux actuellement sur le chantier. Je me suis fait rendre compte des raisons qui pouvaient causer une telle disette de bois, et les voici :

« 1° La guerre dernière, qui a interrompu une grande partie des équipages;

« 2° Les croisières ennemies, qui nous ont pris et

brûlé l'année dernière et cette année vingt-deux à vingt-cinq barques chargées de très-beaux bois;

« 3° Une assez grande quantité de bois arrivé en Istrie au point de débarquement et brûlé sur les lieux mêmes par les Anglais, la côte d'Istrie étant restée quinze mois sans défense;

« 4° Enfin le dénûment de fonds dans lequel se trouve en ce moment la marine royale.

« Voici à peu près les comptes de la marine.

« Elle est créancière de la marine française de 1,700,000 francs. Elle aurait déjà suspendu ses travaux, si le ministre n'était venu à son secours en prenant sur les autres services pour lui avancer 7 à 800,000 francs.

« Votre Majesté voit, par ce court exposé, combien il est urgent que la marine française rembourse à la marine italienne toutes ses avances, car elle est arrivée au point où il n'est plus possible d'en faire.

« N'ayant pourtant point oublié les ordres de Votre Majesté pour les nouveaux vaisseaux à construire, on s'occupe de leur exécution, et, quoique quelques pièces principales manquent, le décret qui fixe la quantité des 24$^{es}$ pour cette année n'en sera pas moins exécuté, parce qu'on va travailler sur d'autres bois qui existent dans l'arsenal. Ainsi, quoique le vaisseau ne soit pas réellement sur le chantier, on n'en préparera pas moins plusieurs de ses pièces.

« J'ai l'honneur de rendre compte à Votre Majesté que le vaisseau le *Rivoli* sera lancé demain. Il

n'était pas possible de retarder cette opération :
1° à cause des pleines eaux qui existent en ce moment et qui sont nécessaires; 2° à cause d'un double travail du creusement de la darse, lequel creusement vient d'être fait, et il aurait fallu le refaire encore dans une couple de mois, puisque les coups de vent de l'équinoxe amènent toujours des sables et des encombrements; 3° enfin pour économiser une avant-cale qu'il faudra faire de moins, puisque cette même avant-cale servira pour un des vaisseaux qu'on va construire, et que chaque avant-cale est un objet de 150,000 francs.

« On va faire deux avant-cales cette année, l'une pour le vaisseau français le *Mont-Saint-Bernard*, l'autre pour le vaisseau italien le *Régénérateur*, de manière que ces deux vaisseaux peuvent être lancés l'été prochain, si Votre Majesté l'ordonne, surtout si les opérations qu'il y aura à faire pour la mise à l'eau et la sortie du *Rivoli* réussissent.

« Les travaux hydrauliques avancent, mais pas comme les projets de MM. Proni et Sganzin l'avaient annoncé. La nouvelle passe de l'arsenal, qui avait été supposée ne devoir coûter que 100,000 francs, en coûtera 264,000, et sera finie cette année. Les machines à creuser, qui devraient enlever douze toises cubes de boue par jour, ont trouvé à une certaine profondeur une dureté de terrain qui n'avait point été prévue. Par exemple, malgré toute l'activité possible, quatre de ces machines qui travaillent en face de la sortie de l'arsenal n'enlèvent chacune que quatre à cinq toises cubes : les six qui travaillent à Saint-Clément et à Santo-Spirito enlèvent de dix à douze chacune, et les trois que l'on finit en ce moment à l'arsenal, et qui seront à la fin de ce mois en activité aux Alberoni, n'enlèveront que quatre à cinq chacune, d'après les expériences faites sur ce point.

« Ces difficultés imprévues avaient donc déjà fait remettre par les ingénieurs au mois de juin prochain la sortie du vaisseau le *Rivoli*, mais par les nouveaux efforts que l'on va faire et le zèle que chacun y mettra, je crois que Votre Majesté peut compter, pour la sortie de ce vaisseau, sur l'époque du mois de mars, ce qui ne retardera que de deux mois l'époque primitivement fixée. L'artillerie et les affûts du vaisseau le *Rivoli* sont prêts, le goudron et les ancres sont dans l'arsenal. La plus grande partie du doublage existe en magasin ; les mâts seront prêts. Il ne reste plus que le gréement, qui est un objet assez considérable, pour lequel il n'existait rien dans l'arsenal. Le fournisseur de chanvre ne voulait plus rien fournir à cause des sommes qu'on lui doit. J'ai pu parvenir hier à faire un nouveau marché pour 200,000 francs. Mais, je le répète à Votre Majesté, il est bien urgent qu'elle....

« Je n'ai pas encore reçu un mot du ministre de la marine à cet égard. Je tiendrai Votre Majesté exactement informée de l'état des travaux de chaque mois, et je la prie de ne pas douter de tout le zèle que j'y mettrai et que j'y ferai mettre à toutes les personnes qui en sont chargées. »

« Mon fils, je reçois votre lettre du 28 août; une Nap. à Eug. Saint-Cloud, 4 septembre 1810.
polacre ottomane est arrivée à Ancône; retenez-la et
ne la laissez point partir. Envoyez-moi l'interrogatoire, les papiers de bord, les renseignements qui
me fassent connaître si elle a été assurée, ses certificats d'origine. Transmettez-les à Aldini, je les ferai
examiner au conseil de commerce; vous n'avez pas
en Italie les moyens de juger ces affaires; nous les
avons ici, par l'espionnage dans le Levant. Je suis
toujours fâché que vous ayez laissé partir les bâtiments ottomans; une partie de ces bâtiments venait de Malte. »

« Sire, Votre Majesté m'a fait l'honneur de me Eug. à Nap. Venise, 4 septembre 1810.
renvoyer le 22 du mois dernier un rapport du
comte de Cessac, relatif à l'hôpital militaire de
San Benedetto, et elle a daigné me demander mon
opinion sur cet objet. Le ministre de Votre Majesté
lui propose de faire supporter au gouvernement
italien la moitié des dépenses faites pour constructions et réparations à cet hôpital, et je crois devoir
saisir cette occasion de faire connaître à Votre
Majesté mon opinion générale sur les hôpitaux
militaires en Italie.

« J'ai été longtemps en correspondance avec le
comte de Cessac, et, à cet égard, il aurait voulu que
le gouvernement italien se chargeât définitivement
de tous les hôpitaux militaires dans le royaume, et
cette mesure m'a toujours paru ne pouvoir entrer
dans les intentions de Votre Majesté, car l'acquisition de tout le matériel de ces hôpitaux, qui appar-

tient à la France, serait une dépense très-considérable pour le trésor italien, même quand les payements ne se feraient qu'en différents termes, et d'ailleurs cela nécessiterait une grande augmentation dans le personnel de l'administration de la guerre du royaume. Votre Majesté ne veut point sans doute que ce personnel soit porté au delà de ce qu'exige le personnel même de son armée italienne. Voici, d'après l'état actuel de cette armée, ce que j'avais cru convenable.

« Jusqu'à présent, le royaume n'a eu que deux hôpitaux militaires, ceux de Milan et de Venise, et afin de mettre à la charge du trésor d'Italie tout ce qu'il pouvait supporter de dépenses pour cette partie, j'ai proposé à M. le comte de Cessac d'en établir encore deux autres de même grandeur, l'un à Mantoue, l'autre à Ancône. Ces quatre hôpitaux, d'environ 800 lits chacun, suffiraient pour les besoins de l'armée italienne, et je crois que ce sont les seuls dont l'entretien et l'administration doivent appartenir au royaume. Quant au service de l'armée française, il est bien entendu que l'on continuerait à admettre, comme on l'a fait jusqu'à présent, les malades dans les hôpitaux civils et militaires du royaume, et du reste les garnisons françaises étant fixées dans les endroits les plus sains, il serait suffisant que l'administration française eût quatre hôpitaux, qui seraient placés à Bologne, Brescia, Vicence et Udine.

« Si Votre Majesté daigne approuver ces idées, je la supplie de donner les ordres nécessaires pour leur exécution, et d'après l'opinion générale que j'ai l'honneur de lui soumettre en ce moment, elle verra aisément que, suivant mon avis, l'hôpital San Benedetto ne doit point regarder le royaume d'Italie. »

« Mon fils, je reçois votre lettre du 30 août, et je lis avec grand intérêt les détails que vous me donnez sur Palma-Nova. Vous savez l'importance que j'attache à finir cette place, mais sans pour cela faire de dépenses inutiles. Recommandez bien que la maçonnerie soit bonne. Je n'approuve pas ce que vous me dites qu'on ne plante pas d'arbres, qu'on n'en plantera que l'année prochaine; je désire, au contraire, que dans le courant de novembre prochain vous fassiez employer les 60,000 francs que j'ai accordés pour des plantations d'arbres; faites-en planter de tous côtés autour de la place d'armes, sur les remparts, même hors de la ville, pourvu que ce soit à la distance de 200 ou 300 toises, on aura alors le temps de les couper. Le bois est si nécessaire pour l'approvisionnement des places, que j'attache la plus grande importance aux plantations. Prenez des mesures pour qu'à Mantoue on plante aussi 200,000 à 300,000 pieds d'arbres, au plus tard dans le courant de novembre. Faites-en mettre dans les marais, dans les camps retranchés du T, tout cela doit être couvert d'arbres. » *Nap. à Eug. Saint-Cloud, 6 septembre 1810.*

« Mon fils, l'Italie est menacée d'une grande pénurie de blé, tant le Piémont et Gênes que la *Nap. à Eug. Saint-Cloud, 9 septembre 1810.*

Toscane; j'ai déjà défendu l'exportation des grains dans ces provinces. Prenez les mesures efficaces pour en empêcher la sortie, soit par la frontière du Tyrol, soit par la mer. »

Eug. à Nap.
Monza,
10 septembre
1810.

« Sire, j'ai l'honneur d'adresser à Votre Majesté deux lettres en original de l'archevêque de Viterbe, actuellement nonce à Vienne. Il prescrit à son vicaire de prêter et de faire prêter à ses curés le serment indiqué par le pape, et il désapprouve la conduite des chanoines qui y ont substitué une autre formule. »

Nap. à Eug.
Saint-Cloud,
11 septembre
1810.

« Mon fils, j'ai déjà des rapports de Corfou qu'une partie des 5,000 quintaux de blé et des 80,000 rations de biscuits étaient arrivés; faites-moi connaître ce que vous savez là-dessus. »

Eug. à Nap.
11 septembre
1810.

« Sire, Votre Majesté m'a ordonné de lui faire un rapport sur l'introduction qui a eu lieu dans son royaume d'Italie des cotonnades, des toiles peintes de Suisse et d'Allemagne. Je me suis empressé de prendre tous les renseignements nécessaires pour me mettre à même de remplir les ordres de Votre Majesté à cet égard, et j'ai l'honneur de lui soumettre en même temps un projet de décret sur cet objet, avec toutes les réflexions qui m'ont paru devoir le motiver. Je puis assurer à Votre Majesté que ce rapport est basé sur des faits et sur des vérités reconnues, et je la supplie en conséquence de vouloir bien lui accorder l'attention que réclame l'exactitude de son exposé. Je commencerai par rappeler à Votre Majesté les lois et les décrets relatifs à cet objet qui existent actuellement dans le royaume.

1° L'introduction dans le royaume des velours de coton, des draps et étoffes de laine, de coton et de poil, ou mélangés de ces différentes matières, de toutes sortes de piqués, de basins, de nankins et de mousselines, de rubans, de voiles et crêpes, et de toutes les marchandises de coton manufacturés, soit en toiles blanches, soit en toiles colorées, provenant de tout autre pays que de la France est prohibée depuis plusieurs années. (Décrets de Votre Majesté du 10 juin 1806, art. 11, et du 28 décembre 1807.)

2° Il y a une exception pour les rubans de fil de coton et de laine, et pour les toiles de coton teintes ou peintes, provenant des fabriques du grand-duché de Berg. (Décret de Votre Majesté du 12 janvier 1807.)

3° Il y a une autre exception pour les marchandises provenant des fabriques du royaume de Bavière, en vertu de l'article 18 du traité de commerce du 2 janvier 1808, approuvé par Sa Majesté, le 17 juillet de la même année. Les troubles de 1809 ont empêché l'exécution de ce traité, et la Bavière demande actuellement qu'il soit exécuté.

« 4° Les bas et bonnets de coton et de laine, les toiles teintes et peintes provenant de la Suisse et de l'Allemagne sont admises pourvu qu'elles soient accompagnées de certificats de fabrique. (Décret cité ci-dessus du 10 juin 1806, art. 3.)

« Votre Majesté voit d'après cet exposé, que

parmi les marchandises dont il est question, les unes (celles portées au n° 1) sont prohibées, sauf les exceptions en faveur du grand-duché de Berg et de la Bavière, et les autres (celles relatées au n° 4) sont permises.

« Malgré la plus grande vigilance prouvée par un grand nombre de saisies et de procès importants, une quantité considérable de marchandises de la première espèce a pénétré dans le royaume, en partie par contrebande, et en partie par la fraude des fabricants français. La contrebande se faisait : 1° par le Tyrol, en débouchant dans les départements des anciens États vénitiens ; 2° par le canton suisse du Tésin, avec les départements du Laris, du Serio, de l'Olona et de l'Agogna ; 3° par le moyen du transit. La réunion du Tyrol italien au royaume rendra plus difficile la contrebande vers cette partie ; mais celle qui a lieu par le canton du Tésin ne pourra s'éviter à cause de la nature des frontières de ce côté. On peut regarder comme cessée la contrebande par le transit, depuis que la Toscane et les États romains d'un côté, et Trieste et les provinces illyriennes de l'autre, sont sous le régime français.

« Mais la fraude des fabricants français rendra inutiles toutes les précautions. Il est de toute notoriété que les fabricants français prêtent leur nom et procurent des certificats de fabrique aux marchandises suisses, qui de là passent comme françaises dans le royaume, et y jouissent de plus de la diminution de moitié du prix d'entrée accordé aux marchandises françaises par le traité de commerce.

« Un fait important, et qu'il est juste de faire connaître à Votre Majesté, c'est que les marchandises de coton et de laine, surtout celles des qualités communes de Suisse et d'Allemagne, coûtent infiniment moins que les marchandises françaises de la même qualité.

« De là la contrebande, malgré le prix d'assurance à un intérêt évident, et le consommateur (surtout la basse classe du peuple) y trouve un avantage sensible dans la différence du prix.

« J'ajouterai encore un fait de la plus grande importance pour le royaume de Votre Majesté : c'est que les cotons filés et les toiles écrues de fil de coton de Suisse ne peuvent être prohibés sans voir ruiner et se fermer toutes les manufactures de marchandises de coton du royaume, qui donnent du travail et des moyens de subsistance à un grand nombre d'ouvriers. Enfin, Votre Majesté ne voudra sans doute pas perdre de vue la situation de Botzen. Si cette ville cesse d'être ouverte au transit des marchandises de Suisse et d'Allemagne, ses foires et son commerce, et avec celui-ci une grande partie de la subsistance du Tyrol italien tout entier, seront perdus pour toujours. La Bavière établira des foires à Meran et à Hall, comme déjà le bruit s'en est répandu ; le royaume perdra un grand nombre de capitalistes et de capitaux, et le commerce entre l'Allemagne, l'Italie et le Levant prendra une autre direction. Dans une combinaison aussi difficile de rapports et d'intérêts, j'oserai croire qu'une forte augmentation des droits d'entrée serait plus convenable pour le service de Votre Majesté qu'une prohibition absolue, et cette augmentation se combinant avec des obstacles et des châtiments pour empêcher les fabricants français de prêter leur nom à des marchandises étrangères, et avec d'autres précautions ordonnées aux douanes, pourrait peut-être produire le grand avantage de ne point détruire les manufactures du royaume, de donner une préférence absolue aux marchandises françaises sur les marchandises étrangères, de soutenir les foires, le commerce de Botzen et du haut Adige, et enfin de diminuer la contrebande.

« C'est sur ces considérations qu'est basé le projet de décret que j'ai l'honneur de soumettre à Votre Majesté. »

<small>Eug. à Nap.
Monza,
13 septembre
1810.</small>

« Sire, Votre Majesté a dû observer que sa garde royale est peu nombreuse, et que le moindre événement de guerre la réduit à très-peu d'hommes présents. Cependant l'armée italienne peut à peine entretenir le complet du régiment d'infanterie de ligne, et le recrutement pour la garde d'honneur et les vélites enlèvent la crème de la conscription annuelle; en sorte que les régiments se soutiennent à peine, ne recevant pas d'hommes susceptibles d'avancer et de présenter des ressources pour des sous-officiers.

« Pour remédier à ces deux inconvénients, j'ai l'honneur de proposer à Votre Majesté la création d'un régiment de tirailleurs de la garde. Les hommes pour ce corps seront pris dans la conscription ; ils ne coûtent pas plus pour la solde et l'entretien que les troupes de la ligne ; leur récompense sera de passer dans le régiment de ligne de la garde, ou d'être promus caporaux ou sergents dans l'armée, où ils porteront l'instruction et la tenue de la garde, et surtout le bon esprit qui anime ces corps d'élite.

« Ce régiment sera de deux bataillons. Un des deux pourra être organisé cette année sur la réserve de la conscription, et le second le serait l'année prochaine.

« J'ai l'honneur de lui soumettre ci-joint le projet de décret. »

« Sire, Votre Majesté m'a fait l'honneur de me dire plusieurs fois que la cavalerie de son armée italienne n'était pas assez nombreuse, et a paru désirer de la voir augmentée. Le moment me paraît favorable pour remplir les intentions de Votre Majesté, et je me permets de lui soumettre un projet de décret pour la création d'un nouveau régiment de cavalerie. Le noyau de ce régiment peut s'organiser dès ce moment au moyen de 300 à 400 hommes à prendre sur la réserve de 1810, et les officiers et sous-officiers seront choisis dans la garde et les corps de cavalerie italiens qui sont dans ce moment dans le royaume. On achèvera de compléter ce régiment sur la conscription de 1811. Sa Majesté a observé que la cavalerie légère convenait mieux dans le royaume que la grosse cavalerie, soit pour le service, soit pour la taille des hommes et des chevaux.

« Mon projet serait, si Votre Majesté l'approuve,

*E. vig. à Nap. Monza, 15 septembre 1810.*

de ne mettre dans ce corps que des hommes de taille de chasseurs et de le remonter dans le pays, de leur donner un uniforme extrêmement simple, et un armement et équipement très-légers. L'instruction serait surtout dirigée pour former des éclaireurs, et suivant que Votre Majesté en avait eu l'idée, qu'elle m'a fait l'honneur de me communiquer il y a trois ans, ce régiment bivaquerait pendant une partie de l'année, et les chevaux seraient en pâture dans les plaines du Frioul. Je propose de donner à ce régiment le nom de *chevau-légers*, pour le distinguer des corps existants et par rapport au service auquel il sera destiné. »

<small>Eug. à Nap.
Monza,
17 septembre
1810.</small>

« Sire, j'ai l'honneur de rendre compte à Votre Majesté que plusieurs Piémontais avaient été reçus dans le corps de ses gardes d'honneur d'Italie, parce qu'ils ont satisfait aux conditions du décret d'organisation, puisqu'ils ont des biens dans le royaume et qu'ils sont parents de fonctionnaires publics.

« Votre Majesté m'ayant fait connaître que son intention était qu'aucun Piémontais ne soit plus admis, j'ai suivi ses ordres; mais il s'en trouve encore treize dont plusieurs ont déjà trois ans et demi de service. Les plus jeunes ont deux ans. Ils ont tous fait la campagne de 1809. Ces jeunes gens sont dans ce moment appelés dans leurs départements pour la conscription; on les signale même comme réfractaires. Votre Majesté jugera qu'ils ne peuvent être censés de cette classe, puisqu'ils n'avaient pas attendu l'âge de vingt ans pour se ranger sous les drapeaux. D'un autre côté, il serait bien dur pour eux d'être obligés à recommencer le métier de soldat après trois ans de service et une campagne dans ses gardes, où quelques-uns même sont gradés. Votre Majesté leur accordant le rang de sous-lieutenants après deux ans de service, Votre Majesté me permettra-t-elle de réclamer ses bontés en faveur de ces jeunes gens, qui ont donné jusqu'à ce moment toutes les preuves qui étaient en leur pouvoir de leur attachement à sa personne? Daignerait elle les admettre dans l'armée avec le grade de sous-lieutenants?

« J'ai l'honneur de joindre ici l'état nominatif de ces treize gardes. »

« Mon fils, il y a à l'île d'Elbe un sixième régiment d'infanterie italien : ce régiment est inutile là : il faudrait le faire revenir en Italie. » Nap. à Eug.<br>Saint-Cloud,<br>18 septembre<br>1810.

« Mon fils, vous m'avez envoyé un plan sur Ancône qui n'a pas le sens commun; l'ingénieur qui l'a fait n'est pas un homme d'assez de mérite pour faire des plans. Faites exécuter celui que je vous ai envoyé, et tenez-vous-en là. Ce que propose l'ingénieur d'Ancône ne se ferait pas pour 30 millions. » Nap. à Eug.<br>Saint-Cloud,<br>18 septembre<br>1810.

« Mon fils, j'estime que l'armée italienne doit être organisée de manière à présenter une force de 27,000 hommes d'infanterie de ligne *présents sous les armes*, et de 3,000 hommes de la garde : total Nap. à Eug.<br>Saint-Cloud<br>19 septembre<br>1810.

30,000 hommes d'infanterie, et de 3,000 hommes de cavalerie. Son artillerie doit être composée, pour l'infanterie, de 20 pièces de 3, à raison de 2 par régiment, et de 10 pièces de 3 pour la garde, à raison de 2 par bataillon ; ce qui fait 30 pièces de 3 pour l'artillerie des régiments ; de 12 obusiers de 6 pouces ; de 24 pièces de 6 ; de 4 obusiers et de 8 pièces de 12 pour la réserve ; de 4 obusiers et de 8 pièces de 6 pour les deux divisions de cavalerie ; de 4 obusiers, de 4 pièces de 6 et de 4 pièces de 12 pour la réserve de la garde. — L'artillerie de l'armée italienne doit donc être organisée de manière à avoir : 20 pièces de 3 ; 20 obusiers ; 32 pièces de 6 et 8 pièces de 12. Total : 80 pièces de canon pour l'armée de ligne, et, pour la garde, 10 pièces de 3, 4 pièces de 6, 4 pièces de 12 et 4 *obusiers ;* ce qui fait plus de 100 pièces et 500 caissons, compris ceux de cartouches d'infanterie ; ce qui suppose 2,500 chevaux d'artillerie. »

*Nap. à Eug. Saint-Cloud, 19 septembre 1810.*
« Mon fils, je reçois le compte que vous me rendez des travaux de Porto-Legnano et de Mantoue ; faites chercher dans le Tyrol une position qui puisse convenir pour intercepter la principale route venant du Tyrol allemand et protéger le Trentin et le royaume d'Italie. »

*Nap. à Eug. Saint-Cloud, 19 septembre 1810.*
« Mon fils, je reçois vos lettres du 13. Je vois que les 4 régiments de cavalerie italienne ont chacun à peu près 700 chevaux, hormis le régiment du Prince-Royal qui n'en a que 400. Il faudrait renforcer ce

régiment ; je pense qu'il est inutile d'avoir des chevau-légers, mais qu'il vaut mieux former deux régiments de chasseurs.

« J'ai pris un décret en conséquence, qu'Aldini vous enverra. Je vois qu'il manque 12,000 hommes à l'armée italienne pour être au complet. Je vois que vous n'avez que 1,200 hommes en congé; faites-moi connaître s'il y aurait de l'inconvénient à accorder un plus grand nombre de congés cet hiver; vous pourriez en donner au mois de décembre à la moitié des officiers, au tiers des sous-officiers, et au cinquième des soldats : ce serait une grande économie. Ils iraient chez eux et reviendraient au mois de juin pour les manœuvres. Vous avez en Italie présents 31 bataillons ; je ne compte pas les 5$^{es}$ bataillons. Que coûterait-il d'établir auprès de Brescia un camp de 10 bataillons au mois d'octobre, et un autre de 10 bataillons au mois de novembre ? Vous y réuniriez les généraux de division et de brigade et autres officiers, et l'armée italienne se formerait là aux manœuvres; vous pourriez réunir également 10 escadrons de cavalerie; vous auriez soin qu'il y ait le plus d'officiers et de sous-officiers possible à ces manœuvres. Par ce moyen, l'armée italienne aurait eu un bon exercice ; et, à la fin de décembre, vous feriez délivrer les congés. Il faut connaître, avant de donner aucun ordre là-dessus, combien cela coûterait, et en quel état sont les camps d'Osopo. Je vois que le 6$^e$ régiment de ligne italien est un régiment bien négligé : il faudrait le faire rentrer, et, si l'on a besoin en Italie de se défaire de quelques mauvais sujets, il vaudrait mieux en former à l'île d'Elbe un bataillon colonial. »

*Nap. à Eug.
Saint-Cloud,
19 septembre
1810.*

« Mon fils, je reçois votre lettre du 13, par laquelle vous me demandez si l'entrée des marchandises spécifiées dans le décret du 5 août sera permise sans certificat d'origine, sous quelque pavillon qu'elles arrivent, à l'exception du pavillon ennemi. Voici ma réponse : il n'y a plus de pavillons neutres, puisque tous payent une contribution aux Anglais pour avoir la liberté de naviguer, et, par cette soumission aux Anglais, sont dénationalisés, en vertu de mon décret de Milan. Ainsi, aucune denrée coloniale quelconque ne peut arriver dans les ports de ma domination, même avec des certificats d'origine, qui ne servent de rien. Le sucre, le café, le coton des colonies ne peuvent entrer par mer dans mes ports, même sous pavillon français. Cependant, lorsque le sucre, le café, le coton sont le produit de prises faites par des corsaires italiens ou français, alors seulement ils peuvent être admis ; lorsqu'ils sont le résultat des confiscations de marchandises saisies dans les ports de Trieste ou de Venise, ils peuvent également être admis. C'est pour ces deux cas seulement que j'ai pris le décret qui hausse le tarif de ces marchandises. Vous demandez comment le royaume d'Italie s'approvisionnera de coton, de café et de sucre ; je vous répondrai que, quant au sucre, il y en a pour plusieurs années en Italie, puisque c'est l'Italie qui en fournit à la Bavière et à la Suisse, et que d'ailleurs la consommation en diminuera tous les jours. Que, quant au café, il en vient assez du Levant ; que, pour du coton, l'Italie en a peu besoin, et que d'ailleurs les cotons de Rome, de Naples, et ceux qu'on cultivera dans la Romagne, suffiront à la consommation. Mais, indépendamment du sucre, du café, du coton, direz-vous, il y a d'autres marchandises nécessaires au royaume d'Italie, telles que les bois de teinture, la cochenille, l'indigo, le cacao, la soude, la potasse ; or, pour ces objets, j'ai accordé des licences aux ports d'Ancône et de Venise ; mais, pour des navires italiens, faits avec des bois du pays, montés par des équipages composés de deux tiers d'Italiens et chargés pour le compte de sujets italiens. Les bâtiments étant porteurs d'une licence ont le privilége d'importer dans mes ports d'Italie des denrées coloniales, et d'en exporter une quantité équivalente de denrées du pays. Je viens d'accorder des licences en vertu desquelles des bâtiments ottomans peuvent venir dans mes ports de Livourne, de Marseille, de Gênes, importer des marchandises du Levant. Je vais vous en envoyer pour Venise et Ancône ; ils pourront y apporter des cotons du Levant, du café moka et autres denrées du Levant. — Quant aux sucres, cafés et cotons d'Amérique, j'ai accordé des permis à certain nombre de bâtiments américains, et j'ai pris des précautions spéciales pour m'assurer qu'ils n'apportent que des produits d'Amérique, telles que des lettres en chiffres de mes consuls, etc., etc. Quand cette opération sera plus avancée, j'en accorderai aux négociants de Venise et d'Ancône, au moyen desquelles ils pourront correspondre avec les négociants américains. — Il n'y a plus d'accès aujourd'hui dans mes ports d'Italie que pour le pavillon français, napolitain et ottoman. Quand je dis le pavillon, j'entends le bâtiment et son équipage. Aujourd'hui, le pavillon français parcourt les mers d'Angleterre ; il va jusqu'à Londres, mais il se masque. Sous ce déguisement, l'Angleterre le reçoit, et je lui fais la loi par le besoin pressant qu'elle a de communiquer. — Les bâtiments français venant des ports de l'Illyrie ne peuvent venir dans les ports d'Italie que par le cabotage, c'est-à-dire en évitant les croisières anglaises. — Les bâtiments napolitains n'y peuvent venir également que par le cabotage, c'est-à-dire sans avoir communiqué avec les Anglais. Le cabotage de Naples et de l'Illyrie ne comporte ni mouvement de coton colonial ni mouvement de sucre, de café, ou autres denrées des colonies. — Toutes les fois qu'il en apporte, on doit les mettre en entrepôt et me consulter. Les bâtiments ne peuvent sortir pour la grande navigation qu'avec des licences, parce qu'ils ne peuvent faire la grande navigation sans être visités par les Anglais et sans avoir une licence anglaise ; dès ce moment, ils ont besoin de la mienne.

« Tout bâtiment ottoman arrivant sans licence doit être séquestré, et il doit m'en être rendu compte. Aucun bâtiment français venant de Marseille, de Livourne, de Gênes, ou autre port de France, ne peut venir dans les ports d'Italie sans licence, puisqu'il ne peut naviguer qu'avec la permission des Anglais et sans avoir été visité par eux. — Aucun bâtiment américain ne peut venir dans mes ports d'Italie, s'il n'a une licence de *moi*. Ainsi, hormis le cabotage d'Illyrie et de Naples, lequel ne doit jamais porter ni sucre, ni café, ni coton des colonies, ni aucune espèce de denrée coloniale, mais seulement des denrées du cru de ces pays, tous les bâtiments doivent être séquestrés à leur arrivée dans mes ports, s'ils n'ont une licence de moi. Ici il faut vous redire ce que vous aurez déjà compris, savoir ce que c'est qu'une licence.

« Une licence est une permission accordée à un bâtiment qui remplit les conditions exigées par ladite licence d'importer et d'exporter telle espèce de marchandises spécifiées dans cette licence. — Pour ces bâtiments, les décrets de Berlin et de Milan sont nuls et non avenus.

« Pour bien comprendre cette matière, il faut avoir sous les yeux mes décrets de Berlin et de Milan. Vous voyez qu'au moyen de ces deux décrets et des arrêts du conseil anglais, il ne peut plus exister de neutres, et que l'Angleterre n'en souffre aucun s'il ne lui paye un tribut, comme mes décrets les dénationalise s'ils s'y soumettent. — Mes licences sont un privilége tacite de s'affranchir de mes décrets, en se conformant aux règles prescrites par lesdites licences. Le besoin de naviguer des Anglais est tel, qu'ils sont obligés d'adhérer à tout ce que je fais, et qu'ils donnent des licences à ceux qui ont les miennes. L'effet en est tel, que, depuis ces licences, il n'y a point d'exemple, hormis les Ottomans, qu'ils aient fait payer personne sur l'Océan.

« Je crois que ma réponse satisfera à votre demande et vous donnera des lumières suffisantes sur ce système si compliqué, dont je retire les plus heureux résultats par l'occupation d'une immense étendue de côtes du Mecklenbourg, des villes hanséatiques, et des principaux ports d'Allemagne. L'Angleterre est réellement aux abois, et moi, je me dégorge des marchandises dont l'exportation m'est nécessaire, et je me procure des denrées coloniales à leurs dépens. Les Anglais laissent naviguer dans la Tamise les bâtiments français qui seulement se masquent sous pavillon américain, ou prussien, ou autre; moi, je ne donne des licences qu'à des bâtiments français construits en France, ou devenus français, provenant de prises, par un acte appelé naturalisation, qui est une espèce de baptême que reçoivent ces bâtiments, et dont le patron et les deux tiers de l'équipage sont Français. »

*Copie d'une lettre de l'Empereur au ministre des relations extérieures de France, envoyée par ordre de S. M. à S. A. I. le prince vice-roi d'Italie. Saint-Cloud, 21 septembre 1810.*

« Monsieur le duc de Cadore, la situation topographique des districts de Windisch-Matray et de Jefferegen, qui appartenaient autrefois à l'évêché de Salzbourg, quoique enclavés dans le Tyrol, est telle que je ne conçois pas qu'on ait pu un instant mettre en doute que ces enclaves ne dussent pas suivre le sort des vallées du Tyrol dans lesquelles ils sont placés. Est-ce dans le pays de Salzbourg? Je n'ai jamais voulu céder des portions de territoire qui en sont séparées par la nature. J'approuve le travail de limitation en conséquence duquel les districts de Windisch-Matray et de Jefferegen resteront réunis à la portion du Tyrol cédée à mes provinces Illyriennes. Le petit excédant de population qui se trouve en ma faveur est trop peu de chose pour qu'il en soit davantage question.

« Écrivez à M. de Narbonne que mon intention n'est pas d'accorder des indemnités pour ces deux districts, dont je n'avais pas abandonné la possession. »

« Mon fils, je reçois votre lettre du 20, je vous prie de porter la plus grande attention à l'exécution de mon décret sur l'exportation des blés. Vous n'avez pas assez d'expérience sur cette matière. Ce n'est pas en France qu'a été le blé qui est sorti du royaume d'Italie, mais à Malte, à Cadix et encore en Sicile. Mais le fait est que Rome, Gênes, Florence et le Piémont ont le plus grand besoin de blé. Vous recevrez un décret que j'ai pris pour exempter de tout droit l'exportation des blés d'Italie en France. Les fermiers du royaume d'Italie pourront exporter leur blé en Piémont et en France. Comme j'ai prohibé la sortie des ports de France, il n'y a rien à craindre, mais si la sortie des blés sur Turin, Gênes et Rome devenait trop considérable, vous auriez soin de m'en prévenir et je l'arrêterais. La question des blés est la plus importante et la plus délicate pour les souverains. Les propriétaires ne sont jamais d'accord avec le peuple. Le premier devoir du souverain dans cette question est de pencher pour le peuple, sans écouter les sophismes des propriétaires. »

*Nap. à Eug. Paris, 24 septembre 1810.*

*Eug. à Nap.
Monza,
24 septembre
1810.*

« Sire, j'ai déjà eu l'honneur de parler à Votre Majesté des dernières inondations du Pô. Je me fais un devoir de lui transmettre les détails que je reçois en ce moment.

« Dans le département du Mincio, la crue des eaux a été prodigieuse et a surpassé celle des années 1801 et 1807. Dans la seule nuit du 16, les eaux se sont élevées de douze pieds environ.

« Une digue ayant été rompue entre *Sustinente* et *Libiola*, les eaux, qui se sont alors répandues dans les départements de l'Adige et du Bas-Pô, ont submergé, dans le premier de ces départements, une étendue de terrain de 90 milles carrés.

« Une digue a aussi été rompue dans le lac de Mantoue. Cette digue fait partie des fortifications de la place; par suite de cette rupture *Pajolo*, *Migliaretto* et le *T* ont été inondés.

« Cependant les secours ont été portés à temps au palais et il n'y a véritablement que les jardins qui aient souffert.

« Dans le district de Pavie, les eaux se sont élevées de 5 mètres au-dessus de leur niveau ordinaire; elles ont rompu les digues du pas *Sicco-Mario*, près Pavie; elles ont inondé une grande partie du territoire et dévasté les campagnes.

« Plusieurs communes du district de Pavie, et même le bourg du Tésin, hors des portes de Pavie, sont sous les eaux.

« Tous les premiers ordres nécessaires pour arrêter les ravages autant que possible et porter les secours les plus urgents ont été donnés, mais je n'en ai pas moins cru qu'il était de mon devoir de porter à la connaissance de Votre Majesté les tristes nouvelles que j'avais reçues. »

« Sire, Votre Majesté m'a fait l'honneur de me marquer qu'elle voit par la situation de son armée italienne qu'il existe à l'île d'Elbe un 6ᵉ régiment d'infanterie qui doit y être inutile, et qu'il faut faire rentrer dans l'intérieur.

<small>Eug. à Nap. Monza, 26 septembre 1810.</small>

« J'ai l'honneur d'observer à Votre Majesté que les trois premiers bataillons étaient à l'armée d'Espagne. Le cadre du 3ᵉ vient seulement de rentrer et a été réformé; ainsi il n'y a à l'île d'Elbe que les 3ᵉ, 4ᵉ et 5ᵉ bataillons. J'observe de plus à Votre Majesté que ce 6ᵉ régiment a été formé dans son principe par les mauvais sujets de tous les corps et par des hommes dangereux à la société. Depuis 1805, je n'y ai mis que des conscrits réfractaires et quelques déserteurs. Ce régiment étant à l'île d'Elbe est surveillé et contenu, mais il serait dangereux de le faire rentrer dans l'intérieur, et la désertion, en l'épuisant, inonderait le pays de mauvais sujets. Nous en avons eu l'exemple dernièrement lorsque le ministre duc de Feltre a fait traverser le royaume à un bataillon fort de 800 hommes pour se rendre à l'armée d'Espagne. Il n'en est pas arrivé 400 à Alexandrie. Cependant les hommes qui composent ce régiment étant conduits et employés au loin y rendent un bon service: On le voit par les deux bataillons de guerre qui sont à la division en Espagne.

« Si Votre Majesté croit qu'il y a trop de troupes à

l'île d'Elbe, elle peut en tirer facilement pour l'Espagne. Le 3ᵉ bataillon a 800 hommes bien habillés et bien équipés. Je la prierai alors de donner des ordres au ministre de la guerre de l'Empire, mais avec l'attention de faire partir ce bataillon par mer avec obligation de ne prendre terre, au plus tôt, qu'à Gênes et même à Nice, s'il est possible, afin de passer le plus loin possible des terres de son royaume. »

*Eug. à Nap.
Monza,
6 septembre
1810.*

« Sire, Votre Majesté m'a fait l'honneur, dans sa lettre du 19, de m'ordonner de faire reconnaître dans la vallée de l'Adige une position convenable à occuper, pour fermer les communications du Tyrol allemand avec l'Italie. Votre Majesté voudra bien se rappeler qu'elle a prescrit au général Chasseloup de reconnaître lui-même le terrain. Cet officier général vient de faire le tour des places fortes d'Italie, pour y activer les travaux ordonnés par Votre Majesté, et il allait se rendre dans le Tyrol, quand des ordres positifs lui ont enjoint de partir pour la Spezia, où il paraît que son séjour sera de quelque durée. Si cela est, comme il me l'annonce, la saison des neiges le forcera à remettre au printemps prochain la reconnaissance, mais je viens de lui écrire d'y envoyer un officier intelligent et expérimenté. »

*Nap. à Eug.
Fontainebleau.
27 septembre
1810.*

« Mon fils, je vous envoie un rapport sur les comptes de la marine de France avec le royaume d'Italie ; j'attendrai, pour prendre une décision, que vous me renvoyiez cette pièce avec vos observations ;

je vous envoie également ma note sur l'artillerie, pour avoir votre opinion. »

« Mon fils, vous verrez par la copie que je vous envoie, de ma lettre au ministre de la guerre la mauvaise conduite du 28ᵉ régiment de dragons. Je vous prie de me faire connaître le nom de l'officier qui s'est permis de faire ainsi le mauvais plaisant.

*Nap. à Eug. Fontainebleau, 27 septembre 1810.*

« *Copie.* Monsieur le duc de Feltre, donnez ordre qu'on mette aux arrêts pour un mois l'officier du dépôt du 28ᵉ régiment de dragons, qui a reçu ordre de fournir 100 hommes au régiment de marche de dragons de l'armée de Catalogne, et qui a présidé à la composition de ce détachement. Ce polisson (car je ne puis me servir d'un autre terme) a envoyé un détachement en si mauvais état, que le prince Borghèse a cru devoir avec raison le renvoyer. On l'a composé d'hommes aux hôpitaux et proposés pour la réforme, on a retiré les bons chevaux pour en donner de mauvais, et notamment un cheval de caisson aveugle, et deux chevaux de trompette, l'un boiteux, l'autre aveugle. On a ôté aux dragons leurs habits, leurs culottes, leurs bottes, etc., pour leur donner des effets de rebut; on leur a donné des pistolets sans chiens ou sans bassinets; les selles, housses, manteaux, portemanteaux, tout a été changé et remplacé par des effets hors de service. Faites-moi connaître l'officier qui s'est permis une pareille plaisanterie, et faites recomposer sur-le-champ ce détachement d'hommes bien portants et en état de faire la guerre, bien montés et bien équipés. »

Nap. à Eug.
Fontaine-
bleau.
27 septembre
1810.

« Mon fils, j'ai lu avec le plus grand intérêt votre rapport du 11 septembre sur l'introduction des marchandises étrangères dans mon royaume d'Italie, et le projet de décret qui y était joint. Ce projet est susceptible de beaucoup de discussions, je ne pourrai donc y statuer que dans 8 à 10 jours. En attendant voici ce que mon intention est que vous fassiez : 1° Faire venir en entrepôt réel dans les douanes, soit de Vérone, soit de Milan, soit des autres frontières, toutes les marchandises de coton et denrées qui viennent d'Allemagne, soit qu'on les dise marchandises françaises, soit qu'on les dise marchandises du grand-duché de Berg. Vous les laisserez dans cet entrepôt réel jusqu'à ce qu'on ait pu vérifier si elles sont véritablement marchandises françaises ou marchandises du grand-duché de Berg, et par là on portera un coup sensible aux manufactures suisses; 2° ne plus admettre aux droits modifiés pour les marchandises françaises que dans un ou deux bureaux de douane, sur la frontière de France, tels que le bureau de Verceil et celui vis-à-vis Pavie sur le Pô. Quant aux marchandises de Bavière, il me semble que je n'ai pas ratifié le traité de commerce. Ainsi vous ne laisserez entrer dans mon royaume d'Italie aucune denrée ni étoffes étrangères que par les deux bureaux de Verceil et du Pô, vis-à-vis Pavie, et vous mettrez en entrepôt réel tout ce qui arrivera par l'Allemagne, car je crois que dans le décret que je vous enverrai d'ici à 8 jours, je rapporterai tout ce qui est relatif à la Bavière et au grand-duché de Berg, et que je n'accorderai l'entrée dans mon royaume d'Italie que par les deux bureaux de douane le plus voisins de la France, où la surveillance sera sévèrement exercée pour qu'il n'y ait plus d'abus. On sera certain que les marchandises sont françaises, d'abord parce qu'elles viendront de France, ensuite parce que je n'accorderai ce privilége qu'à un petit nombre de fabricants dont je serai sûr, et que des bordereaux bien en règle constateront la quantité et l'origine des marchandises qu'il leur sera permis d'exporter. »

« Mon fils, je vous envoie un projet de décret qu'on m'a présenté pour établir les licences en Italie d'une manière conforme à ce qui se fait en France. Je vous ai déjà expliqué dans une longue lettre le système des licences, faites-moi connaître si celles que l'on me propose satisferont aux besoins de mon royaume. » *Nap. à Eug. Fontainebleau, 27 septembre 1810.*

« Mon fils, vous trouverez ci-joint un projet de décret qu'Aldini me présente pour acheter sa terre; je n'ai guère besoin de faire cette acquisition. Je lui ai déjà prêté 300,000 francs, il m'en demande encore autant. Faites-moi connaître s'il y a sûreté, s'il y a des créanciers, si le bien est grevé d'hypothèques et enfin les mesures à prendre pour tout cela. » *Nap. à Eug. Fontainebleau, 27 septembre 1810.*

« Sire, Votre Majesté m'a fait l'honneur de me communiquer le rapport de son ministre de la marine sur ce qui avait eu lieu à Venise à l'égard de *Eug. à Nap. Monza, 27 septembre 1810.*

48 marins illyriens. Je vais avoir l'honneur d'expliquer à Votre Majesté ce qui s'est passé à ce sujet.

« J'ai reçu trois ordres de Votre Majesté par le canal du ministre de la marine.

« Le 1ᵉʳ portait que la marine italienne devait laisser à la marine illyrienne l'un des vaisseaux russes qui étaient à Trieste, s'il était reconnu que ce vaisseau pût être réparé; mais que, dans tous les cas, la frégate *La-les-Roi* devait être remise à la marine illyrienne pour être armée par elle, et que la volonté de Votre Majesté était qu'on laissât même le transport le *Diomède*, si la marine illyrienne pouvait l'armer en sus de la frégate.

« Ce premier ordre, Sire, a été exécuté, et, quoique Votre Majesté ait affecté à la marine italienne, pour le remboursement de ses avances aux Russes, les bâtiments russes qui se trouvaient à Trieste et à Venise, j'ai fait exécuter l'ordre ci-dessus, et non-seulement le maréchal duc de Raguse a conservé la frégate *La-les-Roi* et le transport le *Diomède*, mais encore il a pris toute la grosse artillerie des autres vaisseaux qui a pu lui convenir pour l'armement de ses côtes et pour les canonnières qu'il a le projet de construire.

« Le deuxième ordre, c'était la communication d'un décret de Votre Majesté qui ordonnait au royaume d'Italie de céder à la marine française la frégate neuve la *Favorite* et de recevoir en échange les 3 bricks français qui se trouvaient à cette époque à Venise.

« Cet ordre, Sire, a été exécuté dans le courant du mois de juillet. Les équipages des 3 bricks français ont monté la frégate française et les équipages italiens ont monté sur-le-champ 2 des 3 bricks : le 3ᵉ est au moment d'être également armé.

« Le troisième ordre enfin, en date du mois d'août, portait qu'un des 3 bricks français serait mis à la disposition du maréchal duc de Raguse; j'ai dû sur cela répondre au ministre de la marine que, les 3 bricks français étant devenus italiens par décret de Votre Majesté, je ne pouvais donner ce brick au maréchal duc de Raguse qu'autant qu'il m'aurait tenu compte du tiers de la frégate la *Favorite*, puisque je l'avais reçue moi-même pour cette valeur, ou bien enfin sur son estimation, s'il le préférait.

« Pendant ce temps, le maréchal duc de Raguse envoya à Venise 1 officier et 48 matelots pour prendre le brick que le ministre de France lui avait annoncé être mis à sa disposition. Je me trouvais alors à Venise, et je fis à l'officier envoyé par le maréchal la même réponse qu'au ministre. Il manquait sur la frégate française la *Favorite* une centaine d'hommes à cause de 14 ou 15 hommes nouvellement désertés; je fis fournir à cette frégate les 40 marins illyriens qui venaient d'arriver à Venise, et je fis compléter l'équipage par 50 soldats de garnison dont cette frégate avait besoin; par le retour de l'officier j'en écrirai au maréchal duc de Raguse.

« J'ai cité à Votre Majesté les faits, et j'ai pensé qu'ils suffiraient pour répondre au rapport de votre ministre de la marine. »

« Mon fils, je vous prie de voir auprès de quelque maison de commerce d'Ancône ou de Venise si l'on

Nap. à Eug.
Fontaine-
bleau,

*28 septembre 1810.* pourrait faire le traité suivant avec elle: 20,000 quintaux de blé seront fournis par vous à ces négociants, qui les feront passer à Corfou, sur bâtiments ottomans ou tous autres à leurs risques et périls, et vous leur payerez un droit de passage proportionné à ces risques. Je suppose que le prix ordinaire du passage est d'un franc par quintal; vous pourrez le doubler, le tripler, même le quadrupler. Au bout d'un temps déterminé cette maison devrait vous présenter le reçu du général commandant à Corfou, ou vous payer l'équivalent de votre blé. Rendez-moi un compte là-dessus. »

*Eug. à Nap. Monza, 30 septembre 1810.* « Sire, j'ai l'honneur d'adresser à Votre Majesté l'état des bâtiments de différentes nations qui sont entrés dans les ports du royaume pendant le courant du mois d'août. J'ai fait ajouter la valeur approximative de leurs chargements. Votre Majesté voudra bien observer que les mêmes bâtiments auront souvent été portés sur différents états, parce qu'ils sont tous de petit cabotage et qu'il est difficile qu'un petit bâtiment vienne d'Ancône jusqu'à Venise sans entrer dans les divers ports qui sont le long de ce littoral. »

*Eug. à Nap. Monza, 30 septembre 1810.* « Sire, j'ai reçu avant-hier la dépêche télégraphique de Votre Majesté, par laquelle elle me faisait l'honneur de me demander :

« 1° S'il est vrai que l'ennemi ait évacué la mer Adriatique ;

« 2° Si l'on peut armer le vaisseau le *Rivoli* cette année ;

« 3° Si les frégates armées doivent se rendre à Ancône.

« Voici les réponses à chacune de ces questions :

« 1° Les Anglais n'ont point totalement évacué l'Adriatique, puisque, par le relevé des rapports de mer que j'ai adressés à Votre Majesté il y a peu de jours, elle aura vu que, vers le milieu du mois courant, trois frégates anglaises avaient été aperçues dans le Quarmers, et peu de jours après signalées par le Mont d'Ancône, mais à une très-grande distance de terre. Aussi ai-je eu l'honneur de faire observer à Votre Majesté que depuis nos derniers armements on avait déjà obtenu un grand point, celui d'obliger les Anglais à concentrer leurs frégates et de s'abstenir de croiser au fond du golfe; car depuis longtemps on n'en a point aperçu de Venise et des environs, et la voile signalée hier frégate par Venise, comme elle était très au large, pourrait bien n'être qu'un bâtiment à trois mâts sorti de Trieste.

« 2° J'ai eu l'honneur, pendant mon séjour à Venise, de faire à Votre Majesté un rapport concernant le *Rivoli*, et je lui rendis compte du lancé de ce vaisseau, des difficultés qui étaient survenues pour le creusement des eaux, à cause de la dureté du terrain; de sorte que le canal qui conduit à Malamocio ne pourra avoir la profondeur d'eau nécessaire pour le passage du vaisseau désarmé qu'au mois de mars prochain. Les fonds ne manquent point à ce travail, qui est en grande activité, et j'espère que rien n'empêchera ce résultat. Ce ne sera donc que deux mois de retard, puisque le vaisseau avait été promis primitivement pour le 1ᵉʳ janvier. On s'occupe, pendant ce temps, de compléter toutes les parties d'armement et gréement nécessaires au vaisseau.

« 3° Les frégates de Chioggia, ainsi que j'en ai rendu compte à Votre Majesté par ma dépêche télégraphique, sont, depuis le 24, complétement prêtes à mettre à la voile. Elles n'attendent que le vent favorable pour sortir; et peut-être avant que cette lettre ne parvienne à Votre Majesté aura-t-elle reçu une dépêche télégraphique qui lui apprendra leur départ de Chioggia. Ainsi, avant le 15 octobre, Votre Majesté peut compter avoir à Ancône 5 frégates, dont 3 de 44 et 2 de 34, et 3 bricks de 18 à 20 canons.

« Les ordres sont donnés au commandant de cette division pour ne se laisser jamais bloquer par des forces inférieures, et pour sortir toutes les fois que le temps sera favorable.

« Ensuite, dans le courant de janvier, il sera donné l'ordre à ces cinq frégates de faire une sortie pour venir jusqu'à la hauteur de Venise, afin d'y faire rentrer la frégate l'*Uranie*, puisque son équipage est destiné à monter le *Rivoli*. Les quatre autres frégates pourront retourner à Ancône, ou gagner Pola, jusqu'à ce que le *Rivoli* soit entièrement prêt, et elles feront alors une seconde sortie pour venir à Venise chercher le *Rivoli*.

« Croyant ainsi remplir les intentions de Votre Majesté, j'ai l'honneur, » etc.

*Nap. à Eug.*
*Fontaine-*

« Mon fils, je reçois votre lettre du 26 septembre :

le 6ᵉ régiment s'est comporté très-mal en Catalogne ; une partie a déserté : il n'y a besoin de brigands ni en Italie ni en France, et c'est un mauvais parti que de mettre de mauvais sujets dans les troupes qui composent l'armée ; c'est là la méthode des Napolitains et des pays qui n'ont pas d'armée. — A l'île d'Elbe, ce régiment ne rendrait aucun service. Mon intention est qu'on forme de nouveau le 6ᵉ de ligne, et que de tout ce qui est à l'île d'Elbe on forme un seul bataillon sous le titre de *bataillon colonial*. Ce bataillon sera de quatre compagnies et de 600 hommes ; vous y mettrez les plus mauvais sujets qui sont dans ces bataillons ; mais désormais vous n'y enverrez plus que des conscrits réfractaires. Le reste du bataillon du 6ᵉ de ligne, composé des meilleurs sujets, rentrera en Italie. Vous donnerez à ce régiment un dépôt ; vous le formerez comme les autres régiments ; il se recrutera comme les autres par la conscription, et par conséquent ne sera plus composé que de bons sujets. — Pour avoir le cadre du nouveau bataillon sans faire de nouvelles dépenses, vous supprimerez le cadre du 5ᵉ bataillon du 6ᵉ de ligne, sauf à le reformer une autre année, s'il est nécessaire. — Je désire que tous les régiments de mon armée soient bons et bien composés. »

*bleau, 1ᵉʳ octobre 1810.*

« Mon fils, je désire que vous m'envoyiez exactement, deux fois par mois, l'état de situation de la marine du royaume d'Italie, ainsi que celui de la marine française qui est à Venise. — Vous verrez que j'ai pourvu à l'armement du *Rivoli*. Je ne sais pas si

*Nap. à Eug. Fontainebleau, 2 octobre 1810.*

mon décret relatif aux huit vaisseaux qui doivent être sur les chantiers à Venise est en exécution. Le produit de l'extraordinaire des douanes provenant du tarif sur les denrées coloniales, mon intention est de l'appliquer au service de la marine. Comme je suppose que ce tarif donnera de 5 à 6 millions (pour 1810 et 1811), cette augmentation ne laissera pas que de donner une grande activité aux travaux. Je désire aussi donner une partie de ces fonds aux ports d'Ancône et de Venise, afin d'y faciliter la sortie des vaisseaux. Aussitôt que vous m'aurez fait connaître la répartition de ces fonds entre la marine et ces ports, je l'arrêterai, et vous ordonnerez qu'on redouble d'activité pour tous les travaux. »

*Nap. à Eug. Fontainebleau, 2 octobre 1810.*

« Mon fils, je reçois votre lettre du 26 septembre relativement à la marine italienne. Puisque les matelots illyriens ont été mis sur la frégate française, il n'y a rien à dire : je suppose que vous avez répondu cela au duc de Raguse. Je désire que vous lui cédiez un brick ; nous en avons trop à Venise, et il sera plus utile sur les côtes d'Illyrie. Vous ouvrirez un compte avec les provinces illyriennes, parce que ce brick doit être payé au royaume d'Italie. Vous enverrez le meilleur des trois. Écrivez dans ce sens au duc de Raguse ; il est bon qu'il ait une frégate et un brick, et, si même il vous demandait un second brick, je vous autorise à le lui céder également.— Les trois vaisseaux russes qui sont à Trieste étant absolument hors de service, il est urgent de les dépecer pour en retirer les mâts, les bois et tout ce qui pourrait être utile ; une partie des bois pourra être employée dans les chantiers de Venise, une autre pourra être transportée à Palma-Nova, une place ayant toujours besoin de bois.—Faites faire l'inventaire de l'artillerie cédée au royaume d'Italie ; enfin que tout se fasse bien en règle. Le port de Pola a été mis en bon état ; ce qui est utile pour toute la Dalmatie et l'Adriatique. Je donne l'ordre à mon ministre de la marine de former l'équipage du *Rivoli*, en le composant de matelots illyriens. — Quand la frégate l'*Urania* sera de retour à Venise, on pourra l'armer avec une partie des matelots illyriens retirés du *Rivoli*, et augmenter à bord de ce vaisseau le nombre des Français. »

« Mon fils, je reçois votre lettre du 27 septembre. Mon décret du 5 août doit être étendu à tout ce qui se trouve dans les entrepôts de Milan, Pavie, Venise, etc., et en général à tous les entrepôts du royaume. Vous prendrez sur-le-champ un décret qui applique le tarif du 5 août à toutes les denrées coloniales, tant celles déposées dans les entrepôts que celles qui sont dans les magasins des négociants. Vous comprendrez facilement la raison de cette mesure. Le peuple payant ce tarif, il faut aussi que les particuliers le payent, sans quoi certains individus auraient tout le bénéfice. Cependant il ne faut pas vexer les citoyens ; il suffira de l'exercer sur les magasins qui existent dans les villes de quelque importance ; le droit pourra être acquitté en lettres de change à 2 et 6 mois de date. Ces mesures doivent rendre des sommes considérables ; faites-en tenir un

*Nap. à Eug., Fontainebleau, 2 octobre 1810.*

compte séparé sous le titre d'*extraordinaire des douanes*.

« Vous me ferez connaître combien cet extraordinaire aura rapporté, mon intention étant de régler
l'emploi de ces fonds par un budget particulier et
de les appliquer au service de la marine et à l'amé-
lioration des ports du royaume. Vous aurez reçu le
décret qui impose un droit de 30 sous sur les soies
à la sortie du royaume d'Italie; mais, du côté de la
France, elles peuvent sortir et venir jusqu'à Lyon sans
rien payer. J'ai autorisé la sortie, par les douanes
de France, des soies de France qui sont d'une qualité supérieure, moyennant un droit de 30 sous, et
de celles d'Italie moyennant un droit de 20 sous.
Ainsi les soies d'Italie peuvent venir à Lyon sans
rien payer; elles peuvent de Lyon gagner le Rhin;
et, en passant ce fleuve, elles ne payent que 20 sous.
Les soies du royaume d'Italie, exportées par Botzen
et les frontières d'Autriche, payent 30 sous, et le
détour par Lyon ne coûtant pas plus de 3 sous, il
s'ensuit qu'il y aura 7 sous de bénéfice à les faire
passer par Lyon, en sorte que cette ville deviendra
le centre du commerce des soies, ce qui sera utile à
tout le monde. — J'ai accordé l'importation des différents outils de Brescia, des laines de Rome, des
draps de Bologne, etc. Enfin toutes les demandes
des négociants italiens ont été accordées. J'ai chargé
une commission de faire un tarif qui réglera et augmentera les droits des douanes d'Italie. Vous ob-
serverez que les cotons de Naples et du Levant en
transit dans mon royaume d'Italie pour venir en

France ne doivent pas payer le droit du tarif, puisqu'ils doivent l'acquitter lors de leur consommation en France; mais il faut bien s'assurer que ces cotons ne restent pas dans le royaume. »

*Eug. à Nap. Milan, 2 octobre 1810.*

« Sire, je dois rectifier différentes erreurs qui ont eu lieu dans les derniers rapports télégraphiques que j'ai faits à Votre Majesté. Plusieurs maladies dans les employés et quelques dérangements dans les télégraphes de la ligne de Venise, ainsi que le temps brumeux qui a régné pendant quelques jours, sont les causes de ces erreurs. Effectivement, plusieurs dépêches ont été confondues ensemble; ainsi il n'est pas vrai que 3 frégates anglaises soient venues le 29 au soir devant Chioggia; je rétablis donc par le rapport suivant les faits dans leur exactitude.

« Plusieurs barques arrivées à Venise avaient déposé que l'ennemi était en force dans les parages de l'Istrie; une de ces barques a été prise par une frégate anglaise en face de Parenzo, et ne s'est sauvée à Venise que par la hardiesse des 3 marins qui la montaient, qui ont jeté à fond de cale et amené à Venise les 5 Anglais qu'on avait mis à bord. Toutes les dépositions s'accordaient donc à annoncer que 3 frégates croisaient en Italie, et que plus loin, au large, on avait aperçu deux autres voiles. Le 29 au soir, les signaux de Venise annonçaient aux bouches du Tagliamento 2 frégates anglaises. Le vent étant bien frais et favorable pour sortir de Chioggia, le capitaine Dubourdieu mit à la voile et sortit dans la nuit du 29 au 30. Le 30, nos frégates étaient à 20 milles en mer, et l'ennemi était toujours sur les côtes du Frioul. Hier, 1ᵉʳ octobre, notre division avait continué sa route et était hors de vue, toujours avec vent favorable, quoiqu'il ait diminué, et on signalait toujours, hier, 2 frégates en face des bouches de la Piave. Il y a donc tout lieu d'espérer que la division des frégates de Votre Majesté sera arrivée heureusement à sa destination ; et elle comprendra facilement que, si j'ai pu l'induire en erreur sur la position de l'ennemi par les dépêches télégraphiques, c'est que ces mêmes dépêches m'annonçaient 3 frégates ennemies sur l'Istrie, et le lendemain 3 frégates devant Chioggia, sans m'avoir expliqué d'abord que ces dernières étaient les nôtres.

« Je m'empresserai de faire connaître à Votre Majesté tous les changements qui pourront survenir dans la position de l'ennemi. »

*Eug. à Nap.
Milan,
2 octobre
1810.*

« Sire, Votre Majesté m'a fait l'honneur de me renvoyer le rapport de son ministre de la guerre sur la remise de l'artillerie française au royaume d'Italie, en me demandant mes observations.

« L'estimation a été faite par un commissaire français nommé par le ministre duc de Feltre, conjointement avec un commissaire italien. Le colonel Carmejeanne, commissaire français, est assez connu de Votre Majesté pour être convaincue que l'opération a été faite en règle. Je me bornerai à une seule observation, qui porte sur la base qui paraît avoir été adoptée pour l'estimation : c'est que, pour les matières premières, on a suivi les prix courants du royaume; par exemple, le bronze hors de service n'est porté qu'à 1 franc la livre, parce que le cuivre neuf ne coûte en Italie que 1 fr. à 1 fr. 10 cent., tandis que le duc de Feltre l'estime à 1 fr. 50 cent. Il doit donc y avoir également une différence dans les objets confectionnés. La poudre n'est portée qu'à 1 fr. 32 cent., parce que c'est le prix d'Italie. Elle ne coûte pas davantage, quoiqu'en France elle soit évaluée à 1 fr. 75 cent. Le seul article qui paraîtrait mériter observation serait les bouches à feu en fer coulé de service, qui sont portées au même prix que les projectiles, et qui devraient avoir une valeur plus forte. Du reste, cet article est peu considérable, vu qu'il y a très-peu de pièces de cette classe. »

« Sire, Votre Majesté m'a donné connaissance d'une lettre qu'elle a écrite au duc de Feltre sur le dénûment du détachement du 28° de dragons, qu'on avait été obligé de renvoyer de Turin. J'ai été d'autant plus étonné de cet événement, que je savais que le général Boise avait passé la revue de ce détachement avant son départ, ainsi que le sous-inspecteur aux revues. J'ai voulu me convaincre de la vérité, et j'ai fait passer ce détachement par Milan à son retour de Turin. Je l'ai passé moi-même en revue, ce matin, dans le plus grand détail. Je dois à la vérité de déclarer que ce détachement, en hommes et chevaux, est en état d'entrer en campagne. Cela est tellement vrai, Sire, que les mêmes hommes et les mêmes chevaux repartiront après quelques jours de

*Eug. à Nap. Milan, 2 octobre 1810.*

séjour à Milan, pendant lequel je ferai remplacer tous les objets qui pourraient mériter la censure. Plus des deux tiers de ce détachement ont 3, 4 et 5 ans de service. Les habits surtout qu'ils ont sur le corps sont en bon état et ne peuvent être remplacés, puisqu'ils ont été distribués en même temps qu'à tout le régiment, en septembre de l'année dernière. Il n'y a eu qu'un seul échange d'habits, et c'est celui d'un trompette qui, d'après son propre aveu, ne pouvant plus sonner, est passé dragon dans une compagnie il y a 2 mois, et il a bien fallu lui donner un habit de dragon en échange de son habit de trompette.

« L'article où il y a le plus à redire est celui des culottes de peau. Un grand tiers et presque moitié ont 16 et 18 mois de durée, et par conséquent devraient être remplacées depuis 4 à 5 mois; mais il est de fait que le 28ᵉ de dragons se trouve, comme tous les régiments de l'armée, dans une situation très-critique sous le rapport des finances.

« Chaque régiment de votre armée d'Italie, Sire, réclame de 150 à 180,000 francs. Cette dernière somme est due au 28ᵉ de dragons, qui n'a pas un sou en caisse : tout l'argent de la masse de linge et chaussure a été employé au retour de la campagne. Le ministre directeur n'a fait aucun fonds pour les remplacements de 1809, 40,000 francs en florins que Votre Majesté leur a fait verser en Hongrie; mais cet argent a presque entièrement passé en achats de caissons et harnais dont les corps ont été obligés de se pourvoir pendant l'armistice, ce qui a monté à près de 23,000 francs pour chaque corps. Il n'est donc pas étonnant que le corps à qui il est tant dû; que le corps qui attend journellement ses remplacements de 1809 et de 1810, et qui n'a pas d'argent en caisse, il n'est pas étonnant, dis-je, que ce corps n'ait pu faire les remplacements, pour lesquels il n'a reçu aucuns moyens, et qui n'a pas la faculté de se les procurer.

« La seule chose qui dépendait du colonel, et sur laquelle il est coupable, c'est d'avoir mis ce détachement en route avec son seul surtout, sans son grand uniforme. Il apporte pour raison que ce surcroît de charge, dans la dernière campagne, a blessé et mis hors de service près de 200 chevaux du régiment, et que les généraux ont plusieurs fois été tentés de laisser cet habit sur les derrières. En résumé, voici les ordres que j'ai donnés :

« 1° Les grands uniformes de tout ce détachement seront envoyés de suite à Milan;

« 2° On fournira une trentaine de culottes neuves et une dizaine de paires de bottes aux dépens du régiment; on en retiendra la valeur au corps quand le ministre directeur aura fait les fonds qui sont dus;

« 3° On remplacera 3 chevaux blessés et 20 hommes tombés malades depuis le départ de Reggio; et, comme Votre Majesté vient d'ordonner nouvellement que les escadrons de guerre du 29° de dragons, qui sont sous les ordres du général Miollis, fourniraient le détachement de 100 hommes que le dépôt n'a pu fournir, je réunirai le détachement du 28° à celui du 29ᵉ au passage de ce dernier à Plaisance, et je les mettrai en route pour leur destination [1]. »

*Nap. à Eug. Fontainebleau, 4 octobre 1810.*

« Mon fils, j'ai signé le décret qui forme un régiment de conscrits de la garde royale. Quand ces jeunes gens seront formés et auront quelque expérience, on pourra leur donner, s'ils le méritent, le nom de tirailleurs. Il serait bien nécessaire, avant d'en venir là, que les corps de la légion fussent un peu complétés. »

*Nap. à Eug. Fontainebleau, 4 octobre 1810.*

« Mon fils, je vous avais demandé de faire régler les matricules de vos poids et mesures sur les poids et mesures de France. — La monnaie est déjà mise sur le système français. Il faut en faire de même pour les poids et mesures. Faites-moi connaître quel système on suit aujourd'hui. »

*Nap. à Eug. Fontainebleau, 4 octobre 1810.*

« Mon fils, le prix du blé dans les différentes parties du royaume offre de grandes différences dans un pays où les transports sont si faciles. Je ne conçois pas comment une différence du double peut exister entre un point et un autre : en prohibant la

---

[1] Les détails contenus dans cette lettre peuvent paraître fastidieux, mais ils nous ont paru prouver deux choses : 1° l'esprit de justice du prince Eugène, le soin qu'il mettait dans les plus grandes comme dans les plus petites affaires, et la tendance de Napoléon à laisser souvent manquer d'argent les corps de troupes placés hors de son action directe. L'Empereur, en Italie comme en Espagne, retardait le payement des sommes dues aux *masses* d'habillement, de harnachement, dans l'espoir de forcer les corps à pourvoir eux-mêmes à ces fournitures indispensables.

sortie des blés par mon décret, j'avais entendu défendre également les blés de Turquie. Le pain est extrêmement cher à Turin, à Florence, et dans toute l'Italie française. On a tellement besoin de blé, qu'on vient en acheter jusqu'à Paris. Tenez donc la main à la prohibition, et faites tout ce qui est possible pour que le surplus de la consommation du royaume d'Italie se dirige sur l'Italie française. »

« Mon fils, faites-moi un rapport sur le *transit* dans le royaume d'Italie. Mon intention est de n'accorder aucun transit, ni pour la Suisse, ni pour le Valais, ni pour la Bavière. Tout ce qui part de ces points doit avoir payé les droits et être un commerce ordinaire, mais non de transit. Quant aux marchandises coloniales, je vous ai envoyé l'ordre de les saisir partout où elles se trouvent : dès lors il n'y a lieu à aucun transit que les marchandises n'aient payé les droits. » Nap. à Eug. Fontainebleau, 4 octobre 1810.

« Sire, j'ai l'honneur de rendre compte à Votre Majesté que, d'après la déposition des quatre prisonniers anglais, la dernière position de l'ennemi était la suivante : Entre Lissa et l'Istrie, il y a les frégates l'*Active* et l'*Amphyon*, ainsi que la corvette ...... Devant Corfou, il y a deux vaisseaux de 74, les frégates l'*Unité* et la *Belle-Poule*, une petite corvette et un brick. Ils ont assuré qu'il n'y avait pas d'autres forces anglaises dans l'Adriatique, en ne comptant point huit ou dix corsaires maltais et siciliens, de 4 jusqu'à 14 canons. L'entrepôt de toutes leurs prises Eug. à Nap. Milan, 4 octobre 1810.

et le point de réunion de ces bâtiments est l'île de Lissa. Si Votre Majesté daigne jeter un coup d'œil sur la carte de l'Adriatique, elle verra que d'Ancône il est extrêmement facile de se rendre à Lissa, surtout lorsque le mont d'Ancône n'a rien signalé à 50 ou 60 milles en mer. De l'aveu de ces prisonniers, les Anglais ont constamment laissé une frégate ou une corvette à Lissa pour garder leurs prises. Aujourd'hui que les frégates de Votre Majesté sont réunies à Ancône, je serais tenté de croire qu'il faut profiter de ce premier moment pour faire quelques prises aux Anglais, et en quarante-huit heures de temps la division sortie d'Ancône pourrait être de retour, après avoir détruit et brûlé tout ce qu'ils auront pu de l'établissement de l'ennemi à Lissa. Déjà, à Venise, le capitaine de vaisseau Dubourdieu m'avait parlé de cette expédition comme d'une chose facile, surtout certaine dans le premier moment de sa réunion, où trois frégates ne peuvent se mesurer avec sa division. Je prie Votre Majesté de vouloir bien me dire si elle approuve ce projet. Bien entendu cependant qu'il ne serait jamais exécuté qu'à coup sûr, c'est-à-dire autant qu'aucune force supérieure ennemie ne se présenterait devant cette division. »

*Eug. à Nap. Milan, 4 octobre 1810.*

« Sire, j'ai reçu les ordres de Votre Majesté, relatifs aux grains qu'elle désire qui soient envoyés de Venise et d'Ancône à Corfou. Comptant dans quelques jours aller faire une tournée dans cette partie, je verrai moi-même la maison de commerce avec laquelle il sera possible de faire le contrat, tel qu'elle le désire ; j'aurai l'honneur d'informer Votre Majesté du résultat de ma démarche. »

« Mon fils, je reçois l'état des bâtiments arrivés dans les ports du royaume pendant le mois d'août ; mais je ne vois pas de quels endroits ils viennent. » Nap. à Eug. Fontainebleau, 5 octobre 1810.

« Mon fils, le ministre de la guerre vous envoie l'ordre de faire compléter le bataillon du 2ᵉ léger italien qui est à Corfou, en hommes et en officiers, jusqu'à concurrence de 840 hommes présents sous les armes. Il vous envoie également l'ordre de compléter à 140 hommes présents les compagnies d'artillerie et de sapeurs que vous avez dans cette île. Faites partir ces renforts d'Otrante, avec de bons outils et tout ce qui sera nécessaire, à Corfou, afin qu'ils s'embarquent à la première circonstance favorable. Si les Anglais étaient un jour maîtres de Corfou, l'Adriatique serait perdue pour toujours. Il faut donc employer l'hiver à approvisionner cette île. Faites-moi connaître comment vous pourriez y faire passer 60 milliers de poudre et quelques objets d'artillerie. Je désire que vous preniez des mesures pour y envoyer d'Ancône 10,000 quintaux métriques de blé, et 2,000 quintaux de riz. Je pense que cela doit être hasardé en plusieurs convois. Faites numéroter les bâtiments, et compter ce que chacun portera, afin de savoir ce qui arrivera à Corfou. Comme j'ai donné des ordres au ministre de l'administration de la guerre, il vous écrira pour cela. » Nap. à Eug. Fontainebleau, 6 octobre 1810.

*Nap. à Eug. Fontainebleau, 6 octobre 1810.*

« Mon fils, je reçois votre lettre du 30 septembre. Je vois par cette lettre que le *Rivoli* ne pourra sortir qu'au mois de mars. Je désirerais que l'on pût mettre à l'eau, en février, le *Mont-Saint-Bernard* et le *Regeneratore*, et qu'on forçât de moyens pour avoir l'artillerie et tout ce qui est nécessaire pour armer ces trois bâtiments, de sorte qu'ils pussent sortir le même jour, à la fin de mars ou avril, sous la protection des cinq frégates, et être armés en quatre ou cinq jours, de manière à avoir, à cette époque, trois vaisseaux, soit à Pola, soit à Ancône. Il me semble qu'il n'y a aucune difficulté pour mettre les trois frégates à l'eau, ni pour l'artillerie, ni pour les équipages, puisqu'au besoin on désarmerait quelques-uns des bâtiments actuels. Répondez-moi sur ce point, qui est très-important. — Je ne vois pas que vous ayez encore fait mettre sur les chantiers les trois vaisseaux dont j'ai ordonné la construction. Il n'y a plus aucune frégate sur le chantier; je pense qu'il faudrait y en mettre une. Je désirerais que les frégates la *Bellone* et la *Caroline* pussent être armées de caronades de 36, au lieu de pièces de 12. Pourquoi avez-vous fait des frégates si petites? Est-ce qu'elles peuvent entrer tout armées à Venise? Répondez-moi sur ces questions. »

*Nap. à Eug. Fontainebleau, 6 octobre 1810.*

« Mon fils, je vous ai écrit de donner deux bricks au duc de Raguse, sur estimation. Je désire que vous mettiez de plus à sa disposition la corvette russe le *Tergoy*, et le brick l'*Alexander*, s'il est en bon état. Si les officiers qu'envoie le duc de Raguse pour recevoir ces bâtiments le trouvent bon, vous pouvez leur faire remettre aussi la frégate russe l'*Astrale*. Je désire également que vous teniez trois bricks prêts à être envoyés à Corfou. Vous avez à Venise le *Léoben*, l'*Éridan*, la *Charlotte*, le *Mameluk*, le *Lépante* ; je voudrais envoyer trois de ces cinq bâtiments. Il faudrait aussi envoyer trois demi-galères chebecks, et autres petits bâtiments qui peuvent entrer dans le port de Corfou. Aussitôt que vous m'aurez fait connaître les bâtiments que vous aurez désignés et ce qu'ils peuvent porter, je vous enverrai l'ordre de les faire partir pour Corfou, chargés de munitions de guerre. Il y aura aussi à Corfou, avec les sept bâtiments de la marine italienne que j'y ai, treize bâtiments, indépendamment de deux grosses frégates françaises. »

« Mon fils, faites occuper, par une division de 5 à 6,000 Italiens, cavalerie, artillerie, infanterie, et par un bon détachement de douanes et de gendarmerie, tous les cantons suisses italiens.—Vous ferez sur-le-champ mettre le séquestre sur les marchandises coloniales, et en général sur toutes celles défendues en Italie, qui sont là pour être introduites en contrebande. Faites faire cette opération simultanément. D'après ce que j'apprends, elle doit rendre plusieurs millions. Placez ensuite des cantonnements dans ces pays, et une ligne extraordinaire de douanes aux débouchés des montagnes. Faites connaître par le chargé d'affaires italien en Suisse que cette mesure est nécessitée par la contrebande qui se fait

<small>Nap. à Eug. Fontainebleau, 6 octobre 1810.</small>

dans ces cantons, et que cette occupation durera jusqu'à la paix avec l'Angleterre; que c'est un des moyens hostiles contre l'Angleterre que j'emploie dans le Mecklenbourg et dans les ports de l'Allemagne; que cela n'attentera pas à la véritable neutralité de la Suisse; mais que le placement des douanes au débouché des montagnes est devenu indispensable. Vous ferez arrêter tous les mauvais sujets bannis du royaume d'Italie et les Anglais qui se trouvent dans ce pays. Prescrivez des mesures pour que cette opération se fasse à la fois et avec intelligence. Il devient indispensable d'occuper ces cantons, et l'établissement d'une ligne de douanes aux sommités des gorges sera la première opération. Je n'entre pas dans les détails de l'exécution. Il faut que les généraux que vous enverrez ne fassent pas de proclamations et ne fassent point de sottises. Vous leur prescrirez de confisquer toutes les marchandises anglaises. Les marchandises coloniales seront soumises aux droits. Je ne veux point m'adresser directement à la Suisse. Il n'y a pas de mal que ce soit une querelle de vous à la Suisse; après on aura recours à moi; ce qui amortira le coup : mais il faut que cela paraisse venir de vous. Vous écrirez dans ce sens aux deux chargés d'affaires d'Italie et de France, et vous direz que la nécessité a forcé le gouvernement à cette mesure. Du reste, vous laisserez à ces cantons leur constitution, leur manière de faire, et vous ne leur imposerez aucune nouvelle contribution. Les troupes seront nourries par vous; vous ne mettrez point de Français dans ces colonnes. On m'assure qu'à la douane, du côté du Valais, il y a une grande quantité de marchandises anglaises. Faites faire la même opération dans le haut Valais. »

« Sire, j'ai reçu les ordres de Votre Majesté du 2 octobre, qui m'ordonnent de lui proposer la répartition, en faveur de la marine et des ports, du revenu extraordinaire des douanes de 1810 et 1811.

*Eug. à Nap. Milan, 8 octobre 1810.*

« Je vais demander au ministre des finances de me fournir, par aperçu, l'état dudit revenu, et j'aurai l'honneur d'en proposer la distribution à Votre Majesté.

« Votre Majesté me demande, par la même lettre, si son décret relatif à la mise en chantier de nouveaux vaisseaux a reçu son exécution. J'ai eu l'honneur de lui faire un rapport de Venise, dans lequel se trouvent les raisons très-détaillées qui ont retardé la mise sur le chantier desdits vaisseaux, et je la prie de vouloir bien se le faire représenter.

« En résumé, les bois manquent dans l'arsenal, parce que la circonstance de la guerre et les prises assez nombreuses qu'ont faites les corsaires ennemis, cette année, ont empêché l'arrivée des bois à grosses dimensions, et ce ne sera que cet hiver qu'on recevra de l'Istrie les bois pour les quilles de ces vaisseaux ; mais, comme j'ai déjà eu l'honneur de le dire à Votre Majesté, quoique les vaisseaux ne soient point sur le chantier, les vingt-quatrièmes ordonnés par son décret n'en avanceront pas moins, parce qu'on travaille les bois de moindre dimension qui existent dans l'arsenal.

« Je profite de cette circonstance pour renouveler à Votre Majesté la prière de faire payer plus exactement les avances que fait la marine italienne à la marine impériale. Malgré les ordres qu'elle m'a annoncé avoir donnés, et son décret qui ordonnait au ministre de la marine de France de payer chaque mois les travaux qui s'exécutent à Venise pour la France, malgré ce décret, dis-je, la marine italienne n'en est pas moins en avance de 1,700,000 francs. Nous n'avons pas encore touché un sou pour l'année 1810, et presque rien pour les exercices antérieurs. Nous avons, il est vrai, depuis un mois, l'annonce de près de 800,000 francs; mais c'est une simple lettre d'avis, et le payeur n'a reçu aucun ordre de payement. Votre Majesté pourrait faire terminer toutes ces réclamations, en voulant bien décréter que la somme de ce qui serait fixée par la marine de France pour la dépense de chaque mois serait retenue sur le subside mensuel, comme cela est en usage pour le payeur. Il n'existerait plus alors aucune raison pour ralentir les travaux, puisque la marine italienne aurait tous ses fonds libres à dépenser pour elle-même et ne serait plus contrainte à des avances qui sont au-dessus de ses forces. »

*Nap. à Eug. Fontainebleau, 9 octobre 1810.*

« Mon fils, je reçois vos lettres du 3. J'ai signé un décret relatif à différentes dispositions de douane pour mon royaume d'Italie. Envoyez-moi l'état des marchandises venant d'Allemagne, existant aux entrepôts réels, selon la lettre que je vous ai écrite. J'ordonne qu'on envoie à l'Académie de Brescia et à la bibliothèque du Cabinet des monnaies et médailles d'Italie une collection complète de toutes les gravures que j'ai dans mes bibliothèques, et dans laquelle se trouve l'Iconographie de Visconti. »

« Mon fils, je vous renvoie un état que je n'entends pas. — Faites-le refaire en kilogrammes et selon les mesures françaises, comme je vous l'ai déjà mandé. — Je ne connais pas ce que c'est qu'un quintal, etc., etc. Adoptez donc une forme fixe. »

<small>Nap. à Eug. Fontainebleau, 11 octobre 1810.</small>

« Mon fils, je vous ai répondu par le télégraphe sur l'expédition projetée de Lissa. Je suppose que vous avez réuni à Ancône les frégates la *Favorite*, la *Couronne*, l'*Uranie*, la *Bellone*, la *Caroline*, et les bricks le *Mercure*, l'*Iéna*, la *Princesse-Auguste* et la *Charlotte* ; ce qui fait neuf bâtiments. Nul doute que ces bâtiments doivent pouvoir attaquer non pas seulement trois, mais même quatre frégates anglaises ; mais pour cela il faut qu'ils soient bien montés. — Je pense que vous devez composer votre expédition de 60 hommes d'élite d'infanterie par frégate, de 25 hommes par brick ; ce qui fait 400 hommes, qui, joints à 400 hommes de garnison, mettraient dans les mains du commandant de cette expédition 800 hommes à débarquer. Comme le capitaine Dubourdieu est entreprenant et ambitieux, il ne faut pas l'éperonner ; il faut lui laisser la bride sur le cou. — Je suppose qu'il a déjà fait des sorties avec ses frégates. Ne serait-il pas convenable

<small>Nap. à Eug. Fontainebleau, 13 octobre 1810.</small>

qu'évitant les croisières anglaises il se rendît à Raguse et s'essayât d'abord à des croisières sur des points où les Anglais ne sont pas? Mais on ne peut mieux faire que de donner carte blanche au capitaine, qui, connaissant ses équipages et le degré de confiance qu'il doit avoir en eux, a la conscience de ce qu'il peut. »

<small>Nap. à Eug. Fontainebleau, 13 octobre 1810.</small>

« Mon fils, actuellement que nous avons 5 frégates à Ancône, je ne puis trop vous recommander de porter une grande attention aux batteries. Il faut surtout avoir beaucoup de mortiers à plaque, qui portent les bombes à 2,000 toises, beaucoup de pièces de 36, enfin avoir un bon armement. Je désire que vous fassiez faire des fusées à la congrève portant à 1,700 toises. Je donne ordre au ministre de la guerre de vous en envoyer le procédé. Des bombardes s'avançant contre les croisières ennemies pourront avec ces fusées mettre le feu aux vaisseaux. Envoyez d'Anthouard passer 15 jours à Ancône pour mettre les batteries en état, pourvoir à ce qu'il y ait des bombes et des obus; que chaque mortier ait deux plate-formes, afin que, lorsqu'une est enfoncée, on puisse transporter le mortier sur l'autre; enfin qu'il y ait des batteries dans l'île. Faites installer 2 bombardes à Venise. Ces bombardes pourront porter 2 mortiers, elles se placeront à l'entrée du port, et tireront des bombes pour défendre le port. Une division de chaloupes canonnières sera également nécessaire. Faites-moi connaître combien il y en a, et si elles sont en état. Une douzaine de chaloupes canonnières pourrait y rester sans équipages, puisque les frégates et les bricks pourraient les fournir; mais ces chaloupes canonnières sortiraient et échangeraient des boulets. »

« Sire, Votre Majesté me demande par sa lettre du 6 octobre si le *Mont-Saint-Bernard* et le *Régénérateur* peuvent être lancés au mois de mars prochain en même temps que le *Rivoli*. J'ai déjà eu l'honneur de rendre compte à Votre Majesté que pour le mois de mars le *Rivoli* sera prêt, c'est-à-dire que l'ingénieur qui a fait creuser les canaux espère, si les gros temps ne le contrarient point, avoir assez creusé pour cette époque, pour que le vaisseau puisse se rendre à Malamoco. Quant au *Mont-Saint-Bernard* et au *Régénérateur*, en faisant tous les efforts possibles, le *Mont-Saint-Bernard* pourrait être lancé vers la fin d'avril, et le *Régénérateur* vers le mois de juin, car les avant-cales de ces deux vaisseaux ne seront terminées qu'à cette époque. Ainsi, si les travaux ne sont contrariés par aucune circonstance extraordinaire et surtout si *l'argent ne manque pas*, les 3 vaisseaux pourront réellement, dans le courant de l'année, c'est-à-dire vers juillet et août, sortir de Malamoco pour gagner Ancône ou Pola; mais, je le répète à Votre Majesté, il est bien instant que la marine soit couverte de ses avances, car les matériaux ont manqué et les travaux de construction n'ont pas eu toute l'activité désirable par le manque de fonds. Voilà l'année 1810 bientôt écoulée et elle se sera passée en écriture entre les deux ministres. La ma-

*Eug. à Nap.
Ancône,
13 octobre
1810.*

rine italienne est en avance de 1,700,000 francs pour la marine française sur les fonds qui étaient destinés à ce service ; et, à compte de ces fonds, le trésor italien a secouru la marine de 5 à 600,000 francs, c'est tout ce qu'il a pu faire à cause de ses avances sur tous les autres services. Il est très-vrai que les deux ministres sont en discussion sur une somme de 100,000 francs ; mais est-ce une raison pour laisser en retard tout ce qui est bien reconnu ?

« Enfin, Votre Majesté me demande pourquoi on a fait des frégates aussi petites que la *Bellone* et la *Caroline*, et s'il est vrai qu'elles peuvent entrer à Venise tout armées. Ces deux frégates, Sire, n'ont été construites que dans cette intention, parce qu'elles étaient destinées à rester toutes deux à Venise, pour empêcher une frégate anglaise de venir bloquer ce port. Une nouvelle frégate italienne de 44 canons va être mise sur les chantiers. On m'a proposé d'en mettre une seconde sur chantier qui serait de 44 bouches à feu, et qui pourrait sortir tout armée par Malamoco. La batterie basse serait de caronades de 36 et ses gaillards en caronades de 24. Elle serait de force à se mesurer avec une frégate de premier rang et aurait l'avantage d'être faite en très-peu de temps, parce qu'on peut y employer des bois de démolition existant à l'arsenal et n'étant bons qu'à cela. Ces 2 frégates pourraient être prêtes dans le courant de l'année 1811, et je prie Votre Majesté de me donner ses ordres par rapport à la seconde.

« Votre Majesté m'ordonne de mettre à la disposition du maréchal duc de Raguse la frégate, la corvette et un brick russes, dans le cas où les officiers qu'il enverrait trouveraient ces bâtiments bons. J'exécuterai cet ordre; mais je suis porté à croire qu'il en coûtera plus en réparations qu'à faire du neuf, ce sont de vieux bâtiments et de mauvaise construction. »

« Mon fils, vous trouverez ci-joint une lettre du ministre comte Mollien, sur la difficulté de faire arriver des fonds à Corfou. Ne serait-il pas possible de trouver chez des négociants de Venise ou d'Ancône des traites sur Corfou? Ces villes ont des relations de commerce avec les îles Ioniennes. Je vous prie d'envoyer à Brindisi 2 ou 3 courriers ou bâtiments que vous jugerez le plus propres à faire ce service, pour aider aux transports sur Corfou. Venise offre plus de facilités que Naples. Consultez les marins même et voyez si l'on ne pourrait pas envoyer à Brindisi de plus forts bâtiments que des courriers, tels que des chebecks, demi-chebecks, ou autres petits bâtiments armés. Je me repose sur vous pour cela. Tout ce qui regarde Corfou est de la dernière importance, car certainement les Anglais assiégeront Corfou l'année prochaine. »

*Nap. à Eug. Fontainebleau, 16 octobre 1810.*

« Sire, j'ai l'honneur de rendre compte à Votre Majesté que depuis mon arrivée ici j'ai passé en revue les troupes de la garnison, visité les travaux de marine ainsi que les travaux du port, aujourd'hui je compte visiter les fortifications. Le temps ayant été constamment contraire, la division n'a pu mettre à la voile,

*Eug. à Nap. Ancône, 17 octobre 1810.*

j'espère que, demain ou après, le temps changera.

« Je ne rendrai compte aujourd'hui à Votre Majesté que de l'état des travaux du port et de celui dans lequel j'ai trouvé la division des bâtiments. »

<small>Nap. à Eug.
Fontainebleau,
18 octobre
1810.</small>

« Mon fils, il y a des marchandises coloniales séquestrées à Botzen. Envoyez-m'en l'état, afin que je décide ce qui doit en être fait. »

<small>Nap. à Eug.
Fontainebleau,
19 octobre
1810.</small>

« Mon fils, je reçois votre lettre du 13 octobre ; l'argent ne manquera pas, et je renouvelle l'ordre au ministre de la marine de vous solder de tout ce qui vous est dû. Je désire qu'avant de mettre sur les chantiers la frégate italienne de 44 canons que vous projetez de construire vous m'en envoyiez le modèle. On pourrait adopter le modèle de la *Favorite*, qui paraît bien marcher.—Quant à la frégate qu'on suppose pouvoir sortir de Malamoco tout armée, on ne croit pas ici que cela soit possible. D'abord elle ne serait pas de force à se mesurer avec une frégate de premier ordre ; ensuite on pense qu'elle ne marcherait pas. Ne la mettez point en construction avant de m'en avoir envoyé le dessin. Aussitôt qu'on en aura vu ici le dessin, je vous enverrai des ordres. Je vois, par votre lettre, que la corvette et le brick russes coûteraient à réparer autant que si l'on construisait ces bâtiments à neuf. Faites-moi connaître si l'on pourrait les armer en flûte, et les envoyer chargés de munitions et de vivres à Corfou. Il faut absolument que le *Régénérateur* soit mis à l'eau avant le 1ᵉʳ février ; vous avez encore trois mois.

C'est plus de temps qu'il ne faut, puisque ce bâtiment est très-avancé. Il faut pouvoir l'armer à cette époque, afin qu'au mois de mars, au lieu d'un vaisseau, vous en présentiez deux à Malamoco. Je crois qu'avec de l'activité vous pouvez faire finir aussi le *Saint-Bernard*, et mettre ainsi en ligne, au mois d'avril, trois vaisseaux qui déjoueraient les projets des Anglais dans ces mers : ils pourraient bien compter sur un vaisseau, mais non sur trois. Faites donc pousser avec activité les travaux. — Défendez à vos gazettes de parler de votre marine : elles ont annoncé dernièrement l'arrivée des frégates à Ancône ; cela a été répété par les journaux français, et cela est d'un mauvais effet. Il ne faut pas que la gazette d'Ancône, ni aucune autre dise un mot de ce qui se passe dans ce port. »

« Mon fils, je vous enverrai incessamment mes ordres pour les objets à embarquer pour Corfou. Faites-moi connaître quelle espèce de bâtiments sont les courriers que vous avez à Ancône, et combien ils portent de tonneaux. » Nap. à Eug. Fontainebleau, 20 octobre 1810.

« Mon fils, je reçois votre lettre de Rimini du 13. Une des raisons de la différence du prix des blés dans les départements du royaume d'Italie ne serait-elle pas la différence des monnaies qui existent dans ces départements ? » Nap. à Eug. Fontainebleau, 20 octobre 1810.

« Sire, j'ai l'honneur de soumettre à Votre Majesté un projet de décret pour la levée de la conscription Eug. à Nap. Ancône, 20 octobre 1810.

de 1811. Le total s'élève à 12,000 hommes, non compris les 1,400 qui appartiennent à la conscription maritime. Cette levée serait partagée en classes. La moitié, ou l'actif, devrait se rendre, dans le courant de janvier, dans les cadres de l'armée. La deuxième moitié, ou réserve, serait disponible en cas de besoin. »

<small>Eug. à Nap.
Ancône,
20 octobre
1810.</small>
« Sire, j'ai l'honneur d'adresser à Votre Majesté deux tableaux, l'un indiquant le nombre des conscrits réfractaires de ces quatre dernières années, se montant à 22,227 hommes ; l'autre indiquant les déserteurs, dans le même temps, et porté à 17,750 : total 39,977 hommes. Ce résultat est affligeant. L'on emploie tous les moyens pour l'empêcher ou y remédier. On espère chaque année y réussir, et cependant on ne peut en venir à bout. La faute en est peut-être aux autorités civiles, que l'on pourrait accuser d'indolence à cet égard En général, l'administration du royaume est encore bien arriérée de celle de l'empire. Cependant, on arrête journellement de ces déserteurs. La totalité se monte à plusieurs milliers par an. On est peiné d'être obligé de porter une condamnation aux fers envers une quarantaine de mille individus. J'avais cru, pour le meilleur service de Votre Majesté, devoir chercher à tirer parti de ces hommes, qui ne sont pas de mauvais sujets dangereux à la société, mais qui ne sont qu'égarés soit par les idées superstitieuses ou par la peur, et je les envoyais à l'île d'Elbe. Actuellement que Votre Majesté a décrété un seul bataillon colonial

dans cette île, j'en retire le 6ᵉ de ligne, qui se recrutera par la conscription : mais je suis obligé de supplier Votre Majesté de m'autoriser à former un corps sous le nom qu'il plaira à Votre Majesté, ou sous le 8ᵉ régiment, qui serait employé en Dalmatie, à Cattaro, ou à Raguse. Ce corps ne serait pas à charge à l'armée d'Illyrie, puisqu'il serait composé d'hommes fermes, et les conscrits réfractaires seraient dirigés par convois sur ce régiment.

« Étant dépaysés, ils seraient soumis. Se trouvant dans un pays étranger et séparés par la mer, ils ne pourraient déserter, et, au bout de dix-huit mois, ils auraient pris l'esprit militaire ; car j'ai fait une observation sur tous les Italiens : tous les recrues, généralement, redoutent le militaire ; il leur faut quinze à dix-huit mois pour s'habituer à la vie du soldat. C'est pendant ce premier temps seul que la désertion a lieu ; mais, passé cette époque, ils sont attachés à leur état, et l'on peut les laisser libres ; ils ne désertent plus. Je supplie Votre Majesté de me faire connaître ses intentions, en lui répétant qu'il ne s'agit pas de mettre des brigands sous ses drapeaux ; au contraire on les livre aux tribunaux : mais il est question de ce pays *neuf*, de tirer parti d'une population considérable et que de vieilles habitudes égarent. Dans le cas cependant où Votre Majesté se refuserait à l'organisation d'un nouveau corps, je la prierais de consentir à ce que le 6ᵉ régiment passât à Raguse ou à Cattaro. »

FIN DU SIXIÈME TOME.

# TABLE DES MATIÈRES

## LIVRE XV

#### DE 1ᵉʳ JUILLET AU 14 NOVEMBRE 1809.

§ I. — Position de l'armée d'Italie dans les premiers jours de juillet 1809. — Mouvement sur Schwalchat. — Rôle de l'armée d'Italie à Wagram, les 5 et 6 juillet. — Réflexions. — L'Empereur place les Saxons et les Wurtemburgeois sous les ordres du prince Eugène. — Le vice-roi, envoyé en Moravie, est chargé de couvrir Vienne (10 juillet). — Reconnaissance sur Marcheg. — Positions occupées par l'armée d'Italie après l'armistice de Znaïm. — Résultats obtenus par cette armée pendant la campagne de 1809. . .   1

§ II. — Le quartier général du prince Eugène transporté d'abord à Eisenstadt, puis à Vienne. — Occupations du vice-roi jusqu'à la conclusion de la paix. — Il se rend à Klagenfurth, puis à Villach, à la fin d'octobre 1809, et y établit son quartier général. — Son départ pour Milan, le 12 octobre 1809. . . . . . . . . . . .  17

Correspondance relative au Livre XV. . . . . . . . . . . .  31

## LIVRE XVI

#### FIN 14 NOVEMBRE 1809 AU 15 FÉVRIER 1810.

§ I. — Campagne du Tyrol, d'avril 1809 à février 1810. — Considérations de nature à expliquer les causes qui portèrent les habitants du Tyrol à s'insurger. — Premier acte d'hostilité, le 10 avril, vers Brixen. — Le général Baraguey d'Hilliers se porte sur Trente. — Arrivée de la division Fontanelli, dans cette ville, le 16 avril.

Position qu'elle occupe autour de cette place sur les deux rives de l'Adige. — Organisation d'un corps de 9 à 10 mille hommes chargés de couvrir les débouchés du Tyrol. — Divisions Vial et Fontanelli. — Retraite de ces troupes sur Caliano, puis successivement sur Roveredo et sur Ala. — Rapport du colonel de Vaudoncourt sur la réorganisation de l'armée d'Italie. — La division Rusca, chargée seule de couvrir en Tyrol la gauche de l'armée du vice-roi. Marche de cette division, à partir du 2 mai, sur Ala, Trente, Primolano, Bellune. — Combats de Capo di Monte et de Cadore, les 8 et 9 mai. — Marche de la division sur le Tagliamento pour se rabattre sur Cividale au sud. Elle remonte vers le nord par Udine, Plezze et Spital, où elle prend position le 23 mai. — Attaque du 5 juin, de Chasteler sur Klagenfurth. — La division Rusca pendant le mois de juillet. — Le général Rusca fait occuper Sachsenburg à la fin de juillet. Sa marche sur Lienz le 2 août. — Combat de Lienz. — La division se replie, le 11, sur Klagenfurth. — Formation d'une division de 4,000 hommes, à Vérone, mise sous les ordres du général Peyri, en septembre. Elle occupe Rivoli, la Corona ; sa marche sur Trente le 23 septembre ; réoccupation de la ville le 28. — Combat du 25 octobre autour de Lavis. — Le général Peyri, entouré par l'insurrection, se replie sur Trente le 6 octobre. — Arrivée du général Vial pour commander la division. — Composition et force de la division Vial à la fin d'octobre. — Affaires dans la vallée de la Drave. — Les insurgés bloquent le fort de Sachsenburg (premiers jours d'octobre). — Combats de Sachsenburg à Villach. — Proclamation du prince Eugène aux Tyroliens. — Lettre du roi de Bavière au vice-roi. — Andreas Hoffer, ses lettres et ses proclamations. — Mission du commandant Tascher de la Pagerie, aide de camp du prince Eugène dans le Tyrol. — Lettre du vice-roi à son beau-père. — Réponse du roi. . . . . . . . . 121

§ II. — Position des troupes françaises dans le Tyrol au commencement de novembre 1807. — Opérations, marche et combats de la colonne du général Peyri ; sa jonction avec le général Vial à Bolzano (ou Botzen). — Opérations du corps bavarois depuis le milieu d'octobre jusqu'à la fin de novembre. — Composition et emplacement des trois divisions bavaroises formant le corps du général Drouet au 11 octobre 1809. — Opérations dans le nord du Tyrol. — Concentration autour d'Inspruck. — Soumission des divers baillages. — Opérations du général Baraguey d'Hilliers dans la vallée de la Drave. — Composition de son corps d'armée, marche des troupes sur Lienz, Prunecken et Mulbach. — Affaire de Mulbach (le 8 novembre). — Les généraux Rusca, Séveroli et Barbou reçoivent l'ordre (14 novembre) de diriger des colonnes mobiles sur divers points. — Attaque de Méran par les insurgés. — Retraite de la division Rusca sur Terlan et Bolzano. — Malheureuse affaire

de Saint-Léonard. — Belle défense du commandant Doreille. — Position critique du général Baraguey d'Hilliers jusqu'au 22 novembre, manquant de vivres et de munitions. — Attaques des 20 et 21 novembre par la division Rusca. — Sa marche en avant sur Méran. — Soumission des habitants du Wintschgau. — Révolte des vallées de l'Eysach, le chef Kolb. — Force dont dispose à la fin de novembre le général Baraguey d'Hilliers. — Désarmement du Wintschgau et du Passeyer. — Réunion de la division Sévéroli à Bolzen. — Expédition du général Moreau sur Prunecken, où le général Almeyras est bloqué. — Opération entre Prunecken et Lienz. — Du 15 décembre au milieu de janvier, marche des colonnes françaises pour le désarmement du pays. Les troupes se replient sur le Tyrol italien. — Prise de Hoffer le 27 janvier. — Le Tyrol allemand remis, le 8 février, aux troupes bavaroises. — Fin de la campagne du Tyrol. . . . . . . . . . . . . . . . . 187
Correspondance relative au livre XVI. . . . . . . . . . . 249

## LIVRE XVII

### DE NOVEMBRE 1809 A OCTOBRE 1810.

§ I. — Le prince Eugène, de retour à Milan (14 novembre 1809), s'occupe de l'administration intérieure du royaume. — Modifications ministérielles. — Départ du vice-roi pour Paris (commencement de décembre). — Le divorce. — Mission du commandant Tascher. — Anecdotes relatives au divorce.—Entrevue de l'Empereur avec l'impératrice Joséphine en présence du prince Eugène. — Soirée du 15 décembre aux Tuileries. — Eugène au Sénat, 16 décembre. — Correspondance entre le vice-roi et la princesse Auguste. — Règlement des affaires d'intérêt pour l'impératrice et le prince Eugène. — Duché de Francfort. — Affaire du domaine de Navarre. — Projets de Napoléon pour régler les intérêts d'Eugène. . . . 279

§ II. — Retour d'Eugène à Milan (18 février 1810). — L'Istrie et la Dalmatie enlevées au royaume d'Italie. — Réunion du haut Adige à ce royaume. — Départ du prince Eugène et de la princesse Auguste pour Paris (12 mars 1810). — Ils reviennent à Milan en juillet.— Voyage du vice-roi à Venise en septembre 1810. . 306

Correspondance relative au livre XVII. . . . . . . . . . . 311

FIN DE LA TABLE DES MATIÈRES.

www.ingramcontent.com/pod-product-compliance
Lightning Source LLC
Chambersburg PA
CBHW071113230426
43666CB00009B/1940